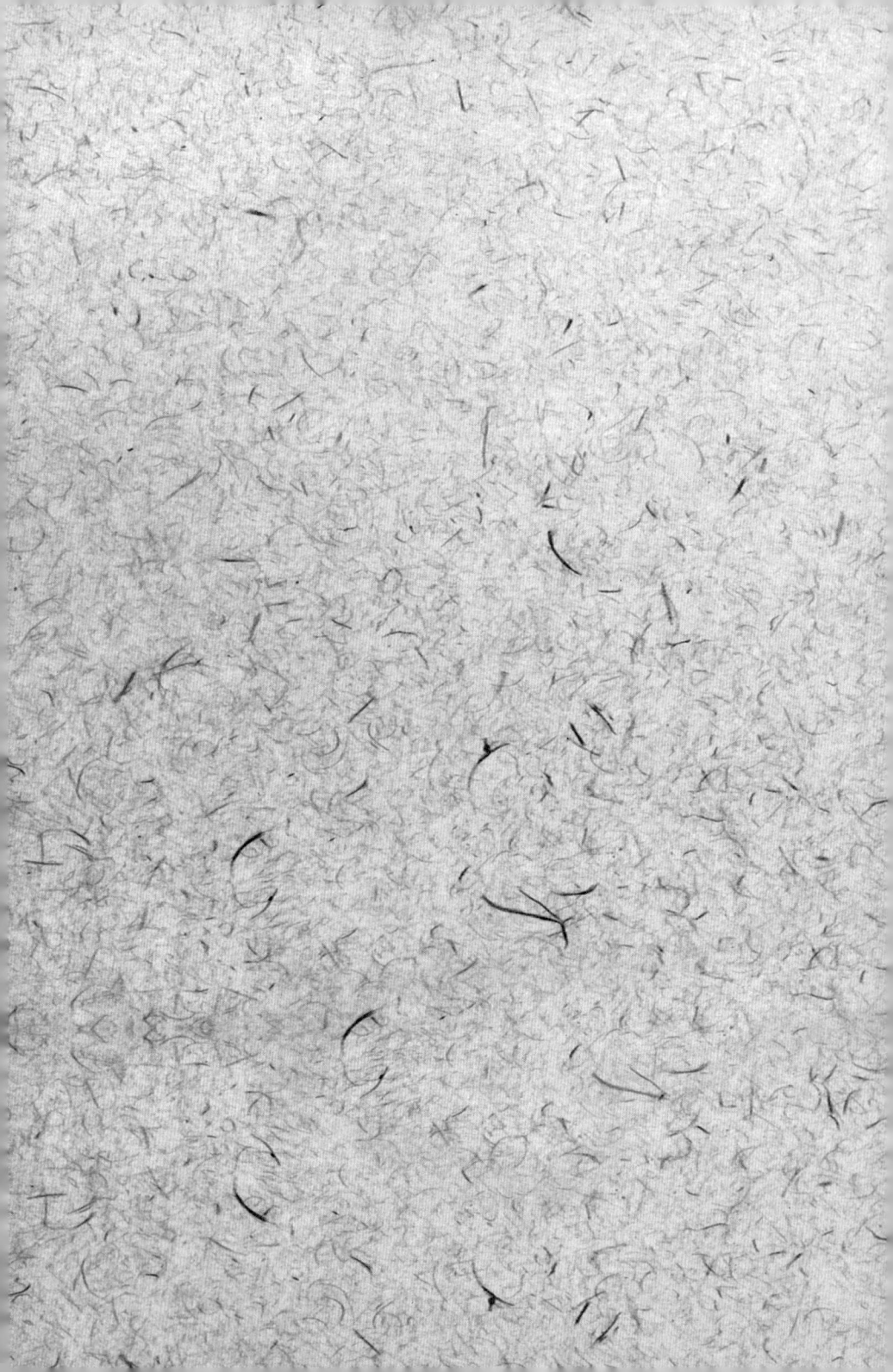

元明清时期的傣族法律制度及其机制研究

YUANMINGQING DE DAIZU FALU ZHIDU
JIQI JIZHI YANJIU

吴 云◎著

元明清时期傣族法律制度变迁对当代傣族地区法治建设的启示

元明清时期傣族法律制度的作用

元明清时期傣族法律制度的特点

元明清时期傣族法律制度的变迁

元明清时期傣族社会环境变化与法律制度的变迁

元明清时期傣族纠纷解决法律制度

元明清时期傣族民事法律制度

元明清时期傣族刑事及军事法律制度

元明清时期傣族社会等级法律制度

元明清时期傣族土司政治法律制度

元明清时期傣族法律制度背景

人民出版社

组稿编辑:陈光耀
责任编辑:李椒元
装帧设计:肖　辉
责任校对:吕　飞

图书在版编目(CIP)数据

元明清时期的傣族法律制度及其机制研究/吴云著.
-北京:人民出版社,2010.12
ISBN 978－7－01－009187－7

Ⅰ.①元…　Ⅱ.①吴…　Ⅲ.①傣族-法律制度-研究-中国-元代
②傣族-法律制度-研究-中国-明清时代　Ⅳ.①D922.154

中国版本图书馆CIP数据核字(2010)第153054号

元明清时期的傣族法律制度及其机制研究
YUANMINGQING SHIQI DE DAIZU FALÜ ZHIDU JIQI JIZHI YANJIU

吴　云　著·

人民出版社 出版发行
(100706　北京朝阳门内大街166号)

北京世纪雨田印刷有限公司印刷　新华书店经销

2010年12月第1版　2010年12月北京第1次印刷
开本:880毫米×1230毫米 1/32　印张:11.25
字数:255千字　印数:0,001－3,000册

ISBN 978－7－01－009187－7　定价:28.00元

邮购地址 100706　北京朝阳门内大街166号
人民东方图书销售中心　电话 (010)65250042　65289539

序

　　吴云博士在攻读博士学位期间,按他的导师方慧教授的要求来旁听过我的"中国民族史研究"课,因此我们曾经有师生之谊。现在他的博士论文经修改要出版了,请我作序,但我对民族法学知之甚少,恐难有中肯公允的见解,只能是把我的看法浅述如下。

　　本书是在吴云博士的博士论文《元明清时期的傣族法律制度研究》的基础上,用了近四年的时间修改完善后写成的,修改后的题目是《元明清时期的傣族法律制度及其机制研究》,很自然,修改后的内容有了很大的丰富和充实。其特点有以下几个方面。

　　第一,对傣族的历史文化研究到目前已经比较深入,取得了很多成果,但长期以来学术界对傣族法律的历史变迁问题的研究还较为薄弱,研究成果也较少,吴云在充分吸收前人成果的基础之上,客观分析了傣族社会法律制度的基本框架,大致理清了元明清时期傣族法律制度变迁的历史线索和基本面貌,同时还注意到了元明清时期傣族法律制度与佛教的密切关系,提出了元明清时期是傣族法律制度从习惯法向成文法转变的重要时期这一观点,从书中所论来看,这一观点是可以成立的。

　　第二,吴云博士关于傣族法律制度的研究是建立在对傣族社会历史的深入认识基础之上的,这从第二章"元明清时期傣族法律制度背景"可以看出来,涉及了傣族的经济生活、政治制度、民族关系、宗教生活、民风民俗,因此,书中对一些理论性问题的看法是颇有见地的。

第三,和当年只有五章的博士论文相比,本书经过四年的修改扩展到了十一章(包括导论),但作者并不是为了扩充数字,而是贯穿了他对傣族法律制度的新认识、新见解。这样的做法用几年的时间修改书稿是值得肯定的。

总之,本书的出版将对民族法学学科的建立起到积极的推动作用,还会推动傣族历史研究向前发展。

当然,本书还有些可以进一步研究之处,如对傣族的法律条文文本的研究不够深入,从民族法学的角度进行分析亦不足,希望吴云博士能够注意到这些问题,在未来的民族法学研究中进一步加强学习,特别要花力气多读一些法哲学、法社会学的书,更加熟悉民族法学的分析方法和论证方法,使自己有新的进步。

是为序。

云南大学学术委员会民族学分会主席

云南大学教授　博士生导师　王文光

2010 年 3 月 1 日

目　录

导　　论

　　傣族是中华民族大家庭中重要的一员,是有上百万人口的较大少数民族和云南25个少数民族中历史较悠久的民族之一。傣族与我国汉藏语系壮侗语族的壮、布依、仫佬、水、毛南、黎等族,以及与我国毗邻的泰国、缅甸、老挝、越南、柬埔寨和印度的泰、掸、越、寮人地域相连,相互关系源远流长。傣族在我国分布较广,有散居在其他民族中间的傣族,也有聚居的傣族。长期以来,傣族及其同源民族,主要活跃在我国南部及东南亚、南亚广大地区。在我国,与傣族长期和睦共处的民族有汉、景颇、阿昌、德昂、布朗、哈尼、拉祜、傈僳、纳西、佤、彝、壮、苗、瑶等族。在傣族与各民族人民长期共同生活的过程中,一方面傣族人民创造了独特的传统文化;另一方面傣族文化又在不同历史时期受到上述各民族文化的影响,尤其是受到来自中原地区汉文化的强大影响。从某种意义上可以说,正是多民族,尤其是汉族传统文化的影响,促进了傣族法律文化的形成与发展。

　　不过,傣族由于分布广,历史上情况差异较大,因而傣族文化的状况本身也存在差异性。它表现在,历史上傣族聚居区的傣族文化汉化程度低,它较完整地保留了传统傣族文化特点;而与汉族接触较早的受中央王朝政治统治较早的地区,傣族文化受汉文化影响较深,汉化程度也较高。它体现出汉化程度随内地向边境延伸的一个梯度状况。据2000年第五次全国人口普查统计,我国傣族有1158989人，主要分布在云南省南部和西南部的西双版纳傣族自治州、德宏傣族景颇族自治州，以及新平彝族傣族自治县、元江哈尼族彝族傣族自治县、耿马傣族佤族自治县、孟连傣族拉祜族佤族自治县等地区。而在上述地方的傣族历史发展过程又各有所不同。西双版纳过去是车里地域，尽管清代对该土司地方实行了改土归流，并将之归普洱府管辖，但是其内部事务还是由车里宣慰司全权管理，因而它的文化中民族特征保留较为完整。现在德宏以及其他傣族自治地方，有的早在明朝时就已经由中央王朝派遣了流官统治，有的被中央王朝分设为多个小土司管理的区域。可以看出，历代中央王朝在傣族地方的统治是不同的，由此，造成了傣族不同地方文化变迁状况有所差异。

　　傣族法律文化是中华民族法律文化的重要组成部分，傣族人民在长期的历史发展中，创造了灿烂的法律文化。关于傣族的法律文化，许多学者都作了深入的研究，有的把傣族社会的文史资料中的法律文化资料翻译整理成专门的法律、法规文献，有的对傣族法律文化的历史情况进行了一些有益的疏理，提出了一些颇有见解的结论。但是，从学者对傣族文化的历史线索的研究结论看，很多问题还有待于进一步分析和思考。同时，在元代以前傣族社会历史问题，学术界有许多争议，因而学者在傣族的法律问题上观点可能不一，是可以理解的。不过，元代以后，傣族社会被纳入中央王朝的政治统治体系之中。元明清时期是傣族社会重要发展时期，傣族社会在与中央王朝的交往过程中，社会生活各方面都发生了转型与变化，法律文化也随之发生了重大变迁。在此期间，傣族人民有着自己的历史资料，记载了傣族人民政治、社会生活中的重大事件。中央王朝因各种原因派到傣族地区的官员也有大量有关傣族社会生产、生活的记录。这些资料为我们研究傣族社会法律制度提供了重要的史料。另外,傣族是中国56个民族大家庭中重要一员,长期居住在我国西南边疆地区。其居住地与缅甸、越南、老挝等多个国家接壤。傣族人民在历史上长期与上述国家中的人民相互交往。因而,傣族问题的研究关系到祖国边疆稳定、民族团结、多民族共同繁荣和发展。傣族文化研究是当前中国多民族文化研究的重要领域。对傣族文化研究的进步,除了丰富中国文化宝库外,对于傣族社会的现代化和自治都有着重大的理论意义和现实作用,而傣族法律制度是傣族文化的重要组成部分。

一、傣族法律制度相关问题的研究综述

关于傣族法律制度问题研究,许多学者都作了有益的、重要的探讨,目前研究的状况主要体现在以下几个方面。

(一)傣族历史研究方面

前辈们对这个方面的研究有较多的成果,特别是有些知名学者在此问题上作了许多探讨。方国瑜先生、江应樑先生、尤中先生等老一辈学者都研究过傣族历史问题,尤其是江应樑先生在其毕生研究中主攻傣族问题,是傣族历史研究领域的一位非凡的学者,他有大量的研究成果,他的著作基本理清了傣族的历史脉络,奠定了傣族历史研究的理论基础。他的专著《傣族史》一书,基本上理清了傣族社会发展变化的整个历史过程。此外,江先生的《百夷传校注》是傣族历史问题研究必不可少的重要史料。方国瑜先生很早就研究傣族历史问题,有大量的研究著述。方先生对傣族史料的整理和研究工作作出了重大贡献。方国瑜先生主持编著的

《云南史料丛刊》把汉代至清代的有关云南史料作了专门的编辑和研究，其中的傣族史料成为我们研究傣族历史问题的主要线索。尤中先生长期致力于民族关系史研究，他的《中国西南边疆变迁史》以丰富的无可辩驳的历史事实进行严密的论证，澄清了中越、中缅、中印、中老边界的历史变迁过程，为我们研究傣族历史问题指明了方向。江先生、方先生和尤中先生以及后来的陈吕范教授等很多学者，以有力的历史资料驳斥了一些别有用心的学者企图歪曲傣族历史的言论。在老一辈的学者中，马曜先生也对傣族问题有较深入的研究，有丰硕的成果，尤其对傣族土司制度、封建领主制土地制度等问题有很深的研究。他的观点成为后人研究的主要参考依据。另外，傣族老一辈学者刀国栋先生、刀光强先生、刀永明先生等多位老同志，专门整理、翻译和研究了一大批傣文历史文献，他们的研究成果对后人研究傣族问题的作用是任何其他汉文献资料都无法替代的，为我们深入理解傣族社会生活，深化傣族研究奠定了坚实的基础。后来的许多学者也都对傣族历史问题作了大量的研究，王文光教授在民族关系史问题研究中有大量的傣族历史问题研究成果，他的多部著作都对傣族历史问题专门关注，他是当代学术界傣族研究的一个重要人物。他的大量的研究论文，为笔者的研究提供了重要的参考。方铁教授主编的西南边疆民族研究的论文集中，有许多傣族历史问题研究成果，方铁教授的《西南通史》等著作也都关注了傣族历史问题。陈吕范教授主编的《傣族起源与南诏国研究文集》中也有许多有关傣族史的研究成果。其他还有很多学者，诸如缪鸾和、朱德普、方慧、何平、华林、胡少华等学者也都对傣族的研究作了有益的探讨。当然国外也有一些学者以不同的目的研究过傣族历史，甚至提出了一些不同的观点，如英国人潘尔的《缅甸史》，杜德的《傣族研究》等。杜德认

为公元前 423 年掸国建立于"锡泊"（Hispaw）。潘尔认为，公元 1
世纪掸族已经在伊洛瓦底江之滨建立"澎国"（pong），国内也有
学者支持此类观点。但经过比较，笔者发现，江先生的结论更为
可靠和有说服力。在不同历史时期，特别是元代以来很多学者
都关注过傣族问题，涉及的著作有《云南志略》、《秋涧先生大全
文集》、《招捕总录》、《马可·波罗行纪》、《百夷传》、《云南百夷
篇》、《滇志》、《四夷馆考》、《土官底簿》、《南夷书》、《西园闻见
录》、《西南夷风土记》、《南园漫录》、《炎徼纪闻》、《万历野获
编》、《徐霞客游记》、《星槎胜览》、《云南机务钞黄》、《新元史》、
《明史》、《元史类编》、《滇考》、《滇海虞衡志》、《明史稿》、《四库
全书总目提要》、《道光云南通志稿》、《百夷传校注》、《云南史料
丛刊》、《云南民族史》、《西双版纳份地制与西周井田制比较研
究》、《中国民族发展史》、《傣族历史档案研究》等。从傣族历史
研究的成果看：学者们在元代以前傣族诸多社会问题上是存在
争议的，元代以后基本没有太多的争议；学者们的研究主要是从
宏观社会的角度展开，而对傣族历史上的法律文化问题研究还
较少；学者们对元明清时期傣族法律的变迁问题没有专门的深
入研究。

（二）傣族调查材料研究方面

1949 年以后，在 20 世纪 50 年代国家组织了一批学者专门对
傣族社会作深入的调查研究，基于当时的出发点是为了解决新中
国成立初期的民族问题，因而调查材料大都针对土地、负担、社会
状况等；而对傣族法律的问题，特别是对于傣族法律历史问题研究
不足。调查研究中有的学者专门搜集、翻译、整理了傣族的一些法
律、法规，为后人研究傣族的法律问题奠定了基础。当时的一些调

查者后来成为傣族问题研究专家,如曹成章著有《傣族村奴制和宗教婚姻》,朱德普著有《傣族神灵崇拜觅踪》,黄惠焜著有《从越人到泰人》,高立士著有《西双版纳傣族的历史与文化》等。他们的研究成果也有一部分是关于傣族法律文化的,但是他们在傣族法律文化研究中存在以下几个方面的不足:对法规的研究和分析不够深入,主要集中在对法律材料整理上;没有运用现代法律体系的理论和方法系统研究傣族法律、法规;对不同傣族地区的法律比较研究当属薄弱环节;对元明清时期的傣族法律的历史变迁问题没有专门研究。

（三）傣族法律问题研究领域

目前有一些学者对傣族的法律问题专题作了许多研究,尤其是云南学者研究成果较多,如张晓辉教授、方慧教授、张锡盛教授、徐中起教授,以及刀国栋、刀永明、刀光强等多位教授也都研究过傣族法律文化。尤其是张晓辉等几位教授从现代法律的角度分析了傣族法律、法规,以及傣族的原始禁忌的起源及社会功能。张晓辉教授通过分析傣族法律文化的变迁过程,提出傣族法律文化之成文法《茫莱法典》是茫莱王统治兰那王国时期的法律的学术观点。张晓辉从法律人类学的视角分析傣族的法律文化,很有建树。方慧教授研究元明清时期的法律状况后指出,傣族成文法应该出现在明代。另外,岩温扁指出,"直到七世纪初,才开始出现于文字记载的一些法规、礼仪等。但仍然是零散的和不完整的。最早见于奴隶制社会末期的成文法,主要是涉及主与奴,负担和债务这几方面的规定上。……然而有一点是确信无疑的,那就是:傣族奴隶制社会时期产生形成的这些零散的成文条规和习惯法,绝大部分规定都被后来的封建制领主阶级所欣赏和利用,并加以大大发挥和系统化。"①李忠华也研究了西双版纳的佛教与傣族的法律文化之间的关系,但其成果显然只是对傣族法律文化的一般性探讨。上述学者的研究较之仅从宏观角度研究傣族社会法律、法规,显然要深入得多,为我们后续研究指明了方向和提供了重要的线索及材料。已经有学者对历史上的傣族法律和傣族法律的历史发展问题作了一定的研究。如张晓辉教授从傣族法律的抄写时间以及内容中的计量单位等线索,分析确认傣族法规的时间问题。方慧教授认定傣族部分法规的历史时段为元明清时期,这都为笔者的进一步研究提供了范本和方法,同时也让笔者感觉到有进一步研究的必要。

归纳起来,前面的学者对历史上的傣族法律制度研究成果主要是以下几个方面:第一,试图确定傣族法律中成文法产生的时间。第二,叙述傣族社会的法律制度概况。第三,翻译整理傣族法律历史文献资料。第四,用现代法学理论研究傣族法律起源与形成问题。

(四)元明清时期傣族法律制度进一步研究的必要性

尽管上述学者经过了大量的研究,傣族法律制度问题还是一个需要进一步深入分析和研究的领域。第一,现有傣族法律制度问题的研究只是停留在少数论文形式和在其他历史研究著作中作为一个特别问题展开概述,这种研究和介绍显然不能真正揭开傣族法律制度历史的面貌。第二,现有傣族历史法律制度的研究成果主要集中在少数学术论文上,并且学术论文尤以笔者的研究成

_____

① 岩温扁:《略谈西双版纳傣族封建法律》,参见王懿之、杨世光编《贝叶文化论》,云南人民出版社1990年版,第575、576页。

果为多,专门的学术专著没有,这不能不说是一个缺憾。第三,傣族历史法律制度中的成文法的出现,宗教渗入傣族法律制度的时间和影响问题,傣族历史法律文献的解读等几个主要问题还存在学术争议,需要进一步厘清。第四,由于学科知识面和方法论的局限,运用多学科方法和视角研究傣族历史法律制度问题的专著和学术论文都少见。在当前国家推进法治化进程中,法治化解决民族问题是极其重要的解决思路和途径,民族关系法治化如果没有对于民族历史法律制度和文化的深入研究和了解是难以想象的。当前党中央号召构建和谐社会,没有和谐的民族关系是不可能构建和谐社会的。在云南省的民族文化大省战略实施和各级政府抢救民族文化,保护和开发民族文化,发展民族文化旅游的战略实现过程中,傣族历史法律制度和文化的研究也是十分必要的。这些都使得傣族历史法律制度的系统研究成为十分重要和紧迫的任务。

元明清时期是傣族历史上被纳入中央王朝统治体系之下的历史时期,又是中央王朝统治下,傣族土司统治傣族社会政治的建立、完善和变革的历史阶段,是中央王朝统治下,傣族土司区域急剧变动和土司政治、司法制度剧烈变迁的历史阶段,也是傣族社会形态由奴隶制向封建领主制变迁的时期。在这一时期傣族社会发生了重大变化,傣族法律制度也发生了重大变迁。所以,对元明清时期的傣族法律制度的特点、内容、作用以及它的变迁线索进行梳理、分析和研究,可以深化对傣族法律历史的研究,可以丰富中华法系多民族法律文化的内容。同时,对元明清时期的傣族法律制度的研究可以为傣族社会现在民族自治实践提供理论借鉴。在完善傣族地方自治和强化国家法律在傣族地区的实施以及科学推进傣族社会法治化等方面都有重大的理论和现实意义。通过综合分析,笔者认为:前人对于元明清时期的傣族法律研究还不够深入,少量的研究成果也存在争议,进一步从元明清时期历史的进程中来研究傣族法律制度可能是对前人研究成果的一种整理和补充;用马克思主义的史学理论和方法,并用现代法学体系的视角和方法对傣族历史上元明清时期的法律制度进行深入研究,可能是一个新的研究课题;从傣族元明清时期历史社会环境的变动中分析傣族法律制度的变迁将会更进一步推动现有傣族法律研究;元明清时期的傣族法律制度研究成果对傣族社会的法制现代化有着重要的参考价值。

二、本书研究思考

笔者是政治学专业、法学硕士,民族法学专业博士研究生,具有交叉学科的知识背景。除了上述的研究价值之外,笔者选择研究和写作这部专著基于几点思考。首先,选择较熟悉而又较为典型的民族问题。傣族是中国历史上土司制度到新中国成立前还完整保留的典型少数民族之一,又是人口达上百万的较大民族之一,人口绝大部分居住在云南,其历史上的聚居区又是云南及其周边地区,因而选择云南本地有利于调查研究和资料的收集。其次,选择前人关注较多的课题,才能使问题得到更加深刻的分析和研究,便于驾驭好整个研究和写作的过程;另外由于笔者导师及其先师都对傣族问题有着一定的研究基础,笔者的博士生导师方慧教授长年研究民族法制史,多年研究傣族问题,并曾经在傣族地区下过乡,对傣族问题研究非常深入,也对傣族人民有深厚的感情。特别是笔者师祖江应樑先生是傣族问题研究的巨匠之一。选择这个课题的研究有多方面的有利条件。再次,元明清时期是傣族历史上的一个重要时期,在这一时期傣族社会历经了从奴隶制向封建领主制转化,文字出现,其法律制度形式和内容都发生了剧烈变迁;这一时期也是佛教渗透到傣族法律制度中的重要历史阶段。此外,选择在研究中有可能具有重大实践和理论意义的课题,研究成果可以为各级党委和政府制定民族政策提供理论参考。傣族是云南省人口较多的民族,本民族人口上百万,有两个自治州和多个自治县,自治县分布于三个地级市和一个自治州。所以,对傣族的法律制度变迁的研究,分析元明清时期的傣族法律制度及其文化,理清其中的一些规律性的东西,对于现代傣族社会有着许多积极的作用。它对于民族区域自治制度的进一步发展,国家民族关系调适以及发展,推进民族问题解决实践的法治化,对于保护和开发傣族传统文化,推动傣族传统文化的现代转型以及对和谐社会的构建都具有多方面的理论和现实意义。

三、研究中的几个难点以及思路

（一）不同历史状况造成难以选择研究的考察点

现在的傣族地区,在历史上由于中央王朝的统治实践不完全统一,历史上不完全相同的政治状况、地理条件等诸多因素导致了傣族又可分为不同历史状况的支系和地区。它使得不同傣族地区法律文化产生一定的差异,给研究傣族整体法律制度状况而选择考察点带来一定的困难。但是,相似的经济、政治生活,特别是共同的文化和心理又决定了傣族法律制度的共性是不同支系傣族法律制度的基本特征。

（二）研究方法与理论方面的难题

笔者在研究元明清时期傣族法律制度这一课题中,一方面力求真实反映这一时期的傣族法律制度状况;另一方面,又要利用一些研究方法和理论,如历史文献法、现代法学理论以及历史唯物主义原理等。这样就会造成如何处理研究成果的"实然"与"应然"难题。我们知道,历史的面貌往往是由后人去解释和描述的或者是由当时的外人来描述的,这些都会使得学者们在对历史的本质面貌分析、解释和描述时出现大量的争议。这些都是本书研究和写作过程中的难题。

（三）研究资料方面

从元明清时期的傣族历史资料看,元明清时期有关记录傣族地区历史、战争,有关中央王朝在傣族政治活动中相关人事的传记等历史资料较多;而专门记述元明清时期傣族社会法律制度的历史资料十分少。一些重要的历史文献资料还可能是相互转抄,真假难辨,仅有极少部分的几个傣族傣文法律制度文献中的专门法律、法规文献也是在20世纪30年代后才被学者们翻译、整理出来的,转译的过程中人为因素影响不小,其中的结构、内容、时间等问题都有待于进一步研究。由于对这些傣族本民族语言历史文献翻译整理主要是由非法学专业人士完成的,其中又可能大部分是历史学背景,这些都使得翻译、整理过程中带有学者们的个人知识背景因素的痕迹。另外,由于傣族社会在历史长河中的变迁,自清代结束到现代已经近百年的时间,傣族人民生活中的习惯法已经发生了流失和变化,难以调查。以上几个方面的因素造成了笔者在研究过程中的一些困难。

基于上述思考,笔者选择在对元明清时期傣族法律制度的研究中坚持综合考虑,选准基点。西双版纳和德宏地区傣族历史传统更浓,可以作为研究的着眼点和基点,其他傣族群体和地方状况可以用对比研究的方法反映其特点。在具体研究中,用历史唯物主义的观点和方法研究有关的傣族历史文献,对傣族历史文献作深入考证,运用现代法学理论分析文献,尊重事实,力求真实地反映出傣族社会法律制度的历史面貌。

第一章 元明清时期傣族
法律制度背景

元代统治者征服云南后,在西部傣族先民居住区设立了金齿等处宣抚司,辖六路,即柔远路、茫施路、镇康路、镇西路、平缅路、麓川路和"南赕"。元代的金齿六路地区应是今天德宏傣族景颇族自治州全境,以及东面的镇康,南面瑞丽江一部分地区。在金齿六路的南部是掸族,在元明时期被称为白夷、白衣、佰夷,与金齿地区的白夷被视为同族。① 而南部西双版纳地区则于元至元二十年设立了彻里军民总管府。至此,包括今天我国境内的傣族地区和缅甸一部分的傣族先民的百夷地区被纳入了元王朝中央政权的统治范围之内。

一、元明清时期傣族社会经济状况

为了便于考察历史渊源,有必要简单讨论一下元代以前的傣族先民社会状况。按照江应樑先生观点,汉晋时期傣族先民是滇越,今傣族民间盛传傣族早在 3000 年前就在瑞丽江两岸建立了很多部落,3 世纪时出现了强大的部落联盟。人们对历史资料研究中有一个共同的认识,那就是云南境内远古时代就有傣族的分布,

---

① 参见江应樑:《傣族史》,四川民族出版社 1983 年版,第 121—124 页。

今缅甸之掸族,是 2000 年前由云南迁去的。① 唐宋时期,傣族的先民被人们按其习俗称为金齿、茫施蛮等。在元朝统治傣族先民居住区以前,德宏地区已经有了地方政治组织。"公元十世纪前后,云南西部出现了一个由掸傣语的四个部落组成的强大的部落联盟'乔赏弥国',这个联盟中的勐卯部,就是麓川。据资料记载,对于傣族何时建立自己的政权问题,学术界有所争议。有学者认为东汉时之掸国应是傣族先民的国家。他们根据《后汉书·哀牢夷传》所载,东汉和帝永元九年(公元 97 年)和安帝永宁元年(公元 120 年),掸国两次遣使来朝和《后汉书》中所记载安帝元初中(公元 114—119 年)日南塞外的掸国献幻人的记载,认为东汉时永昌徼外的掸国或日南塞外的掸国,就是今天的傣族先民的政权"。② 江先生经过认真研究后,认为傣族先民建立政权应该在公元 10 世纪前后。尽管学者们有争议,但我们可以看出,在元代统治以前,傣族先民已经建立起了自己的政权,这一点是能达成共识的。按照西双版纳傣族历史资料《泐史》记载叭真于小历五四二年庚子(宋淳熙七年,公元 1180 年)入主猛泐,称为景昽(也作龙)金殿国至尊佛主。小历五五二年庚戌(宋绍熙元年,公元 1190 年),六月白分初十日乙丑星期六黎明,建都于景兰。叭真战胜各地之后,兰那、猛交、猛老等地都受其统治。③ 这条史料明确记载西双版纳地区的傣族在宋代就已经进入奴隶制社会,元代社会形态当在之上无疑。从叭真的事迹可以断定,西双版纳地区的傣族先民,在元朝设置车里军民总管府之前同样已经建立起了自己的

---

① 参见江应樑:《傣族史》,四川民族出版社 1983 年版,第 92—93 页。
② 参见江应樑:《傣族史》,四川民族出版社 1983 年版,第 608 页。
③ 参见李拂一译:《泐史》,云南大学 1979 年排印本。

地方政权。只是麓川政权和景龙金殿国的社会基础有所不同。

（一）德宏（原麓川）地区的生产关系

元代建立金齿等处宣抚司，设立六路总管府，加之与蒲甘王朝的战争，在客观上加强了德宏地区与内地的联系，汉族人民不仅经常来往于德宏地区，甚至有的到傣族地区安家落户。后来麓川地区又成为中央王朝与缅甸交往的枢纽区域。地理环境上的因素促进了傣族与汉族文化的交流。又加上元代起，中央王朝加强了对傣族地方土司的统治和管理，这些客观上进一步推动了傣族社会的变迁。根据《百夷传》中有关思可法的"服王制度，拟于王者"，可以看出当地生产生活已经有了很大的发展。而且从《百夷传》有关傣族人民生活中的衣着、装饰、生活器皿，以及在麓川政权与元、明朝的多次交战中的武器记载，都可以得知，13、14世纪时，西部百夷的物质文化已经发展到了一个较高的水平。因而可以推论其生产力水平有较快发展。元代以前，史料中已经有了傣族人民把土产作为商品贩运到外地出售的记载。周去非之《岭外代答》卷五中记载邕州横山寨传易场说："蛮马之来，他货亦至，蛮之所赍、麝香、胡羊、长鸣鸡、披毡、云南刀诸药物，吾商贾所赍，锦缯、豹皮、文书及诸奇巧之物。于是译者平价交市。"①从这里可以看出元代以前，内地与麓川地方民间交易已非常繁荣，商品丰富。从金属器具的制作和商业贸易的发展都可以看出14世纪前后，傣族地区经济进入了一个发展的阶段，傣族社会已经进入了封建社会。再由于元朝在傣族地区建立了封建政权，就更进一步加速了傣族社会的封建化。

---

① 江应樑：《傣族史》，四川民族出版社1983年版，第261页。

(二)西双版纳地区的生产关系

据史料记载,西双版纳地区的封建化进程较德宏稍晚。当14世纪麓川地区傣族社会向封建社会过渡时,西双版纳仍然保持着浓厚的奴隶制,而且还时常发生以劫持人口为目的的战争,在《经世大典招捕总录》中记录着"延祐三年(公元1316年),车里兀竹、鲁侵阿尼必得砦、阿白出麻烧却,又罕旺及其弟胡恋、弟爱俄侵银沙罗甸、元黑、眼镜、部日、女具、落索等甸,劫民财,吓取官所差发银,遣使招降,遣白衣阿爱诈为己子,出官,劫略如故"①。

这种战争不同于麓川以兼并土地为目的的战争。元明时期,特别是明朝时期,麓川地区大量兼并土地的战争证明,此时的麓川地区封建土地所有制关系已经发展到了较高水平。而西双版纳在第八代召片领刀坎于洪武十五年(公元1382年)降明,被封为车里宣慰使,当时人民对宣慰已经有了"贡礼杂差",这是一种近于封建性质的负担,②明永乐十五年(公元1415年)车里宣慰使刀更孟,"骄慢狠愎,失其民心","景逢人强将更孟扶于象背,载之猛宽缢杀之"。③ 同时其他史料也都记载了西双版纳的宣慰或召勐,曾多次被奋起反抗的农奴杀死。傣族史料也记载:"刀更猛为主,不遵守《王者十律》,杀人亦不经过审讯,创铡锯之刑,或以铁鈎钩入罪犯脊骨,然后悬诸系牛桔槔之上以死,或日割一窝,而为长期凌迟之刑。一人有罪,株及兄弟亲族。不循祖训,亦不

---

① (元)《经世大典·招捕总录》卷之《车里》;转引自江应樑:《傣族史》,四川民族出版社1983年版,第265页。
② 参见江应樑:《傣族史》,四川民族出版社1983年版,第265页。
③ 《明实录·永乐实录》卷九〇。

纳奢陇法之谏。奢陇法惧遭杀害,避往猛潜之蛮结。刀更孟为主之第三年,(小历七七七年,永乐十三年,西元 1415 年)刀典畏无故遭其杀害,遂起而放之景逢(天边极远之地。猛阿本言:先被放逐至琶德)。景逢畏其至,则民将逃散,乃私议而诓之曰:即安置猛仑而已。强将更孟扶上象背,载至猛宽缢杀之……是为第十世。"①

从以上可以看出,在元明时期西双版纳地区傣族社会封建领主制经济已经开始出现了,但是,奴隶制因素在经济中还有一定影响,这一点也可以从新中国成立前西双版纳的经济形态得到证实。傣族地区的封建领主制经济直到明朝时期才真正建立起来。根据马曜、缪鸾和等学者在 20 世纪 50 年代调查分析资料发现,直到新中国成立初期,西双版纳傣族地区基本上保持着较为完整的封建领主经济。封建领主的权力在经济和政治上有了很大的削弱,然而,作为封建生产关系基础的封建领主土地所有制,尚未发生根本变化。②

二、元明清时期傣族社会政治状况

由于傣族不同地区的历史发展之先后原因以及中央王朝对傣族地区的经营活动,形成了元明清时期,甚至到新中国成立时,不同傣族地区社会政治状况的差异较大。

---

① 参见李拂一译:《泐史》之《刀更孟》,云南大学 1979 年排印本。
② 参见马曜、缪鸾和:《西双版纳份地制与西周井田制比较研究》,云南人民出版社 1989 年版,第 30 页。

(一)德宏地区傣族社会政治状况

如前所述,麓川即今德宏傣族景颇族自治州的瑞丽、陇川、遮放及瑞丽江南岸一带地方。在公元 10 世纪前后,云南西部出现了一个由掸语四个部落组成的强大的部落联盟"乔(也作侨)赏弥国",这个联盟中的勐卯部,就是麓川。① 到公元 14 世纪,麓川在思可法的治理下壮大起来,思可法经过不断的兼并扩张,成为云南西部傣族地区的封建大领主。也正是由于思可法的大量兼并、扩张加剧了麓川政权与元朝中央的矛盾,并引发了双方的战争。元朝对思可法的征战和经营,时而征讨,时而招抚。征抚皆无功,处于举棋不定、无可奈何的境地,这正反映当时麓川势力的发展壮大,确已到了足以威胁元朝在云南的统治政权。② 后来,元朝只好在默认思可法扩张事实的情况下,设立一个平缅宣慰司,任命思可法为宣慰使。到了明朝洪武十七年,思伦法遣部酋贡方物,并上元朝所授宣慰司印。明朝以原元朝之麓川路和思可法新兼并的平缅路合并设立麓川平缅宣慰司,任命思伦法为宣慰使,兼统麓川、平缅等地。至此,明朝廷正式承认了麓川思氏土地兼并的历史事实。在建文元年(公元 1399 年),由于傣族政权内部纷争后,思伦发势力一蹶不振,明朝借机分其地而设孟养、木邦、孟定三府,隶云南;设干崖、潞江、大侯、湾甸四长官司隶金齿。在此七处及其他如孟琏、孟艮地域设立了各地的土司区域。后来由于思氏统治者的进一步扩张,又一次导致了思氏政权与中央王朝的战争。明代三征麓川,思氏战败后,其后代割据孟养地,虽经多次向明朝廷进贡,要

---

① 参见江应樑:《傣族史》,四川民族出版社 1983 年版,第 174—176 页。
② 参见江应樑:《傣族史》,四川民族出版社 1983 年版,第 234 页。

求归顺明朝,但由于明朝拒绝,孟养长期陷入纷乱之中,后来沦为异域。清代在云南地方延续了明代的土司制度,同样也采取明代后期统治者改土归流的办法,对傣族地区实施了改土归流。从顺治十六年(公元 1659 年)在元江改流开始,直至宣统三年(公元1911 年)对车里地区改流这么长的一段时间内,清王朝对很多傣族地区进行了改土归流,特别是在现在的德宏地区以及元江、新平等地,除西双版纳之外的傣族地区设立了流官统治,使得中央王朝对傣族人民的统治进一步深入。然而,德宏地区与其他傣族地区(除西双版纳外)的政治状况历史上也还有所差异,德宏地区改流时间较晚,其他地区较早。不过它们有一个共同点,虽然傣族地方都历经了改流过程,形式上是流官统治,实际上土司在傣族社会内部政治活动中仍居主导地位。

(二)西双版纳地区傣族社会政治状况

西双版纳大体就是历史上的车里地区,1180 年,西双版纳出现了一个“景龙金殿国”,也就是史书上之“泐国”。据史料称,该国为一个叫“叭真”的傣族部落首领所建,他就是车里第一代“召片领”,也是第一个在西双版纳地区统一政权的人。① 叭真建立的泐国,包含着两个不同性质的部落联盟,一个是西双版纳境内的永久性的部落联盟;另一个是联合邻近各掸泰诸族而组成的临时性的联盟。后一个联盟就是传说中的庸那迦国。② 西双版纳最初建立的叭真政权,就是统属于南宋王朝疆域内的一个地方政权。③

---

①　参见江应樑:《傣族史》,四川民族出版社 1983 年版,第 177 页。

②　参见江应樑:《傣族史》,四川民族出版社 1983 年版,第 180 页。

③　参见江应樑:《傣族史》,四川民族出版社 1983 年版,第 182 页。

元朝在征八百媳妇过程中,招抚了西双版纳地区傣族统治者。元朝至元二十九年(公元1292年)征八百媳妇途中攻战车里,即在车里(今景洪),设立"撒里军民总管府"。1325年,即元泰定二年,元朝再一次招降车里,重建车里总管府。随后元朝又在孟艮、景东等地建立起政权。据《泐史》及明史资料的记载,洪武十五年(公元1382年)车里蛮长刀坎降明朝,明朝在其地改置车里军民府,以刀坎为知府。洪武十九年(公元1386年)改置车里军民宣慰使司。隆庆二年(公元1569年)由于缅东吁王朝入侵,车里宣慰刀糯锰被掳。隆庆三年,车里宣慰刀应猛降缅,从此,车里有大、小车里之称。大车里应缅,小车里应明。① 清代延续了明代在西双版纳地区的土司制度,雍正年间,云贵总督鄂尔泰对傣族地区土司制度实施了改土归流,西双版纳部分地区设流官统治。到宣统三年(公元1911年)清王朝又一次对车里傣族土司改流。由于种种原因,车里地区在新中国成立前还完整地保留了土司制度。

三、元明清时期中央王朝统治经营的傣族区域

从元朝在傣族地区建立政权开始,傣族地区与中央王朝之间的关系进入了一个新的历史时期。一方面,由于中央王朝统治者主观上为了加强对各傣族地区统治,采取不同策略的经营方法,以求边疆的稳定,促成了中央王朝统治者对傣族地区统治的深入。另一方面,由于中央王朝统治者的经营活动,客观上也促进了内地与傣族社会的交流和傣族社会的变迁。

---

① 参见江应樑:《傣族史》,四川民族出版社1983年版,第275页。

（一）元朝统治下的傣族土司区域

如前所述，麓川地区到 10 世纪在思可法的治理下壮大起来，思可法经过不断的兼并扩张，成为云南西部傣族地区的封建大领主。后来，元朝只好在默认思可法扩张事实情况下，设立一个平缅宣慰司，任命思可法为宣慰使。元代西双版纳称为车里（又或彻里），其历史状况不同于麓川地区。元朝在征八百媳妇过程中征服了车里地区，在车里建立了统治。但在元朝时期车里、八百媳妇等傣族地区与元中央政权的关系几经反复。据《经世大典》记载，"大德二年三月，小车里结八百媳妇为乱，经时不下，数遣使奉诏招之，不听命……八百媳妇：大德元年，八百媳妇国与胡弄攻胡伦，又侵缅国，车里告急，命云南省以二千或三千人往救。二年，与八百媳妇国为小车里胡弄所诱，以兵五万与梦胡龙甸土官及大车里胡念之子汉纲争地相杀，又令其部曲混干以十万人侵蒙漾等，云南省乞以二万人征之……至大四年，云南省上言，八百媳妇、大小车里作乱……朝廷命赍诏招之。"①

元朝中央政府在傣族地方设置土司，在承认傣族政治制度的基础上，初步规定了傣族土司制度的官僚体系。据《元史》载云南行省与民族地方的军事制度，"云南等处行中书省，即古南诏之地。初，世祖征取以为郡县，尝封建宗王镇抚其军民。至元十一年，始置行省，治中庆路，统有三十七路、五府"。② 又载："宣慰使司都元帅府，秩从二品。使三员，同知二员，副使二员，经历二员，

---

① （元）《经世大典》之《八百媳妇》；转引自方国瑜：《云南史料丛刊》第 2 卷，云南大学出版社 1998 年版，第 628—629 页。
② （明）宋谦等：《元史·志》卷四一，百官七，中华书局标点本。

知事二员,照磨兼架阁管勾一员……宣慰使兼管军万户府,每府宣
慰使三员,同知、副使各一员,经历一员,都事二员,照磨兼管勾
一员。"①

"邦牙等处宣慰使司都元帅府,至元四年十二月置。先是,以
缅地处云南极边,就立其酋长为帅,三年一贡方物。至是来贡,故
改立官府以奖异之。"②

"平缅宣抚司。至正十五年八月,以云南死可伐等降,令其子
莽三入贡方物,乃置平缅宣抚司以羁縻之。"③元代的傣族地区主
要是车里、平缅、八百媳妇以及一些较小的土司地区。元代对傣族
土司的统治主要是加强对傣族社会外部政治活动的控制,对土司
行为进行一定程度的管理。元朝设置了傣族土司区域和土司职位
在中央王朝官僚体系中的品秩,使土司真正成为中央王朝官僚群
体中的一员。

(二)明朝时期的傣族土司区域

明朝在建立起中央政权统治后,前期明太祖通过武力招抚傣
族地方政权。据明初史料记载。"洪武十五年闰二月丙戌……改
云南威远蛮棚府为威远州……乙巳,置平缅宣慰使司,以土酋思伦
发为宣慰使。改车里路为车里军民府,以土酋刀坎为知府。己
酉……景东土酋俄陶献马一百六十四,银三千一百两,驯象二。诏
置景东府,以俄陶知府事,赐以文绮袭衣"。④

---

① (明)宋谦等:《元史·志》卷四一,百官七,中华书局标点本。
② (明)宋谦等:《元史·志》卷四一下,百官八,中华书局标点本。
③ (明)宋谦等:《元史·志》卷四一下,百官八,中华书局标点本。
④ 《明实录·太祖实录》卷一四三。

"洪武十七年八月丙子，……改平缅宣慰使司为平缅军民宣慰使司，仍以思伦发为宣慰使。改车里军民府为车里军民宣慰司，以刀坎为宣慰使……改平缅军民宣慰使司为麓川、平缅宣慰使司。麓川与平缅边境，元时分置为两路，以统领其所部。至是，以思伦发遣使来贡，乃命兼统麓川之地，故改之。"①

"洪武二十七年（1394）夏四月庚辰，……隶云南者：……府八：元江……景东……宣慰使司三：平缅、车里、八百……上以旧仪颇烦，故复命更定之。"②

"洪武三十五年十二月丙辰……设云南孟养、木邦、孟定三府，威远、镇沅二州。以土官头目刀木旦为孟养知府，罕的法为木邦知府，刀浑立为孟定知府，刀算党为威远知州，千夫长刀平为镇沅知州。"③

后来明代其他皇帝也对傣族地方政权进行了调整。据史料记载："永乐四年（1406）夏四月……己卯……升云南镇沅州为镇沅府，命土官知州刀平为知府，置经历、知事各一员。时刀平从征八百有功，故也。癸未，升永宁州为永宁府，仍隶云南布政使司，命土官知州各吉八合为知府，盖嘉其能修职贡也。"④

"宣德三年（1428）五月乙卯，置云南车里靖安宣慰使司、盐井巡检司。时宣慰使言其所辖境土，数被逃军、逃民及境外夷人往来劫夺，民不安业，请于盐井置巡检司，且请以通事王敬为巡检。悉从之。戊午，……升云南大侯长官司为大侯州，以土官刀奉罕为知

①　《明实录·太祖实录》卷一六四。
②　《明实录·太祖实录》卷二三二。
③　《明实录·太宗实录》卷一五。
④　《明实录·太宗实录》卷五三。

州。时,刀奉罕奏:'大侯蛮民复业者多,岁纳差发银二百五十两,而湾甸、镇康二长官司民少,岁纳银各百两,永乐中俱升为州。乞援二州之例。'上谕行在吏部臣曰:'大侯民多复业,亦其长官善抚绥也。宜增秩以旌之。'故有是命。"①

明代对各傣族地方采用分治、隶属于三司的方式产生了许多互不隶属的小土司。在建文元年(公元1399年),由于傣族政权内部纷争后,思伦发势力一蹶不振,明朝廷借机分其地而设孟养、木邦、孟定三府隶云南布政使司;设干崖、潞江、大侯、湾甸四长官司隶属金齿。在此七处及孟琏、孟垦等地设立了各类土司制度。

"永乐二年(1404)五月丁卯,八百大甸土酋刀招你遣头目板暖等来朝,贡方物,赐赍有差……己巳,设八百者乃、八百大甸二军民宣慰使司,以土酋刀招你为八百者乃宣慰使,其弟刀招散为八百大甸宣慰使。遣员外郎左洋往赐诏、印、冠带、袭衣,并遣使赐麓川、平缅……诸宣慰使司及孟定、波勒、威远等府州亦如之。"②

景泰《云南图经志书》从整体上记载了明朝时期傣族土司地区状况。

> 木邦军民宣慰使司州:其地旧名孟都,又名孟邦,元立木邦路军民总管府。今洪武十七年归附。后开设木邦军民宣慰使司。……缅甸军民宣慰使司:其地通曰缅,旧有江头、太公、马来安正国、蒲甘、缅王五城。元立邦牙等处宣慰使司,今洪武二十九年始归附,立缅甸军民宣慰使司。……孟养军民宣慰使司:其地元始有之,云远路军民总管府。今洪武十七年归附,后开设孟养军民宣慰使司。……其民皆百夷……车里军

---

① 《明实录·宣宗实录》卷四三。
② 《明实录·太宗实录》卷三一。

民宣慰使司：蛮名彻里。自古不通中国。元世祖既平云南，命将兀良吉耐率兵伐交趾，经其所部，悉降之。至元甲戌，立彻里路军民总管府……今洪武十七年归附，立车里军民府，十九年改为军民宣慰使司。……八百大甸军民宣慰使司：世传其土酋有妻八百人，领八百寨，因名八百媳妇。自古不通中国。元初征之。道路不通而还。后遣使招之，始附。元统元年，置八百等处宣慰使司都元帅府。今洪武二十四年，黔宁王亦遣人招之，其酋来贡，乃立八百大甸军民宣慰使司。……老挝军民宣慰使司：俗呼曰挝家，自古不通中国，元亦未能制。今永乐三年归附，备方物朝贡，始开设老挝军民宣慰使司。……孟定府：旧名景麻。元时立军民总管府，属大理金齿等处宣慰使司都元帅府。今洪武十七年归附，后改孟定府。……其民皆百夷。……孟艮府：蛮名孟指，自古不通中国，时未能制。今永乐四年始来归附，开设孟艮府。……干崖宣抚司：旧名干崖甸，元置镇西路军民总管府。今洪武三十三年归附，三十四年开设干崖长官司，正统七年征进麓川有功，升为宣抚司。……南甸宣抚司：……元为南甸路军民总管府。今洪武三十一年归附，属腾冲千户所。永乐十二年开设南甸州。正统八年以征麓川功，升为宣抚司。……其民皆百夷，俗与木邦同。……陇川宣抚司：旧系麓川，自古不通中国。元立迤东十路，而麓川其一也。今洪武十七年归附，立为宣慰使司。正统三年，其土酋思任发叛，调大军往平其地。革其司。正统十一年，设陇川宣抚司于陇把。……其民皆百夷，俗与南甸同。……镇康州：蛮甸棣赕，自古未通中国，元立镇康路军民总管府。今洪武十七年归附，后改为州。……其民皆百夷，习俗大概与木邦同。湾甸州：蛮名细赕，元时属镇康路。今洪武十七年归附，后开设湾甸州。……其民皆百夷。……大侯州:蛮名孟佑,元时属麓川路。今洪武十七年归附,三十四年开设大侯长官司,后改为州。……其民皆百夷,俗与湾甸同。……威远州:蛮名孟磨,又名惠蒙陇,元初立碌必陇管民头目。后改为威远州。今洪武十八年归附,二十六年仍立为州。……芒市长官司:旧名怒谋甸,元立军民总管府。今洪武十七年归附,属麓川。正统元年来降,开设芒市长官司。……其夷俗与陇川同。①

明朝统治时期的傣族土司地区有很大变化。一方面,由于傣族社会形态在元明时期急剧转型,由此带来了大量土司之间及土司和中央政权之间的战争。战争的结束使得傣族土司政治实力发生了很大变化。另一方面,朝廷通过加强对傣族土司的政治统治,以强化中央政治体系的完整统一和国家边疆稳定。这些原因都造成了明代的傣族土司政权相对元代傣族土司政权区域为小和土司较多,特别是在原麓川地区形成多个互不隶属的小土司。但是,有一点值得注意,在明代前期,明朝在老挝、缅甸、八百媳妇等地建立了较大的土司政权,后期由于历史原因,这些区域发生了重大变化,至清代初,最大的傣族土司政权只剩下车里地区了。

(三)清代傣族土司区域

清朝时期云南地区傣族土司的设置情况在《钦定大清会典》中有较为详细的记载:

> 管制:各省土官世职　云南宣慰使司,宣慰使一人。宣抚使司,宣抚使五人,副使三人。安抚使司,安抚使二人。长官司,长官二人,副长官二人,千户二人。国初定,退陬僻壤,率

---

① (明)陈文:《云南图经志书》,北京图书馆藏本。

属向化,承袭土司,分别授以指挥使、指挥同知、千总、把总、千户、百户职衔。云南车里宣慰使司,宣慰使一人。乾隆三十八年裁,四十二年复设。南甸宣抚使司,宣抚使一人。干崖宣抚使司,宣抚使一人。陇川宣抚使司,宣抚使一人。耿马宣抚使司,宣抚使一人。盏达宣抚使司,副使一人。遮放宣抚使司,副使一人。潞江安抚使司,安抚使一人。芒市安抚使司,安抚使一人。猛卯安抚使司,安抚使一人。后改为宣抚使司副使。……腊撒长官司,长官一人。雍正二年裁,乾隆三十五年复设。猛缅长官司,长官一人。乾隆十一年裁。……纳楼茶甸长官司,副长官一人。十二关长官司,副长官一人。雍正七年,又设云南孟连长官司长官一人。乾隆二十九年裁。三十九年改设宣抚使。乾隆二十九年,设云南猛夏土千总一人,土把总一人。三十一年,设云南孟艮土指挥使一人、整欠土指挥使一人、猛龙土指挥同知一人、整卖宣抚使司宣抚使一人、景线宣抚使司宣抚使一人、六木土守备一人、景海土守备一人、猛撒土千总一人、补哈土千总一人、猛勇土千总一人、木期古土千户一人。①

另据史料记载,清代云南有"宣慰使一,曰车里。宣抚使四,……曰耿马,曰陇川,曰干崖,曰南甸。副宣抚使二,曰遮放,曰盏达。安抚使三,曰路江,曰芒市,曰猛卯。副长官司三,曰纳楼,曰亏容,曰十二关。土府四,曰蒙化,曰景东,曰孟定,曰永宁"。②

由于明清两代的改土归流运动,加上傣族社会各土司之间的

---

① 《钦定大清会典事例》卷五五七,兵部十六之《各省土官世职》。
② (清)魏源撰,韩锡铎、孙文良点校:《圣武记(下)》第一篇,中华书局1984年版,第296页。

土地兼并战争等的作用,到清代中后期,云南傣族地区的宣慰司只剩一个,就是后来的西双版纳地区;而以前的麓川、平缅、车里部分地方以及景东等地,只剩下一些势力较小、政治品级较低的傣族土司了。

按江应樑先生的研究,到清代其中确知是傣族土司的有:宣慰司一:车里刀氏;宣抚司八:南甸刀氏、干崖刀氏、陇川刀氏、耿马罕氏、孟琏刀氏、整卖召氏、景线呐氏;副宣抚司二:盏达思氏、遮放多氏;安抚司三:芒市放氏、潞江线氏、猛卯衍氏;土指挥二:孟艮召氏、整欠叭氏;土指挥同知一:猛笼叭氏;土知府二:孟定罕氏、景东陶氏;土知州二:湾甸景氏、镇康刀氏;土守备二:六本召氏、景海召氏;土千总六:猛遮刀氏、普腾坝刀氏、猛戛刀氏、元江刀氏、猛孟召氏、猛撒喇氏;土把总十:猛阿召氏、猛笼刀氏、橄榄刀氏、六困刀氏、猛腊召氏、猛旺刀氏、整董召氏、猛乌召氏、乌得召氏、猛戛刀氏;土巡检一:猛罕氏;土县丞一:南涧阿氏;土舍二:阿邦乡陶氏、曼车乡刀氏。此外尚有土便委、土掌寨、土目等未计入。①

四、元明清时期傣族社会与佛教

从 20 世纪 50 年代学者们对傣族社会的调查资料和傣族史料记载研究看,傣族人民、傣族社会与佛教有着极强的关系。从调查资料看,除元江、新平等旱傣只信仰原始宗教,以及花腰傣不信佛教外,其他地方的傣族人民普遍信仰小乘佛教。在傣族社会中,佛教对于每个人的生活都起着支配作用。小孩子一生下来便注定是信佛教徒,名字是佛爷取的,结婚、丧葬、生病、盖房子都要请佛爷

---

①　参见江应樑:《傣族史》,四川民族出版社 1983 年版,第 373 页。

来诵经。傣族社会各地都有受人崇拜的佛塔,甚至每个家庭还有佛坛。傣族有专门隆重的佛教节日。傣族文化、教育也发源于佛教。可以说,佛教支配着傣族人民社会生活的方方面面,并且是一股巨大的力量。

(一)傣族社会的前佛教时代

尽管现时在傣族社会生活中,佛教起着重要的作用,支配着人们的社会生活,但是从史料研究看,傣族人民经历很长的原始宗教而没有佛教的时代。江应樑先生认为,直至1292年兰那国芒来(也有学者作茫莱)王(泰族)征服南奔,小乘佛教就传到了兰那,然后从清迈传到景栋,再从景栋传入西双版纳,时期当在14世纪下半叶到15世纪上半叶,至于小乘佛教从缅甸传入德宏傣族地区,时期当稍晚于西双版纳地区。[①] 傣族人民信仰佛教应与缅甸人民信仰佛教有关,缅甸全民信仰佛教在唐代文献就有记录。在《马可·波罗行纪》以及明代相关史料中都记载了缅甸的佛教盛行,同时也记载了元代及明代前期,今德宏地区还没有傣民普遍信仰佛教的状况。西双版纳地区傣族人民普遍信仰佛教大概较德宏地区为早,江应樑先生根据对历史资料的分析认为,到了明代中期,西双版纳傣族民间开始普遍信仰佛教,有了佛寺,重大事件皆由僧侣参与,完全排斥了巫师的地位。[②] 据《马可·波罗行纪》记载:

第一一九章　金齿州离大理府后,西向骑行五日抵一州,名称匝儿丹丹(Zardandan)(即金齿)。居民是偶像教徒,而

---

① 参见江应樑:《傣族史》,四川民族出版社1983年版,第344页。
② 参见江应樑:《傣族史》,四川民族出版社1983年版,第345页。

臣属大汗。都会名称永昌（Vocian）。此地之人皆用金饰齿；别言之，每人齿上用金作套如齿形，套于齿上，上下齿皆然。……其人无偶像，亦无庙宇，惟崇拜其族之元祖，而云："吾辈皆彼所出。"

……

第一二四章　上缅国之都城城有二塔—金塔—银塔：行人经行上述之荒地中，人烟断绝，必须携带食粮，骑行十五日毕，至此缅州，主要城市亦名阿缅（Amien）。城极大而名贵，是为国之都城，居民是偶像教徒，自有语言，臣属大汗。城中有一物，极宝贵，请为君等述之。

昔日此城有一富强国王，弥留时，命在其墓上建二塔，一金塔一银塔，以石为之，其一上傅以金，有一指厚，全塔俨若金制，其一塔建筑与金塔同，上傅以银，全塔俨若银制，每塔高十步，其大与其高度相称，上部皆圆形，周围悬铃，金塔悬金铃，银塔悬银铃，风起作声，国王为其生前光荣及死后英灵，特建此二塔，诚为世界最美观之物，太阳照之，光明灿烂，远处可见。①

可见当时德宏还没有佛教，也没有文字。而在缅甸地区当时已经有了佛教。德宏的情况与马可·波罗历经金齿和缅国时记述的宗教状况有着明显的不同。很显然，马可·波罗在途中专门关注了各地宗教状况，它的资料是可信的。在傣族人民普遍信仰佛教之前，人们信仰原始宗教。清代时的镇沅直隶厅还保留了原始宗教现象。据史料记载，其"所属之恩乐地方，三月初三日，士庶咸诣文昌宫庆诞，谈演《大洞经》，土人于是月内宰牛、猪祀祖，又

————————

① ［意］马可·波罗：《马可·波罗行纪》，冯承钧译，商务印书馆1935年版。

每人用鸡一只,割取鸡骨卜卦占年,名曰叶命,并治酒会饮,各送糯饭一包,山花一束;九月收获既毕,将前获秧篱燎火,治祀祖鸡,此鸡嫡亲宗族得食,出嫁女亦不与焉,祭名谓之落劳;虽俗尚与中土异,尚非黩于淫祀者,亦听其从俗而已"。①

(二)佛教与傣族人民生活

在佛教时代的傣族生活的村落地区,只要有村落之处,就有佛寺,傣语称佛寺为"庄房"、"缅寺"。较大的村寨中有几个佛寺。就连二三十家的小村庄也有简单的佛寺。傣族男子人人都必须过一段时期的僧侣生活,傣族送儿子入寺当僧侣,是家中的一件大事,傣族称为"升和尚"。送孩子做僧侣有一套专门的习俗。寺中的和尚、僧侣有多个等级,有一套专门的制度。按江应樑先生研究,它分为小和尚、巴弄、督、督弄和督比弄、祜巴、祜巴勐、阿雅昙八个等级,八个等级依次从低到高,督比弄级别就较高,俗话称之为"大佛爷"。虽然督比弄之上还有"祜巴"、"阿雅昙"等,但这些等级已被看做是政治权位。佛爷不是每个村都有,有的甚至一个勐、一个宗派中只有一个大佛爷,其资格的取得也有一套严格的制度。做了大佛爷,不仅掌握一定的大权,同时还是全村中地位最高的人。在政治上,大佛爷可以与土司对等谈话。在生活中,受到人民的尊敬。佛经中包含了许多傣族人民生活、行为的规范。佛寺生活是傣族人民学习知识的重要途径。在傣族社会生活中,有些专门的宗教节日,傣语中凡用钱物对佛贡献或斋僧,均称为"赕",赕佛就是做佛会。傣族社会中经常都有赕佛,仪式非常隆重。傣族社会的"进窪"(关门)和"出窪"(开门)是极为重要的节日,傣

---

① 《滇南志略》卷六《镇源直隶厅》。

族政治官员的任命,政治活动及人民生活都要随之安排。除此之外,傣族社会还有"烧白柴"、"泼水节"、"做摆"、"跳摆"等日常和专门的宗教节日。这些节日一方面表达傣族人民对佛的尊敬,对美好生活的向往,对人民安居乐业、身体健康、家庭和谐的祝福。同时这些节日也为傣族人民交往提供了许多机会。傣族人民在宗教生活中的经济和时间投入是很大的,经济投入高达傣族家庭收入总数的五分之一。①

·清代一些散居傣族地方多信原始宗教,如按清代史料记载,"顺宁府·风俗——服习恶陋,鲜习文字。九种杂居,相见屈膝为礼。俗信鬼,以鸡骨占卜。"②史料又载:"景东直隶厅·风俗:信巫祀鬼。"③这类傣族人民生活中少有佛教。在 20 世纪 50 年代的调查资料中显示,尤其是一些不信佛教的傣族支系,生活中人们还会采用原始宗教的方式。我们知道,宗教是统治人们的自然力量和社会力量在人们头脑中虚幻的、颠倒的反映。原始宗教是宗教的初期阶段,宗教源于自然和社会压力。这是一个历史现象,傣族社会的原始宗教保留正说明傣族社会生活还处在较低层次上,人们把生活中许多问题的解决都寄托于某些超自然力量。

(三)佛教传入傣族社会之时间的思考

有关佛教传入傣族社会的时间,有人认为早在 4、5 世纪傣族社会就出现了佛教,甚至还有人认为早在公元前 1 世纪傣族地方

---

① 参见江应樑:《傣族史》,四川民族出版社 1983 年版,第 548 页。
② 《清一统志·云南志》卷四八三《顺宁府》。
③ 《清一统志·云南志》卷四九四《镇源直隶州》。

就有了佛教。① 学术界对佛教传入傣族社会的时间争论较大；但结合佛教作为傣族法律制度中重要立法精神和史料记载状况考察，通过比较研究，笔者认为，直到明代傣族社会才逐步有大规模的佛教生活更为可信。据明代的历史资料记载，明代正统年间，麓川已普遍信佛。"夷酋好佛致祸：靖远伯王骥之平麓川思任发也，事在正统初年，世所共传；而国初洪武间叛乱事，人或未知也。麓川本名平缅宣慰使司，其俗无不喜欢佛教，至是有僧自云南来，为因果报应之说，思任发之父名伦发者信尚之。"②

　　明朝中后期，佛教已在傣族社会中普遍传播。据万历《云南通志》记载，"贡象道路……又行四日始至车里宣慰司，在九龙山之下，临大江，亦名九龙江，即黑水之末流也。由车里西南行八日至八百媳妇宣慰司，此地寺塔极多，一村一寺，每寺一塔，村以万计，塔亦以万计，号慈国。其酋恶杀不喜争，敌人侵之，不得已一举兵，得所仇而罢。由此又西南行一月至老挝宣慰司，其酋一代止生一子承袭，绝不生女。西行十五六日至西洋海岸，乃摆古莽酋之地。"③

五、傣族文字的历史发展及风俗习惯

（一）傣族的文字

1. 傣族的文字

傣族是有着自己文字和悠久文化的民族，在元明清时期，傣族

---

　　①　参见王松、王思宁：《傣族佛教与傣族文化》，云南民族出版社1998年版，第173—183页。
　　②　（明）《万历野获编》卷三○《土司·夷酋好佛致祸》。
　　③　《云南通志》卷之一六《羁縻志》第十一。

社会文字和发生了的变化。

(1)傣族文字概况。傣族是古代的百越民族,有着共同的民族语言,在古文献被称为"越狱"。历史上,它既不同于中原地区的语言;也不同于楚国的语言。但是,由于地理区位和历史因素,傣族各不同地区的语言文字有细微差异。傣语都属于汉藏语系、壮侗语族、壮傣语支,但有不同方言。现在西双版纳地区流行傣泐文;在德宏地区除了流行傣那文之外,德宏等地还流行一种傣绷文和金平流行金平傣文。不过,傣文都是来源于印度的巴利文,只是由于上述原因以及传入和发展中的变异不同,导致不同傣族地区的文字有所差异。

另外,由于傣族与缅甸、老挝、越南和泰国等国家的许多民族有着密切的往来和交流,这些国家许多民族和傣族有着族源关系,有着深厚的历史渊源。因此,傣族文字与这些国家和民族的文字、文化有着密切的关联。根据江应樑先生研究,傣族文字从巴利语和梵语中都借入了许多词。傣文字母都来源于印度巴利文字母;德傣文(德宏)是由缅文字母变化而来,西傣文(西双版纳)是由泰国北部的兰那文字母变化而来①。可见,傣族文字和文化与缅、泰等国文字、文化之间有着非常密切的联系。赵世林等人也研究认为,傣语与泰国、老挝、缅甸、越南和印度境内的泰语、老挝语、掸语、侬语、岱语、坎堤语在基本结构上有许多共性。② 正是因为这样,傣族文字与上述国家或民族的文字有着相类似或外表相像的特点,以至于在历史上曾经有人将傣文误认为是缅文等(如下文中的缅书)。

---

① 参见江应樑:《傣族史》,四川民族出版社1983年版,第516页。

· ② 参见赵世林、武琼华:《傣族文化志》,云南民族出版社1997年版,第270页。

（2）傣族文字变化。傣族文字的出现有自己的历史发展过程。在明代以前，傣族社会还没有出现文字。元代李京《云南志略》记载是："金齿百夷，记识无文字，刻木为约"。《马可·波罗行纪》在金齿州下有："离大理府后，西向骑行五日抵一州，名曰匝儿丹丹（Zardandan），即金齿……彼等无字母，亦无文字；斯亦不足为异，盖其地处蛮野之区，入境不易，遍布高山大林，颇难通行，空气不洁，外人之入境者，必有丧命之忧。土人缔约，取一木杖，或方或圆，中分为二，各刻画二三符记于上，每方各执一片，负债人偿还债务后，则将债权人手中所执之半片收回。"①元代李京和马可·波罗（意大利人）都明确指出，元代的傣族地区人民生活中既没有文字，也没有字母。充分说明此时的傣族地区是没有普遍出现文字的。《续资治通鉴》中记载云南元代以前民族习俗："右宋纪：世祖至元十三年，是岁，行省云南赛音谔德齐。以所改郡县上闻。云南俗无礼义，男女往往自相配偶，亲死则火之，不为丧祭，无粳稻桑麻，子弟不知读书。赛音谔德齐教之拜跪之节，婚姻行媒，死者为之棺椁、奠祭，教民播种，为陂池以备水旱，创建孔子庙、明伦堂，购经史，授学田，由是文风稍兴……人习礼让，风俗稍变。"②从上述史料中可以看出，元代的傣族人民生活中的习俗、文化与中原主体民族的习俗、文化有着很大的不同，正是在中央王朝派出的官员倡导设立、教授儒学条件下，在受汉文化的影响之后，傣族社会才文风稍兴。这段史料虽然没有专门说明元代的傣族社会无文字，但足可以证明当时傣族社会没有出现专门的文字传授和文化教育的

---

① ［意］马可·波罗：《马可·波罗行纪》，冯承钧译，商务印书馆1935年版，第119章《金齿州》。

② （清）毕沅：《续资治通鉴》卷一八二，《宋纪》一百八十二。

现象。

由此可见,傣族直到元朝时期还没有自己民族的文字。元朝赛典赤来到云南时,云南地方"俗无礼仪,子弟不知读书"。元代李京专门到元时的傣族地方,发现当时的傣族社会无文字,同时代的外国人马可波罗奉使出行途经傣族地方时,也记录了当时傣族社会并没有文字。从上述重要史料记录可以判定,元代以前傣族社会还处于前文字时代,当然也就不可能有读书等现象。甚至在元代整个云南行省由于多民族的原因,加之地理上与中原地区相对隔离,居住在云南行省的,包括傣族在内许多民族文字和文化发展,较之内地汉族地区还是较为落后的。

到明代以后,傣族社会已经出现了自己的民族文字。当然,文字作为语言的、文化载体,不可能也不应该是在某一具体时间点(确定的极短时间内)产生,它的产生必然是一个较长的历史阶段和过程。笔者认为,断定明代以后傣族社会出现了文字,也只能是按照,明代以后傣族社会大规模使用文字和出现文字理解。

明代《百夷传》中记载:"百夷,即麓川平缅也,地在云南之西南,东接景东府,东南接车里,南至八伯媳妇,西南至缅国,西连戛里,西北连西天古剌,北接西番,东北接永昌……今百字或作伯、僰,皆非也……无中国文字,小事则刻竹木为契,大事则书缅字为檄,无文案可稽"①。根据上面傣族文字的分析,此处之缅字应是对傣族文字的误称。可以肯定直到元朝时期,傣族社会还没有自己的文字。明初傣族社会出现了自己的文字,由于此文字母源于印度巴利文,所以看起来与缅文类似。

按照上面分析,德傣文是由缅文字母变化而来,二者之间有着

---

① 引自江应樑:《百夷传校注》,云南人民出版社1980年版,第146、148页。

密切联系,因此,历史上(清朝)也有许多人把缅文比照傣文翻译。据史料记载:"缅人多于幼时出家,入寺习学缅文,长仍还俗。缅字,或用蒲叶刻画于上,或用黑纸写粉字,通事谙缅文者少,军中每将缅文翻摆夷字,又以摆夷字翻汉文,重译而得之。"①

从上可知,在明代以后的史料中明确记载,傣族地区要么是"无中国文字",要么是出现将缅文与摆夷文相比。这些资料很可贵,它们有力地说明,傣族社会文字出现当在元明两代交替时期,或至少是在明代初期。在傣文的形成过程中,由于缅甸处于印度和中国傣族地区(主要是德宏等地)的过渡地带,加上傣族历史上与缅甸的渊源较深。因此,德傣文的形成过程中受缅文影响较大(西傣文主要受泰文影响)。

(3)文字与傣族法律制度的关系。与所有的民族一样,傣族的文字与法律制度之间同样有着密切的关系。首先,文字是法律制度内容表达的必要工具和载体,没有文字,不可能有文字形式的法律制度;没有文字,法律制度文化的延续和传承都会有困难。法律制度文化是一个民族文化的结晶,是民族的宝贵财富,精确地记录和传承文化必须要靠精确的记载,这样文字就显得十分重要。其次,文字关系到法律制度表现形式的发展程度。成文法和习惯法的根本差异就在于其表现形式,成文法是用文字形式表现出来的,往往比习惯法更为准确、可靠。成文法和习惯法是一个国家和民族的法律制度发展过程中不可避免的两个阶段,习惯法由于通过口头语言的传播,其中不可能避免个人在传授和适用法律制度时,出现在内容理解上和尺度把握上的差异,导致法律制度的传承和执行过程中的"随意性"(尽管这种随意性并非是有意识的),从

_____

① (清)周裕:《从征缅甸日记》,刊于《借月山房汇钞》。

而影响到法律制度规范的准确性和权威性。另外，由于习惯法本身的简单性和随意性特点，习惯法对于规范社会成员的复杂行为也会有着不足之处。正如上述史料中提到的，傣族人民在元代的商品交往过程中是，"缔约，取一木杖，或方或圆，中分为二，各刻画二三符记于上，每方各执一片，负债人偿还债务后，则将债权人手中所执之半片收回"。这样情况不可能适应较为复杂的商品经济交换过程。在现代社会，不要说是没有文字的成文法规定，就是市场经济法律制度文件不够健全也是难以适应复杂的，现代市场经济活动的。最后，文字发展过程还关系到傣族法律制度体系发展的完善程度。文字记载被看成是人类文明的重大进步。正如汉族很早就有史料记载，大大促进了文明进步一样；傣族的文字发展也与傣族社会的法律制度体系的发展有着密切关系。法律制度体系是适应社会生活的要求，根据社会利益关系状况建立的，随着社会形态的进步，社会利益关系的复杂化，社会生活的多样化，法律制度必须更加完善和健全。但是，如果没有可使用的文字，法律制度这样的发展要求是不可能得到满足的。

（二）元明清时期傣族的风俗习惯

明清时期的傣族社会习惯法与成文法并行。在元代时，由于傣族没有文字，因而不可能有成文法，习惯法成为调整人们社会关系的唯一的法律规范。而风俗习惯是傣族各种法律规范的重要渊源。傣族社会在与内地交往前，据相关历史资料记载，傣族在南诏时被称为"金齿"、"茫蛮"，唐宋时称为"黑齿、雕题、金齿、茫蛮"，其原因之一就是傣族先民都有文身的习惯。唐代记载傣族习俗："黑齿金齿银齿绣脚——黑齿、金齿、银齿、绣脚四蛮，并在永昌，关南杂种类也。黑齿以漆漆其齿，金齿以金镂片裹其齿，以银齿以银,有事见人,则以此为饰,寝食则去之;皆当顶为一髻,以青布为通身袴,又斜披青布条。绣脚蛮则于踝上腓下周匝刻为文彩,衣以绯布。"又载:"绣面蛮——绣面蛮生一月,则以针刺面,青黛涂之,如绣状。"①

元代《中堂记事》中有关百夷习俗记载:"中统二年夏四月十四日乙巳,是日巳刻,廉右丞张参政会王相第,呼金齿蛮使人间其来庭之意及国俗地理等事。言语侏离,重译而后通。国名百夷,盖群蛮之总称也……兵械有刀槊手弩,而无弓矢甲胄。"②

据元代李京《云南志略》中对傣族的风俗记载是:

> 金齿百夷,记识无文字,刻木为约。酋长死,非其子孙而自立者,众共击之。……杂羁无统略。有仇隙,互相戕贼。遇破敌斩首,置于楼下,军校毕集,结束甚武,髻插雉尾,手执兵戈,绕俘馘而舞,仍杀鸡祭之,使巫祝之曰:尔酋长人民,速来归我;祭毕论功名,明赏罚,饮酒作乐而罢。攻城破栅,不杀其主,全家逐去,不然囚之至死。嫁娶不分宗族,不重处女。……交易五日一集。旦则妇人为市,日中男子为市,以毡、布、茶、盐互相贸易。③

《马可·波罗行纪》中"百夷"下有:"一切工作,皆由妇女为之,辅以战争所获之俘奴而已……其货币用金,然亦用海贝……商人携多银至此易金,而获大利……其人无偶像,亦无庙宇,惟崇拜其族之元祖……彼等无字母,亦无文字……土人缔约,取一木杖,或方或圆,中分为二,各刻画二三符记于上,每方各执一片,负债人

---

① 《太平御览所引南夷志》。
② 《秋涧先生大全文集》卷八二《中堂记事》。
③ (元)李京:《云南志略》,据《函芬楼说郛》卷三六。

偿还债务后,则将债权人手中所执之半片收回"。①

元代以后,元中央加强了对傣族地方的经营。中央王朝的经营,促进了傣族文化与内地文化的交流与融合。在与内地加深交流后,傣族的习俗有了变化。到明代,傣族文化有了自己的时代特色。明代钱古训、李思聪出使傣族地方,著有《百夷传》中记载有:

> 其下称宣慰曰昭,犹中国称主人也;其官属叨孟、昭录、昭纲之类,总率有差:叨孟总统政事、兼领军民,多者总十数万人,少者不下数万;昭录亦万余人,赏罚皆任其意;昭纲千人,昭百百人,昭哈斯五十人,昭准十余人:皆叨孟所属也。又有昭录,令遇有调遣,则统数千人以行,其近侍名立者,亦领人户数百,皆听其使令,食其所赋,取之无制,用之无节。……其相见有合掌之拜,屈膝之跪,而无端肃拱揖之礼,长于己者则跪之,有所言则叩头受之,虽贵为把事叨孟,见宣慰莫敢仰视,凡有问对,则膝行以前,三步一拜,退亦如之,贱见贵、少见长皆然;侍贵人之侧,或过其前,必躬身而趋。……无中国文字,小事则刻竹木为契,大事则书缅字为檄,无文案可稽。……无仓廪之积,无租赋之输,每年于秋冬收成后,遣亲信往各甸,计房屋征金银,谓之取差发,每房一间输银一两或二三两,承行者象马从人动以千百计,恣其所用,而后输于公家。刑名无律可守,不施鞭朴,犯轻者罚,重者杀之,或缚而置之水中,非重刑不系累。军民无定籍,聚则为军,散则为民,每三人或五人充军一名,正军谓之昔剌,犹中国言壮士也;昔剌持兵器,余则负荷以供所需,故军三十万,则战者不满十万;师行无纪律,先后

① [意]马可·波罗:《马可·波罗行纪》,冯承钧译,商务印书馆1935年版,第——九章《金齿州》。

进退不一,倚象为声势,每战则用绳索自缚于象上,悍而无谋,……其俗,男贵女贱,虽小民视其妻如奴仆,耕织贸易差徭之类皆系之;非疾病,虽老不得少息。……头目有妻百数,婢亦数百人,少者不下数十,虽庶民亦有十数妻者;无妻妾之分,无嫉妒之嫌。……有夫而奸盗则杀之,不重处女,其通媒匹配者甚罕,年未笄,听与弱冠男子通,父母亡,不用僧道,……而自去后绝无祭扫之礼也。①

明代严从简撰《云南百夷篇》记载:"夷人土俗,四十年来,虽间有仇杀,亦无如前剧甚者……男贵女贱,虽小民视其妻如奴仆,耕织贸易差徭之类皆系之。其酋长有三等:大曰招木弄,即为宣慰者;次曰招木牛;又次曰招化。居高楼,部属见之,地有等限,……事佛敬僧,有大事则抱佛说誓,质决于僧。"②

《南夷书》记载:"夷俗,新君立,则土酋各献其女备内列。曩怙宠而妒,凡一女进,则诬其父以叛,思伦法辄徵而诛之,益缢杀女,弃尸麓川江中,……酋死无子,而妻得以临其民,妻死女得以继其母。"③

明百夷馆中记载百夷民俗与前述其他史料记载相类似。百夷馆记载了有关孟邦、孟养、孟定、南甸、陇川、威远、湾甸、镇康、者乐甸、车里、孟艮等地百夷习俗,有力说明了傣族人民在明代生活的特点。明代佚名著《西南夷风土记》中也有类似记载百夷地方习俗的资料,该书还记载了原始宗教。④

———————

①　(明)李思聪:《百夷传》,按此用《景泰志》所载《百夷传》,与江南本及《湖南文征》所载不尽相同。

②　(明)严从简:《云南百夷篇》。

③　(明)张洪:《南夷书》,北京图书馆藏四库全书存目原钞本。

④　(明)佚名:《西南夷风土记》,附载于明朱孟震宦游余谈中,学海汇编本。

　　《正德云南志》卷四一中也记载了类似的百夷习俗:"百夷,……其俗,男贵女贱,虽小民视其妻如奴仆,耕织、贸易、差徭之类皆系之,非疾病,虽老不得少息。……头目有妻百数,婢亦数百人,少者不下数十,虽庶民亦有十数者。无妻妾之分,无嫉妒之嫌。……官民皆髡首黥足。有不髡者,则酋长杀之;不黥足者,则众皆嗤之,……有夫而奸盗则杀之。不重处女,其通媒匹配者甚罕。年未笄,听与弱冠男子通,而相得者约为夫妇。未婚辄引至男家,姑亲为之濯足,数日,送至父母家,方用媒妁,以羊酒财帛之类为礼而娶之。……父母亡,不用僧道。"①

　　明代《滇略》中傣族的习俗已经发生了变化:

　　　　称宣慰曰"昭",其官属有叨孟、昭录、昭纲之类。叨孟统政事,领军、民,多者十数万人,少者不下数万;昭录万余人,昭纲千人,递减至十人,……贵者衣用纻丝绫锦,……出入乘象,……相见,合掌为敬,长于己者则跪拜,虽贵为叨孟,见宣慰莫敢仰视,问对则膝行以前。……无文字,小事则刻竹、木为契,大事则书缅字为檄。无仓廪之积,租赋之输,每收成后,遣亲信往各甸,计房屋征金银,谓之取差发,房一间,输银一两或二三两。其刑法:杀人者死,奸者死,窃者全家处死,劫者一村皆死;故无奸盗,道不拾遗。……其俗男贵女贱,以妻为仆,非疾病、衰老不得少息。……头目有妻百数,虽庶民亦有十数妻者。处女先与人通,及笄始用媒妁,以羊酒、财帛为礼而娶之。……小伯夷,熟夷也,永昌西南,环境皆是。男妇服饰稍近中华,亦通汉语。②

---

　　① (明)《正德云南志》卷四一。
　　② (明)谢肇淛:《滇略》卷九《夷略》。

　　比较《百夷传》中记载情况来看,此条史料中所述的刑法和熟夷习俗,都有明显的变化。

　　最先,傣族人民生活中还没有宗族意识,女性成员社会地位偏低,习俗在人们生活中有很强的规范作用。傣族社会中原始宗教还在社会生活中有很强的作用。元明时期,由于傣族人民生产、生活中与内地的交往增多,生活中的风俗习惯发生了变化。明代时佛教已经成为傣族社会生活中的一个重要内容,封建领主等级制度在傣族经济生活中取得了主导地位。傣族习俗到清代时期又有了很多方面的变化,民间有了宗族意识,一夫一妻现象多见于傣族生活中,汉族文化的影响明显加深。

　　万历《云南通志》卷一六记载百夷风俗:

　　　　其俗称"宣慰"曰"昭",犹中国称主人也。其官属,叨孟、昭录、昭纲之类,总率有差。叨孟总统政事兼领军民,多者数十万人,少者不下数万;昭录亦万余人,赏罚皆任其意;昭纲千人递减至十人,皆叨孟所属。又有昭录遇有调遣,则统数千人以行,其近侍名立者,亦领人户数百,皆听其使令,食其所赋,取之无制,用之无节,上下僭奢,……无中国文字,小事则刻竹木为契,如期不爽;大事则书缅字为檄。无文案可稽,……无仓廪之积,无租赋之输,每年于秋冬收成后,遣亲信往各甸计房屋征金银,谓之取差发,每房一间,输银一两或二三两。承行者象马,从人动以千百计,恣其所用,而后输于公家。其刑法三条,杀人者死,犯奸者死,偷盗者全家处死,为贼者一村皆死,故无奸盗,道不拾遗。……凡一头目出行,则象马、兵戈及床凳、器皿、仆妾、财宝之类皆随以行,动辄数百人,随处宴乐,小民苦之。其俗男贵女贱,虽小民,视其妻如奴仆,……头目有妻百数,婢亦数百人,少者数十,虽庶民亦有十数妻者,妻妾无嫉妒之嫌。旧俗不重处女,如江汉游女之习,及笄始禁足,方用媒妁,以羊酒财帛之类为礼而娶之,今则此俗渐革矣。……父母亡,不用僧道,……不使复还家也。①

万历《云南通志》记载了傣族民俗许多方面还类似前述明朝前期的历史文献记载的情况。明朝前期还不重处女习俗,此时已经开始发生了改变。民间的贫贱等级差异在出行仪式等方面都有进一步发展。这说明元明以来中央王朝在傣族地区的经营活动,已经在一定程度上催化了傣族文化的汉化进程。傣族法律文化随之变迁在所难免。明朝后期,特别是万历(公元 1573—1620 年)年间,傣族社会的风俗较之明初已有了较大的改变。万历《云南通志》还记载了当时缅甸人民的生活、风俗习惯,其中许多风俗习惯与傣族人民相同。诸如,政治上的等级制度,骑象为贵,男贵女贱,一日三浴,酋长的特权不可侵犯等。但也有一些与麓川、车里等傣族社会不同的风俗。"王出,舆以金绳床。……有巨象、高百尺,讼者焚香跽象前,自思是非而退。……无桎梏,有罪者束五竹捶背,重者五,轻者三,杀人则死。……如有不平,赴酋长口讼,以石子计其人之过,酋长因而训之,使改,不改则死。……闺门极严,妇人既嫁,婿有言其妇外窥者,妇家父母亲戚俱来,掘地为坑,不问虚实,缚女埋之,以为辱宗。……两酋争战既久,胜负未分,有僧入阵止之,遂罢战而归,战斗以得所仇而止,不及妻孥"。② 可见,傣族社会与缅甸人民之间由于历史和族源等方面的关联,两个民族的风俗习惯有许多相同之处。同时也正是因为族源、地理因素以及历史渊源方面的原因,傣族法律制度受缅甸法律文化影响较大

---

① (明)李元阳:《云南通志》卷一六《僰夷风俗》,灵源别墅重排本。
② (明)李元阳:《云南通志》卷一六《僰夷风俗》,灵源别墅重排本。

是可以肯定的了。

天启《滇志·羁縻志·种人》记载：

> 其俗称宣慰曰"昭"，华言"主人"也。其官属有叨孟、昭
> 录、昭纲，递相臣属。叨孟总统政事，兼领军民，多者数十万，
> 少不下数万。昭录亦万余人，赏罚皆任其意。昭纲千人，递减
> 至十人。又有昭录，遇调遣，统数千人以行。其近侍名立者，
> 亦领数百户。皆听其使令，食其赋，取用无制节。上下僭奢，
> 微名薄职，……贵者衣纻丝绫锦，以金花金钿饰之。以坐象为
> 贵，……虽贵为叨孟，见宣慰莫敢仰视，凡有问对，则膝行而
> 前，三步一拜，退亦如之。贱见贵，少见长，皆然。……无中国
> 文字，小事则刻竹木为契，如期不爽；大事书缅字为檄，无文
> 案。……无仓廪租赋。每秋冬，遣亲信往各甸计房屋征金银，
> 谓之"取差发"，每屋一楹，输银一两或二三两。……其法，杀
> 人与奸者皆死，窃盗一家皆死，为寇盗一村皆死，道不拾
> 遗。……男贵女贱，虽小民，视其妻如奴仆，耕织，……旧俗不
> 重处女，如江汉游女之习，及笄始禁足，今则此俗渐革
> 矣。……人死，……数日而后葬。……其人生平所用器皿、甲
> 胄、戈盾，皆坏之，悬于墓侧，是后绝无祭扫之礼。[①]

明代后期的天启年间，傣族社会的政治、军事组织制度与《百
夷传》记载的情况差不多。社会等级、人民负担、征收制度、丧葬
仪式等相似。但与明初相比，此时傣族社会之不重处女的状况已
经改变。并且在《天启滇志》中明确记载了傣族社会刑事法律制
度中出现了"杀人与奸者皆死，窃盗一家皆死，为寇盗一村皆死"

---

① （明）刘文征：《滇志·羁縻志·种人》，旧中央研究院历史语言研究所晒
蓝本。

的状况,法律制度中出现了连坐制度。

清代史料《清小记》记载傣族民俗:

> 僰夷,一名摆夷,又称百夷,……其俗称酋长曰"昭华",其属有叼孟、昭录、招纲,递相管摄。叼孟,总统政事,领军民多至数十万;昭录亦万余人,昭纲千人,递减至十人,赏罚皆任其意。又有昭录调遣,统数千以行,其近侍名立者亦领数百户,皆听其食,其赋取用无制,上下奢僭。……以坐象为贵,……虽贵为叼孟,见昭华,莫敢仰视,凡有问对,则膝行而前,三步一拜,退亦如之,贱见贵,少见长皆然。侍贵人之侧,或过其前,必躬身而趋。……无中国文字,小事刻竹木为契,大事书缅字为檄,无文案。……其法:杀人与奸者,皆死;窃盗,一家皆死;为寇,一村皆死;道不拾遗。军民无定籍,每三五人,充军一人,正军谓之昔剌,犹言壮士,昔剌持兵器,余负荷供饷馈在后,师行,军在前,夷长居中。……男贵女贱,视妻如奴隶,……旧俗不重处女,今已革矣。……人死,……数日而后葬;……自后绝无祭扫之礼。此大百夷之风俗如此。……又有髡者光头僰夷,盖习车里之俗……见流官,盘膝坐,举手加额为敬,男女先通后娶,葬不复顾,或梦亡者,昧爽至冢上设一石祝之,曰:"勿再返也"。①

清代《清小记》(写作时间大概是清康熙年间)记载的傣族风俗除与前述资料记载状况相同外,连坐制度已经更加普遍,由于连坐制度的推行,"故道不拾遗"。另外,值得一提的是,《清小记》中指出车里地区傣族民众"见流官,盘膝坐,举手加额为敬"较为特别。

清代史料《滇海虞衡志》也记载了类似的傣族风俗:

---

① (清)倪蜕:《滇小记》,云南丛书本。

摆夷,又称白夷,盖声近而讹也。……其称宣慰曰昭华,其官属叨孟、昭录、昭纲。叨孟领军民多至数十万,昭录亦万余人,昭纲千人,递减至十人。其近侍亦领数百户,皆听其使,食其赋,取用无制。上下僭奢,微名薄职,……贵者……出则坐象,……相见合掌为敬,敬于己者,则跪拜。有所论则叩头受之,虽贵为叨孟,见宣慰莫敢仰视。凡有问对,则膝行而前,三步一拜,退亦如之。贱见贵、少见长皆然。侍贵人侧,或过其前,必躬身趋。筵宴则贵人上坐,……无中国文字,小事则刻竹木为契,如期不爽;大事书缅字为檄,无文案。……其法:杀人与奸者皆死;窃盗一家死;为寇一村死。道不拾遗。军民无定籍,每三五人充军,一人正军,谓之昔刺,犹言壮士。……男贵女贱,虽小人奴视其妻。……头目之妻百数,婢亦数百,少者数十,庶民亦数十妻。无妒忌之嫌……死则妇人祝尸,……数日而后葬,……是后绝祭扫之礼。①

另外,清代其他史料还记载不同地区的傣族风俗:

樊夷,一名摆夷。……旧《云南通志》:一名百夷,盖声近而讹也。……其俗称宣慰曰昭,华言主人也。其官属有叨孟、昭录、昭纲,递相臣属。叨孟总统政事,兼领军民,多者数十万,少者则数万;昭录亦万余人,赏罚皆任其意;昭纲千人递减至十人。又有昭录调遣,统数千人以行。其近侍名立者,亦领数百户,皆听其使,食其赋,取用无制节,上下僭奢。……以坐象为贵,……相见合掌为敬,敬于己者则跪拜,有所论则叩头受之。虽贵为叨孟,见宣慰莫敢仰视,凡有问对,则膝行而前,

①　(清)檀萃辑:《滇海虞衡志》卷一三《志蛮》;转引自方国瑜主编:《云南史料丛刊》第11卷,云南大学出版社2001年版,第232—234页。

三步一拜,退亦如之。贱见贵、少见长皆然。侍贵人之侧,或过其前,必躬身而趋。筵宴则贵人上坐,僚属以次列坐于下。……无中国文字,小事则刻竹、木为契,如期不爽;大事书缅字为檄。无文案。……其法:杀人与奸者皆死,窃盗一家皆死,为寇一村皆死。道不拾遗。军民无定籍,每三五人充军一人。……凡部长出,象马兵戈及木榻、器皿、仆妾、财宝之类皆从,动辄数百人,随处宴乐,小民苦之。男贵女贱,虽小人,视其妻如奴仆,……头目之妻百数,婢亦数百,少者数十。庶民亦有数十妻,无妒忌之嫌。旧俗不重处女,及笄始禁足,今则此俗渐革矣。……凡子弟有职名,则受父母跪拜。……人死,用妇人祝于尸前,……是后绝无祭扫之礼。……又有髡者,日光头夷,盖习车里之俗,额上黥刺月牙,所谓雕题也。见流官,盘膝坐,举手加额为敬。……《古今图书集成》:顺宁……男女妆服,近多汉制。婚姻以礼,丧葬以助。惧公法,尚鬼神,粮无逋欠。迩来勤学能文,列庠序者济济其人矣。……

……《元江州志》:性和缓柔懦,男女相悦始婚媾。喜笙歌,近知向学,亦有游泮者。①

通过对元明清时期有关傣族风俗习惯历史资料中记载情况的归纳、分析,我们可以发现,这一时期与傣族法律制度紧密相关的文化内容主要是:其一,傣族婚姻较早,婚前性行为较为自由。元代及明代前期的历史资料记载了许多傣族婚姻中的婚前性行为较为自由,一夫多妻制较为普遍,婚姻关系中不重处女(20世纪50年代民族调查资料中认为由于傣族生活在气候较为炎热的地区,男女性成熟较早的原因造成),没有婚姻中的血缘关系禁忌。这

---

① (清)《道光云南通志》之《南蛮志·种人》。

种状况到明代后期开始发生改变,尤其是到了清代后期,婚前性行为被民间权威所否定和成为傣族民间生活中所不齿的行为。在清代的婚姻关系中,宗族关系已经被婚姻制度所吸纳,并且成为一条重要的禁忌原则。另外,傣族婚姻关系中离婚财产处分较为容易,手续简单,因而离婚率也较高。其二,傣族社会习惯法和成文法并存,在元代时期,调整人们之间的法律文化是人们长期生活中形成的被社会权威认可的习俗和惯例。明代以后,傣族社会开始出现文字,因而开始有了成文法。习惯法和成文法共同成为调整人们行为的规范。其三,傣族成文法形式和结构都较为简单。一方面,傣族成文法出现较晚,因而从时间维度看,它尚处于发展的较低阶段。另一方面,由于傣族社会关系较为简单,阶级分化较晚,封建制经济因素形成较晚,加之傣族社会人们之间的贫富分化程度较低和较为缓慢,因此,傣族民间社会关系较为简单。正是由于傣族社会关系相对简单,傣族法律形式和结构也相对简单,所以被明代以来的汉族官员看成是"刑名无律可守","小事刻木为契,大事书缅文为檄"。显然不如中央王朝法律体系那样完备和复杂。其四,佛教是傣族社会的一个重要的文化现象。明清以来,佛教作为傣族社会的重要的文化现象,不仅渗透到傣族人民生活的各个方面,也作为一个重要的因素被傣族法律吸收并沉淀在其中。这方面在 20 世纪 50 年代的有关明清以来的傣族社会历史调查资料中有大量的记载。尤其是傣族历史上的几个著名的成文法更是有力地肯定了这个问题。其五,傣族军事战争有其特点,由于傣族居住地是亚热带,有较多的丘陵、山脉、江河,因而傣族军事组织制度较为简单和灵活。同时,大象成为主要的作战工具,并且长期以来形成一套独特的象战组织形式。大象还成为傣族地方政权与中央王朝交往关系中的一个重要贡物。

第二章　元明清时期傣族土司
政治法律制度

　　元明清时期是中国傣族社会变迁和文化发展的关键时期,元朝以后傣族地区被纳入了中央王朝的统治体系之内,元代开始在傣族地方设立基层政权,实施土司制度。明代时傣族土司制度完全建立起来,清代时土司制度更为规范。伴随土司制度的变化,傣族法律制度也更加完整。这里的傣族土司制度,包括两个方面的内容。一个方面是指元明清时期中央王朝对于傣族土司的统治、管理制度。它作为元代以来的中央王朝在傣族地区建立统治秩序的标志和根本内容,反映着元代以来中央王朝与傣族土司政权之间的政治关系状况及其发展。另一方面是指傣族土司在其统治领域内的政治统治制度。它反映傣族土司辖区内的政治关系状况和司法状况。在元明清时期傣族土司制度中出现两方面的内容有其深刻的历史和民族渊源。傣族历史上自成体系的民族文化是其社会内部土司政治统治制度相对独立且独特的民族因素。中央王朝的统治经营是其土司制度中有关中央王朝对傣族土司统治、管理制度的历史因素。因此,笔者在以下的论述中将傣族土司制度分为两个方面介绍。

一、中央政府对傣族土司的政治管理制度

元代中央政府在德宏等地方设立金齿等处宣抚使司,在西双版纳设立车里军民总管府,实施中央王朝对傣族地区的政治统治。傣族社会的政治状况在元明清时期发生了重大的变迁。

（一）元代创设傣族土司制度

《元史·兵志》载云南傣族土司地区:"云南等处行中书省……至元十一年,始置行省,治中庆路,统有三十七路、五府。"①另有记载:

宣慰使司都元帅府,秩从二品。使三员,同知二员,副使二员,经历二员,知事二员,照磨兼架阁管勾一员。……大理金齿等处,蒙庆等处。……宣慰使兼管军万户府,每府宣慰使三员,同知、副使各一员,经历一员,都事二员,照磨兼管勾一员。……诸蛮夷长官司。西南夷诸溪洞各置长官司,秩如下州。达鲁花赤、长官、副长官,参用其土人为之。②

邦牙等处宣慰使司都元帅府,至元四年十二月置。先是,以缅地处云南极边,就立其酋长为帅,三年一贡方物。至是来贡,故改立官府以奖异之。③

平缅宣抚司。至正十五年八月,以云南死可伐等降,令其子莽三入贡方物,乃置平缅宣抚司以羁縻之。……奉使宣抚。

---

① 《元史·志》卷四一,百官七。
② 《元史·志》卷四一,百官七。
③ 《元史·志》卷四一下,百官八。

至正五年十月,遣官分道奉使宣抚,布宣德意,询民疾苦,疏涤冤滞,蠲除烦苛,体察官吏贤否,明加黜陟。有罪者,四品以上停职申请,五品以下就便处决,民间一切兴利除害之事,悉听举行。其余必合上闻者,条具入告。①

另据《经世大典》记载:

车里:大德二年三月,小车里结八百媳妇为乱,经时不下,数遣使奉诏招之,不听命。② 其中又有:八百媳妇:大德元年,八百媳妇国与胡弄攻胡伦,又侵缅国,车里告急,命云南省以二千或三千人往救。二年,与八百媳妇国为小车里胡弄所诱,以兵五万与梦胡龙甸土官及大车里胡念之子汉纲争地相杀,又令其部曲混干以十万人侵蒙漾等,云南省乞以二万人征之。……至大四年,云南省上言,八百媳妇、大小车里作乱,……朝廷命赍诏招之。③

元朝在对傣族社会的土司管理中主要是确立了傣族土司管辖的区域、土司的品级。初步确定了对于不同品级的土司犯罪适用原则,如四品以上的土司作停职申请处理,四品以下的土司,由当地官员"就便处决"。民间一切兴利除害之事,均由土司对其辖区内全权处理。

元代初步建立了傣族地方土司制度,从政治统治合法性角度确立了傣族土司对傣族社会的政治统治,在多方面规定了中央王朝对于傣族土司的管理制度。

----

① 《元史·志》卷四一下《百官八》。

② (元)《经世大典》之《车里》;转引自方国瑜:《云南史料丛刊》第 2 卷,云南大学出版社 1998 年版,第 628 页。

③ (元)《经世大典》之《八百媳妇》;转引自方国瑜:《云南史料丛刊》第 2 卷,云南大学出版社 1998 年版,第 629 页。

（二）明代加强了傣族土司管理

1. 中央王朝对土司的管理制度

明代中央政府对傣族土司的管理制度涉及以下几个方面。

第一，增加对土司管理的制度。

根据明初史料记载：

> 洪武十五年闰二月乙巳，置平缅宣慰使司，以土酋思伦发为宣慰使。改车里路为车里军民府，以土酋刀坎为知府。己酉，……景东土酋俄陶献马一百六十四，银三千一百两，驯象二。诏置景东府，以俄陶知府事，赐以文绮袭衣。……三月庚戌朔，……置顺宁府，以土酋阿悦贡署府事。①

> 洪武十七年（1384）闰十月癸丑，……云南布政使司言："所属大小土官，有世袭者，有选用者，如景东府知府俄陶，阿迷州知州和宁，则世袭者；……世袭者世居本土，素有储蓄，不资俸禄养廉，可也；选用者，多因流寓本土，为众所服，故一时用之，非给俸禄，无以养廉。况律，官吏受财，有禄无禄分为二等，今土官犯罪，律条无所据依，乞加定议。"上命六部官会议：凡土官选用者，有犯，依流官律定罪；世袭者，所司不许擅问，先以干证之人，推得其实，定议奏闻；杖以下则纪录在职，徒、流则徙之北平。著为令。②

如此条史料中所言，在明代初朝廷对于土司的管理制度是极不健全的。由于土司是没有俸禄的，选用的土官无俸禄，无以养廉。在地方官员请示土官犯罪作何处置时，朝廷因此立法规定了

---

①　《明实录·太祖实录》卷一四三。

②　《明实录·太祖实录》卷一六七。

选用的土官的处罚按流官制度处理。对于世袭土官犯罪,地方土司管理部门只能"推得其实,定议奏闻",由朝廷处置。凡杖刑以下之刑作"纪录在职"处理,而徒、流之刑则发配至北平。由此,明朝初步确立一些对傣族土司的处罚制度。

明代中央王朝为了进一步加强对傣族土司的统治和管理,稳定地方秩序和边疆安全,专门设置了一套中央王朝与土司政治交往关系中的信物制度。明朝中央王朝对于傣族土司的管理是通过地方官员完成的。明代地方行省设有互不统属的三司管理地方民政、军政和司法。由于在中央和土司之间出现一个中间管理环节,中央王朝与傣族土司的政治关系变得相对复杂。中间管理环节的管理状况和结果对傣族土司政权与中央政权之间的关系有着重大影响。历史上也出现了许多因中间管理环节的官员因素,而影响中央政权与傣族土司关系的现象。因此,中央王朝不得不加强对傣族土司政权的管理制度建设。用信物制度管理、控制中央政府与傣族土司政权交往中的各有关官员的行为。

永乐二年冬十月庚午……朕以远人慕义,尤在抚绥,虑恐大小官员军民假朝廷差使为名,扰害需索,致尔不宁,特命礼部铸造信符付尔,凡有调发及当办诸事,须凭信符乃行,如越次及比字号不同,或有信符而无批文,有批文而无信符者,即是诈伪,许擒之赴京,治以死罪。又编勘合一百道付尔,勘合底簿一扇付布政司。尔之境土,凡有军民疾苦及奉信符办过事务、进贡方物之类,俱于勘合内填写,遣人赍至布政司比号写底簿,布政司、都司遣官同赍所填勘合奏闻。若边境声息及土人词讼,从都司、布政司、按察司官会同计议行之。其事已行及尔承行缘由,并填写勘合奏闻。如总兵官、镇守遇有前事,总兵亦会三司计议,仍用都司或布政司印信,文书写总兵官处分之语,方许奉行,亦填写勘合具奏。若朝廷命总兵官挂将军印征讨,调遣尔处军马,不待三司行移,但凭总兵官印信文移,即时发遣,亦填写勘合,遣人奏闻。填写勘合或字画错误,明白圈注,以本司印信盖钤。凡所收底簿及勘合用之将尽,具奏再颁。或总兵官、都司、布政司等官新除官到任及遇时节,不许贵礼物相庆。今以此敕刊置金字红牌悬尔治所,永永遵守。仍以纸写一道付尔。或有贪婪无藉凌害尔者,不待填写勘合,正本具遣人贵比敕,不经总兵官及三司,径赴京陈奏,将犯者治以重罪。①

从明代这一信物制度中可以看出:第一,凡与土司政权有关的任何政治活动都必须进行信物勘合,除朝廷给予武官挂将军印征讨时可先执行后勘合外。第二,凡勘合后属诈伪者许擒之赴京,治以死罪。可见对土司信物管理非常严格。第三,土司遇地方官的不正当管理,可以不经勘合信物,直接赴京陈奏。给予土司申诉委屈的制度方便。

明代中央王朝与百夷地方土司的关系中有人质现象,据《国榷》有关云南事迹记载:"丙戌永乐四年,正月壬辰朔。……戊寅,设孟琏长官司,隶云南都司。车里宣慰使刀暹答贡马,遣子刀兴入国子监。初,官军征八百,元江馈饷,车里人邀之,刀暹答时从军,不预也,惧构怨,质其子。上知之,谓亲隔万里外非孝,且朕非浮说所能间也。厚赐而遣之。"②明代傣族土司为了取得中央王朝的信任,将儿子遣入朝廷作为人质。一方面说明,傣族土司在与中央王朝军事、政治关系中存在中国古代人质制度;另一方面说明,由于

---

① 《明实录·太宗实录》卷三五。
② (明)谈迁:《国榷》卷一四,中华书局1958年版。

中间管理环节的出现,傣族土司与中央王朝之间的政治信息沟通会有一些不实的现象存在,影响着二者之间的正常关系。

第二,明代中央政府对土司的奖励与处罚制度。

明代中央政府规定了有关土司法制原则是按品级处罚。"宣德五年(1430)冬十月己巳,……巡按云南监察御史杜琮奏:'土官有犯,例应奏请提问,本以宽待之,而蛮夷恃恩,愈益纵肆。每犯罪,即以进贡为名,迁延避匿,或巡历乡村,横敛无厌,人多受害。请如流官例,五品以上奏请,六品以下听巡按御史、按察司提问,'上以其奏示法司,且谕之曰'蛮夷不可以中国之治治之'。"①

明代朝廷为了稳定边疆,对傣族地方政治事务进行干预。"宣德六年(1431)八月丙辰,……行在兵部奏:'云南大侯知州刀奉汉强夺景东府土官知府陶瓒所管孟缅之地;又孟定府土官知府罕颜法与孟琏长官司刀坏罕互侵土地,杀人掠财。'敕总兵官黔国公沐晟及云南三司会议,遣官谕以威福,俾各归所侵掠,安分守职,勿贻后悔"。②

同时,朝廷规定了对反叛土司处罚,朝廷对地方反叛土司头目的刑罚——"诛其党恶,枭首藁街,以震天威,以靖边境,庶泄神人之怒,快远迩之心"。如正统十年十二月王政将思任发戮于市,"正统十年十二月丙辰,……云南千户王政诛麓川贼思任发于缅甸。先是,总兵官、黔国公沐斌等遣政赍敕,币谕赏缅甸宣慰男卜刺浪马哈省以速刺索思任发,卜刺浪马哈省以速刺犹豫,不即遣,时昼晦二日,术者曰:'天兵至矣。'卜刺浪马哈省以速刺惧,于是发思任发及其妻孥、部属三十二人付政。时思任发不食已数日,政

---

① 《明实录·宣宗实录》卷七一。
② 《明实录·宣宗实录》卷八二。

虑其即死,遂戮于市,函首及俘驰献京师。"①另据史料记载:"正统十四年三月丁酉,……枭麓川反贼思任发……首于京城。"②

"万历十二年四月壬申,兵部覆:'云南镇、抚官刘世曾、沐昌祚奏报剿平罕虔余孽及招抚孟养、孟密、木邦三司,勘明功次,莽咩阿借等请就彼审决枭示。'从之。"③

"永乐三年(1405)七月癸丑,设孟艮府,隶云南都司,以夕揩土官刀衰为知府,给印诰及赐冠带。时刀衰遣人来朝,请设治所,故有是命。"④

明代还规定,土司有时可用纳银代刑罚。在明朝嘉靖年初,朝廷在处理孟密等土司事务中,记录了土司以纳银代罪罚的现象。

> 刁派兰若知己之有罪,而求以免其罪者,孟养思伦则自认过江与孟密思真仇杀之情,而以土银牙象纳作赎罪,其于杀害缅甸,则推之猛别、莽卜信;原夺缅甸宣慰司印信金牌等项,则云差人与莽卜信取出;原占缅甸、阿瓦、补干等处地方,则退兵弃去;见系缅甸陶猛住守诘以杀死罕忽父罕柯,则云系思真妄捏责以盟誓不致;过江则云思真不来侵我,我亦遵守不过江,若畏己之有罪,而图以掩其罪者。

> 一道戒饬孟养思伦,念乃祖思六纳贡退地,姑免其罪,令其遵守盟誓,管食迤西,禁止怕欢今后不许交结木邦,指称孟别,擅自过江与缅甸孟密仇杀,自取诛剿;一道戒谕木邦罕烈,念乃祖父世守边方,姑免其罪,令其谨守疆界,保守官职,今后不许交通孟养,争夺孟密、缅甸地方,亦不许党助多鲸争夺陇

① 《明实录·英宗实录》卷一三六。
② 《明实录·英宗实录》卷一七六。
③ 《明实录·神宗实录》卷一四八。
④ 《明实录·太宗实录》卷四四。

川官职,及杀害孟琏、孟定越境生事,自取灭亡。①

从明代的史料看,朝廷通常对傣族地方反叛土司,抓捕归案后,枭首示众,以振朝威。同时,在朝廷与傣族地方土司关系中,有时也允许地方土司以交纳赎银代替罪罚。以赎代罚一方面可以作为中央政权怀柔政策的体现。另一方面,以赎代罚在客观上有几个方面的效果:一是缓和中央王朝与地方政权之间的矛盾;二是增加中央政府的收入;三是加重傣族土司的经济负担,减弱傣族土司的反叛实力;四是加重傣族人民经济负担;五是有可能在一定程度上助长地方土司的不法行为。

直到明代宣德年间,傣族社会的傣族法律文化还保持相对独特的民族特点,而自元代开始中央王朝对傣族地区的政治经营还不够深入。因此,中央王朝对傣族土司官员的管理还只能采用"不以中国治之"的司法原则,确立了对傣族土司管理的特殊原则。

第三,中央王朝有关傣族土司承袭制度。

明代史料记载:

> 天顺八年(1464)三月乙卯,……颁诏天下,……一、云南……土官袭职者,该部行委三司体勘,其委官多有徇私图利,取勘不公,以致互相争袭,累年纷扰。今后有告袭者,委官务要从公体勘,定名会奏,该部行令就彼冠带袭职,不必参驳,中间如有徇私不公,许巡按御史纠举,罪坐原勘官员。②

> 成化六年(1470)九月丁亥,……总兵官黔国公沐琮奏:"近奉诏书:土官袭替,止令御史、三司保勘。缘臣父、祖以来

---

① (明)严从简:《云南百夷篇》,云南丛书本。
② 《明实录·宪宗实录》卷三。

镇守云南,熟谙夷情,凡其世系部落,悉知其详;今御史、三司多有不谙夷情,或听请嘱,以致土官争袭,甚至连年仇杀不已。乞仍旧例,令臣区处,庶事体归一。"兵部议:"袭职非军机重务,取旨裁决。"上曰:"琮先世为云南边夷信服久矣,今土官袭替,琮不与闻,人将致疑,其尊正统年间事例行。"①

成化十四年(1478)秋七月戊寅,……云南总兵官黔国公沐琮奏:"所属土官,不能分别嫡庶,以致身死之后,或同族异姓,与其应袭之子互相争立,三司等保勘之官又各依违不决,恐生他虞,乞下所司移文镇守、巡按等官急为剖决,仍行布政司转行土流官吏人等,公核在职土官宗派嫡庶始末,详其谱图,岁造册籍,遇有土官事故,籍此定之,则事有定规,争端可息。"事下兵部议:"其言甚切,请行琮等督三司巡守官,凡土官争袭未定者,亟从公剖决,毋得仍前避事。兼行六品以下如例入粟听用,免其至京;或三司等官避事不决,听巡按御史察举,虽巡守满岁勿代。即以此著为定例,凡贵州、广西、湖广、四川皆遵行之。其册籍,旧有者准造,否则减省为便。"从之。②

成化二十一年(1485)十二月甲申,……云南总兵官黔国公沐琮等言:"云南诸夷犷戾顽悍,非土官不能制。今土官以嫡庶不明,累年争袭,及所司核实,往往以得财为嫌,展转参驳,久不得代,诸夷无所统一,恐生他变。"事下,兵部以为:"宜定为制,凡土官嫡庶,每三年一上其籍,承袭之际,三司官

---

① 《明实录·宪宗实录》卷八三。
② 《明实录·宪宗实录》卷一八〇。

会勘不得过三月。"从之。①

弘治二年(1489)十月庚戌,户部上会议事宜:……癸丑,……先是,土官承袭多以嫡、庶,异姓者相乱,故必先委官核实。而夷人黠诈,委者或徇私受贿,坐是,有连年争杀者。至是,巡抚云南都御史等官王诏等疏陈其弊,且请土官衙门先报应袭之人,但五岁、十岁以上者,及其土官存日,令本地守臣躬自审核,其实者书之册。如遇土官事故,其应袭者年十五以上,不必再勘,即奏请袭职;如年未及者,亦暂令协同流官管事,至年及奏请;若土官别无承袭之人,然后另为勘处,取自上载。兵部复奏。从之。②

嘉靖二年(1523)九月辛巳,吏部复巡抚云南都御史王启条奏《处置土官事宜》:请令今后土官应袭替者,该管府、州、县并守、巡官即为勘明,具呈抚、按批送三司,比册相同,免其参驳,除杂职及妇人代为具奏外,其品官衙门设在腹里,地方宁靖者,照旧赴部袭替,俱免纳谷;其设在边远,兼有争竞仇杀者,抚、按等官勘实,代为奏请,就彼袭替,仍依原例纳谷备赈;其六品以下,有贫乏者,听该管官审实量减;若应袭土舍,有罪未结,或争袭未明者,各官速为勘处,若延至一年之上不为勘结,或本部转行复勘,一年之上不行回报者,听抚、按及本部查参治罪;或土舍恃顽,延至十年之上方告袭者,不准承袭,或因为事及查勘迟延至限外者,不在此例;若土官举宗朋恶,相应改设流官者,抚、按酌处,具奏定夺。"议上,报允,仍著为令。③

---

① 《明实录·宪宗实录》卷二七三。
② 《明实录·孝宗实录》卷三一。
③ 《明实录·世宗实录》卷三一。

嘉靖六年(1527)八月乙丑,……黔国公沐绍勋言:"云南地方多事,所属土官,或病故坐事未结,及父祖贻累,久未承袭者,查不系叛逆子孙,请行布政司,令戴罪暂给冠带,而督趣有司保勘袭职,或请敕谕,听臣区画。"事下,兵部言:"土官袭替,载在令典,自弘治以来,皆抚、按及三司核实奏请,总兵官不得与其事。绍勋所请,未可轻许。其土官不得承袭及勘官展转避嫌者,宜下抚、按亟为议处。"上曰:"云南不宁,皆因土官不得承袭,令夷人无统,遂至生事,及酿成大患,未免用兵征剿。抚、按官行三司会勘奏保,往往避嫌推调,展转驳勘,动至十数年,或缘为奸利,岂朝廷绥怀远人之意。镇守总兵,即不得专主,岂尽不得预事? 今自承袭事宜,皆令镇守抚、按会行三司,如例催勘,有蹈前弊者罪之。"后绍勋复奏,兵部复言:"土官子孙有能抚戢土民者,听其自诉,不待保勘之至,抚、按三司暂为奏请承袭。"报可。①

自明初至嘉靖年间,明朝规定了一套对云南、贵州、四川、两广等地的土司承袭制度,这些承袭制度肯定适用于傣族土司承袭。这套制度规定了土司承袭须经过地方有司勘验,然后上报朝廷批准或进京袭职,或纳粮以代进京袭职。这套制度的出现和几经变化说明:第一,到明代嘉靖年间,由于元代以来中央王朝对包括傣族在内的各民族土司的经营有了深入发展,朝廷已经形成了一套统一的对各族土司管理的政治、法律制度。它是在中央王朝经营下的各民族地方生产关系中,共同的封建主义因素发展要求的体现。第二,由于中央王朝之下的地方官员在对土司的管理中有着重要的职权和影响,因此,在明代历史上出现了大量的因地方有关

---

① 《明实录·世宗实录》卷七九。

官员不依正常程序管理而带来许多应袭土官长期不得承袭的现象。朝廷偶尔只得让地方武官介入土司承袭的处理。第三,由于傣族土司政权及其区域在明代几经变更,加上明代疲于应对傣族土司事务,明代许多土司承袭不尽到京朝见,而是以纳粮代朝见。这一变通制度又造成了中央王朝与傣族土司政权间的政治关系紧张。到后来由于土司经济实力原因,有的承袭缴纳粮得以豁免,而有的不得豁免,造成了管理上的混乱。正如以下材料所言:

> 嘉靖九年(1530)二月戊寅,兵部言:"土官袭替,自天顺以来,事例不一,有起送赴京袭替者;有将应袭之人预勘造册及报名上司,待其亲故起送者;有令就彼冠带者;有地方灾荒,令其纳谷备赈者;有免其纳谷,仍起送赴部者;有因极边,地方不宁,免其来京及许就彼冠带,仍旧纳谷者;有以报效有功,许就彼袭替者。或出一人之建白,或系一时之权宜,以故条例纷纭,持循靡定,而贪险者得缘以为奸,非国体也。宜因续修《会典》之时,著为画一之法,请得会同吏部详议以闻。"报可。①

到嘉靖年后,由于明朝前期傣族土司承袭管理中的混乱,朝廷进一步加强了对于土司管理的制度完善工程。规定由地方官造册记录清楚应袭土司家庭血缘关系状况,记录应袭土司出生年岁及直系亲属关系。地方官员在勘报程序中不得因职务变动而影响之,同时革除过去承袭程序中的纳粮现象。

> 嘉靖九年四月甲申,⋯⋯兵部会吏部议上土官袭职条例,请通行各镇巡官转行土官衙门:将见在子孙尽数开报,务见某人年若干岁,系某氏所生,应该承袭;某人年若干岁,系某氏所

---

① 《明实录·世宗实录》卷一一〇。

生,系以次土舍,未生子者,候有子造报;愿报弟侄若女者听。以后应袭之人告袭,再行司府复勘无碍,方与奏请,除杂职、妇女照旧就彼袭替外,其余连人保送赴部袭替,若有违碍,即以辩明。倘各官避嫌推调逾一年者,即住俸限完,虽有升迁等项,务待事毕方许离任。保送之时,若有紧急军情,已奉调遣,难以擅离及先人有功,嗣子幼弱,未可远出者,镇巡官酌议奏请,候有成命,行令冠带管事,及地方宁息,年岁长成,仍保送赴京,袭替如例。其他纳谷敝政,一切禁革。仍请纂入续修《会典》,著为令。诏可。①

明代可以孙袭祖职。"嘉靖三十九年(1560)九月甲戌,……准云南景东府土官陶炳孙金、指挥纪纲子连道、杨炯子世臣,各袭祖职。先是,嘉靖十八年,炳坐杀子降级,事连纲、炯,亦坐降级调卫。至是,炳、纲俱死,炯年老而贫,炳孙金当承袭,为炳讼冤,且称与纪氏、杨氏解仇。云南抚、按官游居敬、王大任以闻,因言:'陶氏内乱,患不及地方,而纲、炯世居景东,今使其子孙离坟墓,捐亲戚,亦非人情。请一切赦之,追复祖职,与之更始。'从之。"②

明代傣族土司承袭种类主要有:①嫡长子继承。这种情况较为普遍。从明代的相关资料和《泐史》记载的西双版纳召片领的承袭有关资料看,嫡长子继承是普遍现象。②孙袭祖职。明嘉靖十八年,景东府傣族土官孙袭祖职。③兄终弟袭。元末伊拉思继承长兄刀补瓦之职(因兄刀补瓦无子)。明代时,刀更孟被傣民所杀,其弟刀双孟继位。后刀典篡位自立,刀典为刀双孟长子。再后来,奢陇法继位,三宝历代为刀典之堂兄弟。④明代还有侄袭伯职

---

① 《明实录·世宗实录》卷一一二。
② 《明实录·世宗实录》卷四八八。

状况。"明弘治十五年,三凯冷卒,乏嗣,其田弟诏爱之子诏侃承袭"。明朝时期的中央王朝对于傣族土司的管理制度已经相当完善,明代已经有了相当普遍的土司承袭制度,它包括对于土司血缘关系状况的上报、核查,土司承袭的报批程序,土司的任命等多方面的内容,以及其他相关的土司管理制度,包括:对土司朝见及接待的制度;土司纠纷的解决制度;对土司的奖励和处分制度。

第四,明代傣族土司朝贡制度。

首先,关于朝贡年限的规定。弘治十四年七月壬戌,免云南五品以上土官明年朝见。以地方多事,从巡抚等官奏也。①

正德三年(1508)冬十月丙子,……礼部以大通事王喜奏:"云南百夷缅甸及宣慰土官衙门,例应三年一贡,今皆不通,宜移文镇、巡等官以时促之。"上曰:"土官贡赋,自有旧制,其勿纷扰,仍行各省镇、巡官知之。"②

明朝沿袭元代的傣族土司制度,为了强化中央王朝对傣族土司的统治、管理,中央王朝要求傣族土司承袭之时,以及任职期间,每隔一段时间必须到京朝贡,但是,如前承袭制度中史料记载所言,自明初至嘉靖年间,由于诸多原因,多数土司并未按例到朝廷朝贡,而在政治实践中形成了一套土司以纳粮代替朝贡的惯例。正是由于诸多方面的历史原因,明朝许多皇帝在对傣族等各民族的土司管理中,都反复地强调土司朝贡的职责。尽管在明代,土司朝贡实际情况很混乱,但笔者认为,从不同时期朝廷反复对朝贡规定和要求看,明代基本形成了相对完整的土司朝贡的制度体系。

其次,明代少数民族朝贡的接待制度。"赐四夷宴:本朝赐四

---

① 《明实录·孝宗实录》卷一七六。
② 《明实录·武宗实录》卷四三。

夷贡使宴,皆总理戎政勋臣主席,惟朝鲜、琉球则以大宗伯主之,盖以两邦俱衣冠礼义,非他蛮貊比也。其侑席之乐,以教坊供事,两国尚循仪矩,侍坐庭下;若他夷则睢盱振袂,离坐恣观,拊掌顿足,殊不成礼。所设宴席,俱为庖人侵削,至于腐败不堪入口,亦有黠者,作㑩语怨詈,主者草草毕事,置不问也。窃意绥怀殊俗,宜加意抚恤,本朝既无接伴馆伴之使,仅以主客司一主事董南北二馆,已为简略,而赐宴又粗粝如此,何以柔远人? 然弘治十四年,锦衣千户牟斌曾上言:'四夷宴时,宜命光禄寺堂上官主办,其设务从丰厚,再委侍班御史一员巡视。'上从之。"①

明朝形成了对土司的接待制度,从史料记载中可以看出,不同品级和政治权重不同的傣族土司有不同的接待和朝见制度。

2. 明代有关傣族土司的规程

明太祖朱元璋曾旨谕车里土司(车里军民府知府刀砍):

　　朕承天命,君主华夷,……诚以天下至大,生齿至繁,非一人所能独治,所以所在首长,朕特各因其俗,俾之□位,治其民,未尝设心吞并,妄兴九伐之师。曩平云南,惟尔车里,不候我师之至,速遵治化,朕甚嘉焉,所以特遣使者赍朕诏谕,命尔仍守其土,以安生民。独麓川、平缅,恣肆强暴,吞并地方,尝为尔车里之患;及云南既平复,天命擅兴,金齿之役后,纳款奉贡,朕重念民罹兵祸,特原其罪,俾守旧疆,悔过自新。②

明太祖的诏书中要求车里土司刀砍按照金齿土司纳款奉贡之例效忠朝廷,指明了傣族土司政权与中央王朝的政治关系中的礼

---

① (明)沈德符:《万历野获编》卷三○,《外国》,中华书局元明史料笔记丛刊本。

② (明)张紞:《云南机务抄黄·赦谕》,惜阴轩丛书本。

节、仪式。

明代有关朝廷任命傣族土司的史料记载：

> 正统十二年六月戊子，……云南总兵官、黔国公沐斌等
> 奏："臣奉命体察得陇川宣抚司宣抚恭项暴杀无辜，刻虐夷
> 人；同知刀歪孟为夷民信服。乞将恭项等安置别卫，而以刀歪
> 孟代理其任。"上谓兵部臣曰："恭项论法当处以死，但念来归
> 之初，颇有微劳，特屈法宥之，同妻孥发遣曲靖府、卫安置，保
> 全其生；若再生事，必罪不宥。刀歪孟既得夷情，即升为宣抚，
> 俾掌印管事，保守地方。"仍令总兵官遣官赍敕往谕之。①

明朝有一套任命傣族土司的程序，一般是在经过地方相当于
行省级的朝廷官员检查、报告后，由皇帝下诏书专门认可土司统治
地位的合法性，承认土司政治上的品级。

3. 明代傣族土司政权设置原则

明代土司设置的原则一开始主要是按历史的惯例，后来由于
中央王朝与傣族土司政权之间的战争、土司纳贡、傣族内部土司之
间战争的结果，以及明朝廷地方管理土司的官员因素等，中央王朝
对傣族土司政权的设置原则变得较为复杂。

第一条是沿袭传统的原则。《南夷书》中记载了土司设置按
照传统的情况：

> 洪武三十一年春二月，……夷俗，新君立，则土酋各献其
> 女备内列。囊怙宠而妒，凡一女进，则诬其父以叛，思伦法辄
> 微而诛之，益缢杀女，弃尸麓川江中，见者怜其冤，且忧及己，
> 相次以待死。
>
> ……张行人曰：蛮俗虽陋，而土酋世袭之制，有古封建之

---

① 《明实录·英宗实录》卷一五五。

余风，禃遗腹朝委裘之遗意。酋死无子，而妻得以临其民，妻死女得以继其母，虽凶犷如狂兽，莫不稽颡伏地，惟其命而生死之，故蒙、段二姓据有其地，各四五百年，与中国汉、唐家相终始，非有商、周之德以永年，特以土有常尊，人有定主，不可移易也。元世祖虽灭段氏，叛乱者四十余年。得赛典赤敷治，夷始帖服，末年其俗殷富，墟落之间牛马成群。①

明代按惯例是在维持元代以来的傣族土司统治地方基础上设立土司政权。这一原则的实施，有利于维护傣族社会政治稳定和边疆稳定，也减少了引发傣族土司之间的矛盾的可能。

第二条原则是便于纳贡。明代史料记载：

宣德五年（1430）六月壬午，……改云南金齿军民指挥使司干崖长官司隶云南都司。时长官刀弄孟奏："乞援大侯长官司例，升干崖为州。"又奏："其地近云南都司，而岁纳差发银于金齿卫，路远，乞改隶云南都司，而输银于布政司为便。"上问行在吏部："大侯何以升州？"对曰："以岁纳差发银多，故升。"上曰："祖宗设置已定，不可易也，但可改隶云南都司，而令于布政司纳银以便之。"②

从上述史料记载中的情况看，在明代宣德五年以前，已经存在了大侯长官司，因其每年纳银较多和便于其缴纳岁银，朝廷准其由长官司升级为大侯州。它改变了原有土司的品级政治待遇和与上级政治组织的隶属关系。虽然干崖申报升级为州的要求最后被当时皇帝以祖宗制度为由否决了。但是，史料可以证明一点，明代的傣族土司政权设置中确有纳贡因素的影响。

---

① （明）张洪：《南夷书》，北京图书馆藏四库全书存目原钞本。
② 《明实录·宣宗实录》卷六七。

第三条原则是傣族土司在战争中的胜败和实力。此方面明代孟密改变其隶属关系的事件很能说明问题。据史料记载：

成化十八年(1482)秋七月庚午，……起右副都御史程宗勘处云南木邦夷情。时，云南总兵官沐琮等奏："木邦宣慰司孟密夷妇曩罕弄，本故木邦宣慰罕楪法之女，嫁本司头目思外法，其地有宝井，因罫之管食。罕楪法卒，孙罕落法嗣其职，曩罕弄自恃尊属，不服管束，族人与之争官，互相仇杀。景泰中，叛木邦，逐宣慰，据公署，杀掠其邻境陇川、孟养等处地方殆遍，威力日盛，自称天娘子，其子思柄自称宣慰。顷委三司官往抚之，而彼为部下酋长所惑，执迷不服；且闻其往结交趾，欲借兵杀掠木邦、八百诸处。今遽欲加兵，则恐粮饷不继，宜先行榜谕，令彼省躬改行，其又不从，必发兵剿之，以除夷患。……伏望简命有才识大臣一人，带领熟知夷情夷语人员，去与守臣亲谐彼处，宣谕朝廷不忍加兵之意，宥其强横并头目拔置之罪，命其革心向化，退还所占村寨；倘彼欣然能从抚谕，则云、贵、川、广各省地方，民免转输之劳，兵免戍战之苦，百万生灵，得免肝脑涂地，实圣明大德所赐也。若彼执迷不听抚谕，则是曩罕弄、思柄罪恶贯盈，天讨所不容已，然后量时度势，举兵征剿之，于计为得。"所议适与众同，上可其议，……遂命驰传与译者苏铨以往。①

成化十九年九月己亥，……云南木邦宣慰司下孟密曩罕弄奏："累为木邦所扰，乞别立安抚司。"事下兵部，尚书张鹏等言："太监覃平、都御史程宗抚谕各夷，已有成绪，仍敕二人往金齿亲召曩罕弄母子与木邦宣慰谕之，谓：尔等连年构怨，

----

① 《明实录·宪宗实录》卷二二九。

守臣请兵殄灭,朝廷以天兵一临,恐横及无辜,故遣大臣谆复抚谕,俾各安生。若各夷听命,孟密仍隶木邦,或其势不可复,合别设安抚司,或别有长策,令具以闻。"诏从之。……初,曩罕弄窃据孟密,畏其邻境土官不平,欲伐之,乃潜遣人从僻路抵云南,至京进献宝石、黄金,奏乞开设衙门,径属布政司辖。兵部为之覆奏,下内阁臣议,学士万安欲许之。……曩罕弄复具奏,而有是命。议者不以为然。①

　　成化二十年(1484)六月庚午,……开设云南孟密安抚司,径隶布政司,以夷妇曩罕弄子思柄为安抚。巡抚都御史程宗等奏:"曩罕弄与木邦仇杀已久,势难再合,已抚谕诸夷,示以朝廷宥其罪恶,开设衙门之意,令还其所侵土地,皆踊跃奉命。又谕木邦,亦已听服,乞遂行之。"……诏可。时木邦为孟密所侵,兵力积弱,不能报复,虽屡尝奏诉,而孟密方据宝井之利,资为结纳,当道者力主开设之议,故其事竟不直云。②

第四条原则是朝廷有关傣族土司管理的地方官员因素。下面是一条明朝廷官员沐宗左右土司设置的历史资料:

　　弘治五年(1492)十月乙巳,……讣闻,赐祭葬如例。初,曩罕弄者,木邦宣慰使罕穵法之女也,归陶孟司歪,守孟密,盖木邦本以孟密有宝井,故私厚之。景泰初,曩罕弄遂据孟密以叛,而每以金宝求通朝廷,欲自立,为守臣所抑,不许。成化间,守臣贪略,入其使,遂得以重宝口啗大学士万安,安乃力主设立,议遣大臣抚治。时朝士畏清议,莫肯往者,乃即宗家起之。宗既承安风旨,至云南,首为说以右孟密。时,巡抚都御

---

① 《明实录·宪宗实录》卷二四四。
② 《明实录·宪宗实录》卷二五三。

史吴诚以为不可,宗大怒,阴使人让诚曰:"彼不欲为巡抚矣。"诚遂不敢言。宗乃会守臣往,凡木邦诉告者皆杖遣之,而襄罕弄使至,皆犒赏殊厚;又独逾南山再就见之,且命之坐。襄罕弄揣知宗意,略不及木邦故地,且求索他侵地,宗皆许之。归,遂以退地为奏,实无寸地归木邦也。时,边人莫不忿惋,吴诚竟以忧卒,而宗遂巡抚云南,益骄倨,不事事,凡土官衙门关节皆以子通,而子尤暴横,莫敢谁何;既而开立孟密安抚司,而宗遂升刑部侍郎矣。[①]

明朝时,傣族地方政权与中央王朝的关系是通过一个朝廷的地方政权组织(行省军政组织)作为中介联系的。那么,这个地方政权在管理土司过程中就有可能在各个环节中渗入官员的主观因素。历史上,孟密的隶属关系改变,很大程度上就是朝廷地方官员左右的结果。

4. 明代傣族土司的品级制度

据《明史》记载有关傣族土司的政权及其品级,大致情况如下:

> 土官宣慰使司,宣慰使一人,从三品,同知一人,正四品,副使一人,从四品,佥使一人,正五品。经历司,经历一人,从七品,都事一人,正八品。

> 宣抚使,宣抚使一人,从四品,同知一人,正五品,副使一人,从五品,佥事一人,正六品。经历司,经历一人,从八品,知事一人,正九品,照磨一人,从九品。

> 安抚使,安抚使一人,从五品,同知一人,正六品,副使一人,从六品,佥事一人,正七品。其属,吏目一人,从九品。

---

① 《明实录·孝宗实录》卷六八。

招讨司,招讨使一人,从五品,副招讨一人,正六品。其属,吏目一人,从九品。

长官司,长官一人,正六品,副长官一人,从七品。其属,吏目一人,入流。

蛮夷长官司,长官、副长官一人,品同上。又有蛮夷官……及千夫长、副千夫长等官。

……

洪武七年,西南诸蛮夷朝贡,多因元官授之,稍与约束,定征瑶差发之法。渐为宣慰司者十一,为招讨司者一,为宣抚司者十,为安抚司者十九,为长官司者百七十有三。其府州县正贰属官,或土或流,大率宣慰等司经历皆流官,皆因其俗,使之附辑诸蛮,谨守疆土,修职贡,供征调,无相携二。有相仇者,疏于听命于天子。又有番夷都指挥使司三,卫指挥使司三百八十五,宣慰司三,招讨司六,万户府四,千户所四十一,战七,地面七,寨一,详见兵志卫所中,并以附寨番夷官其地。①

明代的傣族土司也像中央王朝其他流官官员一样,纳入了中央王朝品秩管理制度体系中,有了相应的品级和政治待遇。

5. 明代傣族土司信物制度

有关史料记载明代土司信物制度的状况如下:

正德十六年(1521)五月癸丑,……铸造云南土官衙门信符、金牌及海外诸夷勘合给之,用改元年号也。②

隆庆元年(1567)三月丙子,……铸造……云南四夷车里

---

① 《明史》卷七六《职官五》。

② 《明实录·世宗实录》卷二。

宣慰使司等处信符、金牌。①

隆庆二年(1568)六月辛丑,颁云南四夷车里宣慰等司隆庆年号金牌勘合十道。②

永乐二年冬十月庚午,……制信符及金字红牌颁给云南木邦、八百大甸、麓川平缅、缅甸、车里、老挝六宣慰使司,干崖、大侯、里马、茶山四长官司,潞江安抚司及孟艮、孟定、湾甸、镇康等府、州土官。其制:铜铸信符五面,内阴文者一面,上有"文行忠信"四字,与四面合,及编某字一号至一百号批文勘合、底簿,其字号,如车里以"车"字为号,缅甸以"缅"字为号,阴文信符勘合俱付上土官,底簿付云南布政司;其阳文信符四面及批文百道,藏之内府,凡朝廷遣使,则赍阳文信符及批文各一,至布政司比同底簿,方遣人送使者以往,土官比同阴文信符及勘合,即如命奉行。信符之发,一次以"文"字号,二次"行"字号,周而复始。又置红牌镂金字敕书谕之,其文曰:"敕某处土官某:尔能守皇考太祖高皇帝号令,未尝有违,自朕即位以来,恭修职贡,礼意良勤。"③

明代土司信物制度较为复杂,"永乐元年,改设孟养、木邦为宣慰司,以刀木旦为宣慰使。二年,孟定土官刀景发遣人贡马,赐钞、罗绮,遣使赐印诰、冠带、袭衣,复颁信符、金字红牌。"④

明代土司统治的政治合法性中有一个必要条件,就是拥有朝廷颁发的信物,具体包括金牌、信符。金牌和信符的制作都有具体的规定。信物在朝廷传送指令和傣族土司承袭等政治过程中具有

---

① 《明实录·穆宗实录》卷六。
② 《明实录·穆宗实录》卷二一。
③ 《明实录·太宗实录》卷三五。
④ (清)《道光云南志钞》,道光刻本。

不可或缺的权威和作用。

(三)清代完善的傣族土司制度

清代沿袭了明代的土司制度,经过改革、发展,在明朝的基础上建立了自己的完善的傣族土司制度。

1. 清代对土司的管理

清代对土司的管理制度具体包括奖励、惩处、承袭等多方面。

第一,奖励土司。土司捕逃犯可加级。康熙二十年议准,边界土司拿押边界之逃人逃犯,可以获奖,拿押六十人者加一级,如多获按比例递加。不能加级的,由地方督抚适当奖赏。如果土司支庶子弟中,有能力者,由土司详情上报地方督抚,并上奏朝廷批准,安排其适当的职位,管理地方事宜,支庶土司子弟之任用需参照本土司之职务降级使用,一般降二等。该制度维护了土司家族血缘关系之稳定,使土司基于血缘关系之亲疏的宗法等级制度更加牢固,维护了土司的政治统治特权,同时也为土司亲属中的有能力者提供了一条参与政治的途径。这样的安排可以避免土司内部因争袭土司职位而出现的政治纷争,客观上对于稳定土司对傣族社会的统治有重要意义,对于维护土司家族利益同样有较大的作用。清代对于一些原土司管理的地方进行了改土归流,凡在改土归流后的土司,若无子女,或子女幼小的可以不迁往外地,而可在本省省城安置,并由本省地方官管理,避免生事。土司被安插到外地省份者,由外地省份之地方官随时检察管理,若有违法擅自活动者,土司降级或革职,土人治罪。在此项管理中,地方官员徇私舞弊者降级使用。清代《钦定大清会典事例》规定:"文武官员功过:康熙二十一年议准:滇黔土司,无论逃人、逃兵、逆属旧人,拿解六十名者准加一级,多获者照数递加,不及加级者该督抚酌量奖赏。又议准:滇黔土司地方,有失察逃人一名,被别土司拿解,或逃人自行供出,土司降一级。若知而隐讳者,照隐匿逃人例革职。若拿获逃人,照例解部发落。"①又载有:

> 雍正四年谕:"各省所属土司,有奉法称职,裨益地方者,该督抚不必拘三年大计之例,随时荐举,朕当酌加恩奖,以昭鼓励。钦此。"遵旨议定:照同知以下卓异官员之例,恩赏朝衣一袭。②

其该督抚未经具题之先,即令应袭之人,照署事官例用印管事。地方官如有抑勒沈阁留难者,将该管上司照违限例议处。今改为照事件迟延例议处。其土官支庶子弟中,有训谨能办事者,许本土官详报督抚,具题请旨,酌量给予职衔,令其分管地方事务。其所授职衔,视本土官降二等,如本土官系知府则所分者给予通判衔,系通判则所分者给予县丞衔,照土官承袭之例,一例颁给敕印、号纸。其所分管地方,视本土官多不过三分之一,少则五分之一。此后再有子孙可分者,亦再许其详报督抚,具题请旨,照例分管地方,再降一等,给予职衔、印信、号纸。③

第二,对土司的惩处。清朝时朝廷有一套对土司的处罚制度,如在《钦定大清会典事例》中规定,对于土司与其他少数民族有交界之处,若有奸商将军械贩卖与土司番蛮之人的,土司先知情故纵,与军民一律治罪,按民罚杖一百,发边定充军。土司若不知情,

---

① 《钦定大清会典事例》卷八六〇、刑部一百三十八,《督捕例文武官员功过·在京旗人逃后行窃·黑龙江三姓等处改发之旗人逃走》。
② 《钦定大清会典事例》卷一四五、吏部一百二十九。
③ 《钦定大清会典事例》卷一一九、吏部一百三,《处分例·边禁》。

则降级罚俸（土司罚俸另有制度，土司因无俸，就降其品级，计俸罚米，以示惩罚）。清代《钦定大清会典事例》记载："处分例·军政（卷一一七、吏部一百一）：军政·康熙……二十五年题准：土司番蛮交界之处，如有奸商将军器贩卖与土司番蛮之人者，系官民兵丁，皆杖一百，发边远充军。如该管官知情故纵者，与军民一例治罪；如不知情者，州、县官降四级调用，道、府降二级留任，督抚罚俸一年。今增为该管官自行拿获者免议，有能拿获贩卖军器者，照拿获私贩硝磺例议叙。"①另又载："边禁·康熙二十二年议准：滇黔土司，无论逃人逃兵，有拿解六十名者，即加一级。如多获者，亦照此数递加。不及加级者，令该督抚酌量奖赏。三十年题准：土官凡有钦部案件奏销钱粮，及迟误进御表笺等项，皆应照处分流官定例，一例处分，但土官不食俸禄，如有罚俸、降俸等事，皆照其品级，计俸罚米，每俸银一两，罚米一石，移储就近常平仓，以备赈荒。今增为广西省仍照例罚银。"②

另外，《钦定大清会典事例》中雍正二年的圣谕还规定：

> 四川、陕西、湖广、广东、广西、云南、贵州督抚提镇，朕闻各处土司，鲜知法纪，所属土民，每年科派，较之有司征收正课，不啻倍蓰，甚至取其马牛，夺其子女，生杀任性，土民受其鱼肉，敢怒而不敢言。莫非朕之赤子，天下共享乐利而土民独使向隅，朕心深为不忍。然土司之敢于恣肆者，大率皆汉奸为之指使。或缘事犯法，避罪藏身；或积恶生奸，倚势横行。此辈粗知文义，为之主文办事，教之为非，无所不至，诚可痛恨。嗣后督抚提镇，宜严饬所属土官，爱惜土民，毋得视为鱼肉，毋

---

① 《钦定大清会典事例》卷一一七、吏部一百一，《土司等官卓异》。
② 《钦定大清会典事例》卷一一九、吏部一百三，《处分例·边禁》。

得滥行科派。如申饬之后，不改前非，一有事犯，土司参革，从重究拟，汉奸立置重典，切毋姑容宽纵，以副朕子惠元元、遐迩一体之至意。……八年复准：改土归流之土司家口，……如土官、土人，有潜往外省，生事为匪，别经发觉者，土官革职，土人治罪。①

按雍正二年谕，对土司在其管辖范围内滥法，鱼肉百姓，而经过申饬不改者，土司参革。对于土官延误进贡上奏之时间者，参照流官之制度处分，即降级罚俸。若土官无俸可罚，则变通罚米。土司处罚与流官不同，除了贪酷不法之土司对之革职外，其余违法不能按照流官制度。

《钦定大清会典事例》中规定："处分例·大计统例，土司等官卓异雍正四年议准：各省土司，果能奉法称职，裨益地方者，该督抚不拘三年大计之例，随时举荐，照同知以下官员之例，恩赏妆缎领袖补缎朝衣一件。又奏定：土司皆系世袭之职，必遇贪酷不法，始行革职，其余处分，均与流官不同，既无考核，亦无优升，且土司卓异，皆由府、道申报，或因请托不遂，致结嫌启衅，将土司等官卓异，永行停止。"②它还规定："处分例徇·庇容隐：雍正十二年议准：云、贵、川、广等省苗疆地方，照台湾之例，令文武官弁，互相稽查。如文职同知以下等官，武职游击、守备以下等官，有将苗、夷科派扰累及将土目索诈陵辱等情，除将该官弁参处治罪外，其同城文武如有曲徇情面，含糊隐讳，将不行揭报之道、府、副、参，并不行告知督、抚、提、镇之文武官弁，皆照台湾之例，分别议处。"③《钦定大清

---

① 《钦定大清会典事例》卷一一九、吏部一百三，《土司等官卓异》。

② 《钦定大清会典事例》卷八〇、吏部六十四，《土司等官卓异》。

③ 《钦定大清会典事例》卷八二、吏部六十六，《庇容隐》。

会典事例》中康熙三十五年复准："土官公罪,应降三级以内调用者降一级留任,应降五级以内调用者降二级留任,应革职者降四级留任。如有贪酷不法等罪仍革职。又复准:凡土官有钦部案件奏销钱粮,及迟误表笺等项,均照流官例一体处分。土官不食俸禄,如有罚俸、降职等事,俱按其品级计俸罚米,每俸银一两,罚米一石。"①《钦定大清会典事例》中又规定土司纵土民犯罪的处罚:

纵军掳掠·附律条例。一、土官、土舍纵容本管土民头目为盗,聚至百人,杀掳男妇二十名口以上者,问罪,降一级;加前数一倍者,奏请革职,另推土人信服亲支土舍袭替。若未动官军,随即擒获解官者,准免本罪。

历年事例:雍正五年谕:"内地居民受地方官苛索,便于申诉,故易至于败露,若苗、蛮、黎、僮等僻处外地,知识庸愚,倘加凌虐,更可悯恻,应严定处分以示惩戒,不当照内地之例。嗣后,此等外地之人并改土归流地方,如该管官员有差遣兵役骚扰逼勒等情,其治罪之处,当加于内地一等。"②

《钦定大清会典事例》中还规定:

一、滇省与外夷商贩,……永昌府有潞江一处,顺宁府有缅宁一处,俱为通达各边总汇之区,应派妥干员弁专司稽查,遇有江、楚客民,驱令归回。其向来居住近边之人,地方官照内地保甲之例,编造寄籍册档,登记年貌,互相保结,严禁与附近摆夷结亲。如有进关回籍等事,俱用互结保明,官给印票,关口照验放行,回滇时照验放出;若无印票,不准放行。守关

---

① 《钦定大清会典事例》卷一四五、吏部一百二十九,《土官》。
② 《钦定大清会典事例》卷七七一、刑部四十九,《兵律·军政·纵军·掳掠》。

员弁,如有混放偷漏情事,查明参处。其永昌、腾越、顺宁、缅宁、南甸、龙陵一带,所有本籍民人保甲,亦一体严为稽核,毋许江、楚客民混匿,违者从严惩治。至缅匪需用之黄丝等货,概不许贩至潞江、缅宁隘口,如有私贩出关者,货物入官,本犯究处。①

清代中央王朝对傣族土司的管理制度在明朝的基础上又有了进一步的完善。在处罚制度中明确了中央王朝的法律可以干预、调整土司辖区内法律关系的精神,如上述雍正二年的圣谕要求以后"督抚提镇,宜严饬所属土官,爱惜土民,毋得视为血肉,毋得滥行科派。如申饬之后,不改前非,一有事犯,土司参革,从重究拟,切毋姑容宽纵,以副天子惠元元,遐迩一体之意"。

由于清代时朝廷对于土司政治的经营影响已经较为深入,因此,朝廷对傣族土司的处罚制度也较为具体,包括土司对于自己境内事务管理中违背中央王朝意图的,处于边疆的土司在管理活动有违国家领土主权的,土司延误进御表笺的等多方面,都有处罚制度。由于土司通常不领朝廷俸禄,因而朝廷又规定了一套变通的有关对傣族土司的变通罚俸制度。

2. 清代土司设置

第一,清代土司地域。清代沿袭明朝的傣族土司制度,在云南设有不同品级的傣族土司,具体有宣慰使、宣抚使司、安抚使、长官司、副长官司、千户等职位,其权位由大到小。清代在鄂尔泰改土归流以后,按江应樑先生的研究,其中确知是傣族土司的有:

宣慰司一:车里刀氏;宣抚司八:南甸刀氏、干崖刀氏、陇

_____

① 《钦定大清会典事例》卷七七四、刑部五十二,《私越冒渡关津·盘诘奸细》。

川多氏、耿马罕氏、孟琏刀氏、整卖召氏、景线呐氏；副宣抚司二：盏达思氏、遮放多氏；安抚司三：芒市放氏、潞江线氏、猛卯衍氏；土指挥二：孟艮召氏、整欠叭氏；土指挥同知一：猛笼叭氏；土知府二：孟定罕民、景东陶氏；土知州二：湾甸景氏、镇康刀氏；土守备二：六本召氏、景海召氏；土千总六：猛遮刀氏、普腾坝刀氏、猛戛刀氏、元江刀氏、猛孟召氏、猛撒喇氏；土把总十：猛阿召氏、猛笼刀氏、橄榄坝刀氏、六困刀氏、猛腊召氏、猛旺刀氏、整董召氏、猛乌召氏、乌得召氏、猛戛刀氏；土巡检一：猛猛罕氏；土县丞一：南涧阿氏；土舍二：阿邦乡陶氏、曼车乡刀氏。此外尚有土便委、土掌寨、土目等未计入。①

清代傣族土司区域的状况是明清两代的改土归流和中缅关系变化等历史原因造成的。比较明代而言，清代的傣族土司区域面积缩小，大的傣族土司政权已经少见，小的土司政权增多，明代时的招讨使、长官司、蛮夷长官司已不见于清代，清代的安抚司之下出现了较多的傣族土司官员的名称。这说明：一方面，清代的中央王朝对于傣族地方政治活动的介入更为深入了；另一方面，傣族地方土司政权的权力层次更低了，相对独立性也就更加减弱了。

第二，清代对土司的安置。史料记载：

一、土司之宜安置也。滇省土司，有土知府、知州、知县，有宣慰、宣抚、安抚、长官等司，名目不一。明初开辟，因投诚有功，授官锡土，令其自耕而食，所纳钱粮名曰差发银，较民地甚轻，数年来，为寇焰所胁，远者派金以养贼兵，近者派人力以驱争斗，土司地方财力交困，今既改过投诚，自是望恩甚切，宜察某土司官职，该管地方，仍令照旧料理输纳钱粮，一切逆寇

---

① 参见江应樑：《傣族史》，四川民族出版社 1983 年版，第 373 页。

苛派,悉与蠲除,庶土司安,百姓亦安矣。①

《钦定大清会典事例》中另有:

> 光绪四年复准:土官改土归流,奉旨赏给该土官子弟顶
> 戴、田产,存留奉祀者,准该后裔承袭,由督抚查照世职承袭定
> 例,嫡庶不得越序,取造宗图册结,具疏请袭。由部核明题请
> 给予顶戴,准其承祀,奉旨后,知照该督抚转饬遵照,毋庸发给
> 号纸。

> 土官请封:乾隆三年议准:凡土官请封,由该督抚核明具
> 题,一面出咨,径由提塘递送投部。部限三月汇题,得旨后揭
> 送内阁,限四十日汇齐用宝,限十日本省提塘赴部具领
> 颁发。②

清代朝廷规定了傣族土司的请封、授职、纳贡以及时限等方面
的制度,使得傣族土司安置制度更加完善。

3. 清代土司信物制度

清代土司承袭由朝廷颁予印信号纸一张。印信号纸用于记载
土司的功次、宗派及政治管理等事宜。在后世子孙承袭土司职位
时备吏部查核,若查核无异,方能袭职。《钦定大清会典事例》中
规定:

> 土司袭职,……康熙十一年题准:土官子弟,年至十五,方
> 准承袭,未满十五岁者,督抚报部,将土官印信事务,令本族土
> 舍护理。俟承袭之人,年满十五,督抚题请承袭。每承袭世职
> 之人,给予钤印号纸一张,将功次宗派及职守事宜填注于后,

---

① 见《滇南十议疏》。
② 《清定大清会典事例》卷一四五、吏部一百二十九,《土官承袭·土官请封·土官大计》。

后遇子孙袭替,本省掌印都司验明起文,或由布政使司起文,并号纸送部查核无异,即与题请袭替。将袭替年月顶辈填注于后,填满换给,如遇有水火盗贼损失者,于所在官司告给执照,赴部查明补给。如有犯罪革职故绝等事,都司、布政使司开具所由,将号纸缴部注销。如宗派冒混,查出参究。①

清代其他史料也记载有:

　　查办各土司片同日:再,永昌府属孟定土知府,湾甸土知州,镇康土知州,干崖宣抚使,陇川宣抚使,南甸宣抚使,遮放副宣抚使,盏达副宣抚使,潞江、芒市、猛卯各安抚使,腊撒长官司,顺宁府属耿马宣抚使,孟连宣抚使,皆地方辽阔,毗连缅夷。自军兴以来,有毁家纾难剿贼阵亡者,有被贼胁从供其役使者,有族人谋害正支而自称代办者,印信号纸多有遗失,夷民无所适从。值此军务肃清,亟应一律整顿,以期边境乂安。臣现督饬永昌府知府、顺宁府知府调集各土司,详加查访,凡防剿出力者,择尤请奖;阵亡殉难者,汇奏请恤;如系例应承袭之人,会商督臣照例具题请袭;印信、号纸遗失者,并请补发;倘有始终为害,怙恶不悛者,设法歼除。不敢姑息养奸,亦不敢孟浪行事,务使纪纲复振,边夷畏怀,仰副朝廷绥靖边陲之至意。谨附片具陈,伏乞圣鉴训示。谨奏。②

清代土司信物制度相比明代的土司信物制度有了新的变化,朝廷给予傣族土司印信号纸一张。印信号纸记载傣族土司的相关政治功绩和血缘关系等内容,在土司政权承袭及中央王朝对土司

---

① 《钦定大清会典事例》卷五八九、兵部四十八土司,《土司袭职·议叙·议处·议恤》。

② 见《岑襄勤公奏稿》卷八,同治十二年六月初九日至八月初六日。

的政治管理活动中用以核查,它同样是中央王朝和地方土司政权政治关系中不可缺少的政治条件。比较明朝的土司信物,清代的土司信物显得较为简单。这种发展变化,可能的原因有几个:首先,明代的土司实力较大,在整个政治权力结构中的影响较大。而到清代,大的傣族区域已经极少,就连车里地区政权也已被大大削弱,被置于普洱府管辖之下,因而政治影响力明显减弱。其次,清代对于傣族土司的管理制度是在明代的基础上建立起来的,对于明代中央政权在管理傣族土司政权的实践中的经验和教训也必然会有所总结和研究,因而清代的土司管理中的信物发展变化也就可以理解了。再次,清朝是一个少数民族建立的中央王朝,尽管它以汉文化为主流文化,但政治实践中保留一定的本民族文化特色也是可能的。

4. 清代土司承袭法律制度

第一,清代土司承袭规定。根据《钦定大清会典事例》:

> 土官承袭·顺治初年定:……由部给牒,书其职衔、世系及承袭年月于上,名曰号纸。其应袭职者,由督抚察实,先令视事,令司、府、州、县邻封土司具结,及本族宗图、原领号纸,咨部具题请袭。又定:凡承袭之土官,嫡庶不得越序。无子许弟承袭。族无可袭者,或妻或婿,为夷众信服者,亦许承袭。子或年幼,由督抚题明注册,选本族土舍护理,俟其年至十五岁时请袭。又定:土官年老有疾,请以子代者听。又定:土官亲生之子,未满十五岁者,该督抚题明注册,将土司事务,委族人护理,俟其子长成,具题承袭。如土官受贿隐匿凶犯逃人者,革职提问,不准亲子承袭,择本支伯叔兄弟、兄弟之子继之。若有大罪被戮,即立夷众素所推服者,以继其职。

> 康熙二十一年议准:土官受贿隐匿凶犯逃人者,革职提

问,不准亲子承袭,择本支伯叔兄弟、兄弟之子继其职。……

雍正三年复准:各处土司嫡长子孙承袭,其支庶子弟中,有训谨能办事者,俱许本土官申请督抚题给职衔,令其分管地方事务。其所授职衔,视本土官降二等,……又复准:凡土官病故,该督抚于题报时,即查明应袭之人,限六个月内具题承袭。如违限,将该管上司照例议处。

乾隆二十九年议准:《学政全书》开载"土司应袭子弟,令该学立课教训,俾知礼义,俟父兄卸事之日,回籍袭职"等语。嗣后边省土司地方,凡由生员袭职者,如事务繁多,自揣不能应试,即具呈告退。其愿应试者,饬令如期应试,不得托故避考,违者该学政即照定例褫革。三十三年奏准:土官袭替定例,必分嫡次长庶,不得以亲爱过继为词。如实系土官身故乏嗣,除笃疾残废及身有过犯,与苗民不肯悦服之人,例不准请袭外,其承继之子,仍论其本身支派,如非挨次承袭者,不准袭职。五十年……又复准:"各省土官,向无地方村寨管辖者,将原袭文职改授土官,如土通判改授正六品土官,土推官改授正七品土官,土县丞改授正八品土官,土主簿改授正九品土官,土巡检改授从九品土官。遇袭替时,止准换给号纸,按照品级,填写几品土官,不必仍书通判、推官、县丞、主簿、巡检等字样。向有给予印信者,将印信咨送礼部销毁。其有管理地方之土官,仍循旧制,毋庸改授职衔"。五十八年……又谕:"向来绿营阵亡官弁,俱给予世职,俟袭次完时,给予恩骑尉世袭罔替,原以轸恤勋劳,特加优典,至屯土官弁遇有征调,无不踊跃争先,著有劳绩,而临阵捐躯者,向止给予赏恤银两,分别加衔,并未一体议给世职。该屯土员弁,与绿营同一效命疆场,而恤典各殊,未免稍觉向隅,嗣后屯土官弁,设遇调发,有随征阵亡者,均著照绿营之例,按照实任职分给予世职,俟袭次完时,再给予恩骑尉世袭罔替,以副朕一视同仁奖励忠荩之至意。钦此。"遵旨议定:嗣后屯土官弁随征阵亡,应行承袭者,由兵部核定具题,奉旨后移咨吏部,揭送内阁,撰给敕书,照例颁发。

光绪四年复准:土官改土归流,奉旨赏给该土官子弟顶戴、田产,存留奉祀者,准该后裔承袭,由督抚查照世职承袭定例,嫡庶不得越序,取造宗图册结,具疏请袭。由部核明题请给予顶戴,准其承祀,奉旨后,知照该督抚转饬遵照,毋庸发给号纸。①

由于清代朝廷对土司政治的经营影响已经较为深入了,因此,朝廷对于傣族土司的处罚制度也较为具体,包括土司对自己境内事务管理中违背中央王朝意图的,处于边疆的土司在管理活动有违国家领土主权的,土司迟误进御表笺的等多方面的处罚制度。由于土司通常不领朝廷俸禄,因而朝廷又规定了一套变通的有关对傣族土司的变通罚俸制度。

另据史料记载清代土司管理制度:

土司授职……云南顺宁府所属耿马宣抚司闷拱,国朝平滇授职,给有印信号纸,管辖耿马兼猛猛地方,岁征米折银二十五两零,又差发银三十两。孟连长官司刁派夷,雍正七年授职,给有印信号纸,乾隆二十九年载,三十九年以刁派金改授宣抚使,颁给印信号纸,岁征厂课银三百两,又实征永昌府拨归站赤银一十三两零,又差发银四十八两。……普洱府所属车里宣慰司刁穆祷,国朝平滇授职,给有印信号纸。……龙陵

---

① 《钦定大清会典事例》卷一四五、吏部一百二十九,《土官承袭》。

厅所属潞江安抚司线有功，国朝平滇授职，给有印信号纸，岁征永昌府拨归差发银八十二两。芒市安抚司爱众，国朝平滇授职，给有印信号纸，岁征永昌府拨归差发银七十两，又腾越州拨归马鞍铺陈银一十三两。腾越州所属南甸宣抚司刁呈祥，国朝平滇授职，给有印信号纸，岁征差发银一十一两。陇川宣抚司安靖，国朝平滇授职，给有印信号纸，岁征差发银一百七十两。干崖宣抚司刁建勋，国朝平滇授职，给有印信号纸，岁征差发银五十两。盏达副宣抚司刁思韬，国朝平滇授职，给有印信号纸。猛卯安抚司刁思王宣，国朝平滇授职，给有印信号纸。腊撒长官司盖朝选，国朝平滇授职，给有印信号纸，雍正二年缘事裁革，乾隆三十五年以盖荣邦复袭长官司职。①

又在《钦定大清会典事例》中有：

土司袭职：顺治初年定：土官无子者许弟袭，无子弟许其妻或婿为夷民所信服者一人袭。其应承袭之人，由督抚具题，将该土官顶辈宗图亲供、司府州邻印甘各结，及原领敕印，亲身赴部，由部核明，方准承袭。

康熙十一年题准：土官子弟，年至十五，方准承袭，未满十五岁者，督抚报部，将土官印信事务，令本族土舍护理。俟承袭之人，年满十五，督抚题请承袭。……又题准：土官袭职，停其亲身赴京，取具地方官保结并宗图呈报该督抚，保送到部，准其承袭。十九年题准：土官病故，其子病废不能承袭者，准与孙袭。又题准：土官年老有疾，请以子代者亦准。

---

① 《钦定大清会典事例》卷五八八、兵部四十七，《土司·土司授职三》；转引自方国瑜主编：《云南史料丛刊（第八卷）》，云南大学出版社2001年版，第270页。

乾隆七年议准:土官承袭,旧例由本省都司验明起文,今各省掌印都司,业经裁汰,嗣后土官承袭,由布政使司取具地方并邻封土官印甘各结,及土官亲供户族宗图、原领号纸详报督抚,于半年内具题请袭,由部核对无异,题明准袭后,将袭替职衔缮人号纸给发。如有事故稽迟,不能请袭者,于半年限内咨部存案,日久亦准承袭。承袭之人,有宗派不清顶冒陵夺各弊,查出革职,……具结之邻封土官照例议处。……三十三年复准:土官病故乏嗣,均照定例挨次承袭。

雍正四年议准:土官不遵法度,故纵苗倮为盗,劫杀掳掠男女财物,扰害土民者,该督抚查出,即题参革职,别择应承袭之人,准其承袭。至有养盗殃民怙恶不悛者,该督抚据实题参,严拿治罪,或应改土为流,及别立土官,均请旨施行。

道光十四年奏准:夷人有抢掳杀伤之案,该土司如一年内报案至三四起者,降顶戴一级,拿获别案,准其抵销。至应议降级留任处分,积算至五案者,将该土司革职,另选承袭。如讳匿不报,一经查出,从重治罪。

乾隆三十七年遵旨议定:土司土职阵亡伤亡者,……俱加衔一等,令伊子承袭一次,仍以本身应得土职照旧管事,俟再承袭时,将所加之衔注销。空衔顶戴,照八品土官例赏赍,毋庸给与加衔。①

这些史料都说明,清代傣族土司制度伴随着朝廷在傣族社会中政治影响的不断深入而越来越复杂和完善了。

第二,清代土司承袭之文书与礼品。《泐史》中有这样的

---

① 《钦定大清会典事例》卷五八九、兵部四十八,《土司·土司袭职·议叙·议处·议恤》。

记载：

　　小历一二三七年乙亥(清光绪元年,西元一八七五年)六月晦,叭竜班雅那梢、叭竜欠、叭西羽仔帕厦及蛮涛董叭仔报等,随刀钧安至思茅办理承袭宣慰使手续,领取印信布告扎子委牌等件。六顺土把总诏孟称:须银五千两致送二爷、明公、小李等三人。同时十二版纳贵族,各猛土弁,亦向思茅汉官,领取关防文书。须取具宣慰使印结保结二份,呈送思茅汉官,又二份呈送云南总督。此外,并备纹银十两,上议院得三两三钱,书记及书记长各得三两三钱。其送汉官之五千两,每猛得回扣一两。此行参与者,尚有猛遮诏叭竜四闷那、叭竜空铣、叭竜敢塔蓊、叭法钪、橄榄坝叭仔报、蛮乍叭憨、猛笼叭蓊干、景班叭呵雷等,贵汉、泐文印结保结各二件。其印结文曰:

　　"世袭车里宣慰使刀钧安,具印结于思茅厅文武长官台下:土弁刀某,实系宣慰嫡系,所有人民,均一致议决,出具保结,恳求汉官大人,颁发关防照纸,俯准袭职。并请转报各层峰及天下钧鉴。"

　　此外,每猛出具保结二份;上议院四大头目出具二份。至其他一切手续,则由六顺土把总负责逐一指导办理。①

由上可见,清代朝廷对土司承袭制度比明朝又有了一些新的发展,清代的朝廷规定土司年方十五才能承袭,如应袭土司年幼,则土司职权暂由血缘关系比较亲近的族人代管到可承袭之年,方按程序承袭土司职权。其结果:①明确应袭土司子弟袭土司职权的年龄在十五岁,一定程度上保证了土司管理地方政治活动的能力。②土司违法,可能被取消承袭资格,这对于强化朝廷对土司政

---

　　①　李拂一译:《泐史》,云南大学 1979 年排印本。

权的控制和加强中央王朝对傣族地方政治的影响都有重大作用和意义。③土司承袭中出现了妻和婿，甚至无血缘关系的"为夷众信服者"，也可以承袭土司职权。这一制度，一方面加强了把土司血缘关系亲疏作为土司承袭的重要原则；另一方面，又在土司承袭的人选范围较明代时有很大程度的拓宽。其实施的结果，首先是强化了朝廷的统治权威和土司的血缘关系权威。其次，妻或婿以及其他非血缘关系的能服众的有能力的人也有担任土司最高职务的机会，对缓和傣族社会中有能力的人与土司血缘因素统治带来的矛盾有很大的作用。④土司制度中规定，土司支庶支系子弟中有能办事的人才，也有了参与政治活动的机会。它更加完善了中央政权与傣族土司政权之间的人事交流制度，有利于精英人才的发掘和社会的发展，同时也有利于土司政治的稳定。⑤清代土司制度更是明文规定，在应袭土司袭职之前，必须接受有关文化、礼仪的培训，它使得中央王朝与傣族土司政权之间的关系更加规范化，有利于中央王朝统治文化对于傣族社会的影响和渗透。⑥清代朝廷还专门建立了一套傣族土司地方经改土归流后的有关土司的管理制度。⑦清代的土司制度还规定了土司任免程序中的文书和礼仪相关制度，使中央王朝对土司的管理更加具体和完备，同时也使得土司任职中的礼仪、馈赠制度化。总之，清代与明代相比，中央王朝对土司的管理制度更加完善、科学和规范化了。尤其是清朝廷规定了在对傣族土司的管理活动中有关的朝廷地方官员的管理制度，使得明代以来的地方官员在对土司管理的政治活动中的不正常现象的扼制有了明确的法律依据，是傣族土司制度发展史上的一大进步。

5. 清代对管理傣族土司地方流官的管理制度

清中央王朝对于包括傣族在内的少数民族地方派有流官实施

统治,部分流官在政治管理过程中,擅自科敛土官财物,违法乱纪。中央王朝为此专门规定了包括对傣族地方在内的各土司地方实施管理的流官的管理制度。正如《钦定大清会典事例》规定有:

一、云、贵、两广、四川、湖广等处流官,擅自科敛土官财物,金取兵夫,征价入己,强将货物发卖,多取价利,赃至该徒三年以上,俱发近边充军。若买卖不曾用强,及赃数未至满徒者,按律计赃治罪。其科敛财物,明白公用,金取兵夫,不曾征价者,照常发落。

一、苗蛮黎僮等僻处外地之人,并改土归流地方,如该管官员有差遣兵役骚扰逼勒、科派供应等弊,较内地之例,应加倍治罪,若赃不多,犯该杖一百以下者,俱加倍徒一年;犯该徒一年者,加倍徒二年;徒一年半者,加倍徒三年;徒二年者,加倍流二千里;徒二年半者,加倍流二千五百里;徒三年者,加倍流三千里;犯该流二千里及流二千五百里者,俱发边卫充军。若赃数满贯,罪止满流者,绞候。其赃银照追入官给主,虽限内全完,亦不免罪,因而激动番蛮者,照引惹边衅例,从重治罪。

一、苗蛮黎僮等僻处外地之人,并改土归流地方,如该管官员有差遣兵役骚扰逼勒、科派供应等弊,因而激动番蛮者,照引惹边衅例,从重治罪。①

明朝以来的中央王朝在傣族地区的经营实践中,中央王朝官员体系中对傣族土司直接实施政治管理的官员在协调中央政府与傣族土司之间的政治关系中有着重大的影响。历史上的经验、教训也

---

① 《钦定大清会典事例》卷八二一、刑部九十九,《刑律受赃·在官求索借贷人财物》;转引自方国瑜主编:《云南史料丛刊(第八卷)》,云南大学出版社2001年版,第346页。

有力说明了这一点。清朝为了加强对于这类官员的管理,规范他们的政治管理活动,维护正常的中央政权与傣族土司政权之间的关系,保障边疆稳定,专门规定了一套与管理傣族土司有关的朝廷官员的政治活动制度。它规定了凡"科敛土官财物,强将货物发卖,多取价利"等有关傣族社会日常生活中多方面关系的流官犯罪的多种情况的处罚制度,并且流官在处理傣族等民族关系中有犯罪行为的,从重处罚。流官因科敛行为激发边疆闹事的,从重治罪。

二、元明清时期傣族土司对地方的管理制度

(一)土司统治体系

从元明时期起,傣族土司被中央王朝统治集团任命为宣慰使、宣抚使、安抚使、长官司、千户、把总等职务,以此区分品级大小不同的傣族土司。在傣族社会内部,土司管理傣族社会有着一套独特的政治制度。一般是土司之下设招纲、陶孟等。

1. 西双版纳地区的土司政治体系

西双版纳地区由于在新中国成立前完整地保留了土司制度,因而它的机构设置更显民族特色。西双版纳地区,根据傣历记载,傣历五五四年的(公元 1192 年)宣慰的二世祖匋(疑为刀)钪冷归顺。根据《泐史》记载:"小历五五四年壬子,匋钪冷继其父叭真为景龙金殿国至尊佛主,归顺天朝。天朝皇帝规定其进贡之礼为:九年大贡一次,又五年小贡一次,封之为九江王云。"[1]此文献为傣文翻译过来的文献,其中至尊佛主之称呼应该是后人译者按自己理解的名称,不过在这一资料中我们可以确定车里地区傣族首领在宋代已经

---

① 李拂一译:《泐史》,云南大学 1979 年排印本。

与中央王朝发生了政治联系。元朝在车里地区建立了车里军民总管府。明朝沿袭了元朝车里土司政权,《泐史》又载:"刀坎于小历七〇九年丁亥,继其父刀爱为主,年三十九岁。刀坎聪睿有才武,闻天朝兵且至,乃由景兰进驻景日龙,声言将尽力抗拒。随天朝兵果至,势甚盛,刀坎乃退驻猛遮之邑练,仍惧,又退往山中,……天朝言:刀坎果迁往猛老,则猛泐将荒废不治。并言……天朝兵当撤去。刀坎度无法抗拒,乃降。……天朝大军撤后,刀坎乃回景兰,时岁在壬戌,小历七四四年也。"①此处小历七四四年为1382年,明洪武十五年。

自明朝受封宣慰使以来,直到新中国成立前,其地方之封建土司制度一直未改变过。车里宣慰使司署历史上设在景洪等地。宣慰使在傣语中为"召片领",意思是当地至高无上的统治者。有的学者在其研究成果中称之为傣语的"王"。据20世纪50年代调查材料,宣慰使除直辖宣慰街(即宣慰司署驻地)、勐景洪和较远的几个地区外,十二版纳广大地区皆由各勐土司统治。各勐必须向宣慰使缴纳负担,遇重大事件请示报告。宣慰使有干预其行政或批准任免土司和重要官员之权。宣慰使司署大臣,地位最高,职权最大的是"怀郎曼洼",通称"都竜浩",意思是最高的大臣,犹如朝廷中的首相,执掌全区的行政、财政、征粮等大权。之外,还有若干大小家臣。宣慰使司署设"议事庭",由宣慰司置中主要大臣和各勐土司驻宣慰司署代表(波郎)共同组成,庭长称为"召景哈"。议事庭商议和处置全区重大事件。②　如召领之下各勐之统治土司

---

①　李拂一译:《泐史》,云南大学1979年排印本。

②　参见民族问题五种丛书,中国少数民族社会历史调查资料丛刊:云南省编辑委员会编:《傣族社会历史调查(西双版纳之一)》,云南民族出版社1983年版,第99、100页。

称为召勐。如勐海调查资料称,勐海在有召之后,又经过一段时间,勐海才属景洪的召片领管辖;召勐受他委封,并由召片领的波郎"怀郎庄往"节制。① 召勐每年关门、开门节,要向宣慰使及其波郎朝贡,称为"苏玛夏娜瓦"。宣慰使又安置一批人在勐海先后建立 12 个寨子,叫做"郎目乃"或"滚孟"(意为召片领的人,起监视作用)。② 勐海的议事庭由管辖各个等级的波郎和头人组成。据称,在傣历一二九九年(1937 年)勐海议事庭进行了改革。在改革前,议事庭分为内外议事庭。内议事庭由召庄、领囡、冒宰、滚乃几个等级的人组成,直接由召勐掌握。"召庄"是召勐的亲属亲戚,领囡、冒宰、滚乃合称"滚很召"(召的家奴),为召勐服各种劳役。外议事庭是由管理"傣勐"与"郎目乃"的波郎所组成的,设有"召贯",即"议事庭长",又设"叭诰",助理召贯管理议事庭的事务。此外,还设有文书(叭欠、鲊欠)若干人和大、小波勐。外议事庭的波郎,分别管理负担单位"火西"。召勐需要什么,就通过议事庭的波郎,按"火西"分配。"火西"是傣族社会简称组织。"火西"的组织形式,"傣勐"与"郎目乃"各有不同。③

　　在傣勐寨子里有叭、鱼先等级头人,为首的称为"波乃曼",寨上有"火西"头人,称为"召火西"或"乃火西",一般为寨中当权头

---

① 参见民族问题五种丛书,中国少数民族社会历史调查资料丛刊:云南省编辑委员会编:《傣族社会历史调查(西双版纳之五)》,云南民族出版社 1983 年版,第 29 页。

② 参见民族问题五种丛书,中国少数民族社会历史调查资料丛刊:云南省编辑委员会编:《傣族社会历史调查(西双版纳之五)》,云南民族出版社 1983 年版,第 30 页。

③ 参见民族问题五种丛书,中国少数民族社会历史调查资料丛刊:云南省编辑委员会编:《傣族社会历史调查(西双版纳之五)》,云南民族出版社 1983 年版,第 30 页。

人兼任。其上又设"火扫",是按"四当老勐"来划分,各个"火扫"的头人又称为"召播",召播之上才是波郎。① 召片领任命召勐,召勐委任其下官员。显然,勐海的内外议事庭之分,实际上是应傣族土司管理中的内外事务来划分的,相比较而言,它更为具体、有序。在勐往的调查材料中,勐往召勐的最高行政统治机构是全勐议事庭。全勐议事庭,傣语称为"勒贯",勒贯在召勐直辖之下。组成勒贯的头人,是以议事庭长召贯为首的 12 个头人,傣语称为"西双卡真",意为十二大臣。十二大臣又分别为"四卡真乃"、"四卡真乃景"、"四卡真诺"。四卡真乃为内四大臣,它包括召贯,议事庭长;召扁勐,负责为议事庭起草法制,制定法规;召糯勐,糯有新生之意;召温勐,在议事庭负责礼仪、娱乐。四卡真乃景意为城内四大臣,包括叭诰(总叭)、叭憨教、叭波康文、叭光喊、以总叭为道,专管城子、街子上的官亲("召庄")、家奴("冒宰")等,他们地位略低于"四卡真乃"。四卡真诺为外四大臣,历史上设四大波郎,后改为四大波勐,外四大臣指"傣勐"的四大叭火西,即叭火西曼夏,叭火西曼海,叭火西曼允。② 在议事庭中,召贯是庭长,总管一切,叭诰助理,身份似副庭长。处理议事庭日常事务,分配、征收负担,以及上级和召勐下达临时任务贯彻执行,主要是以叭诰为首的"四大卡真乃景"完成。四卡真乃平时很少处理日常事务。议事庭有重要会议,必须得他们出席,重要事项的决定,必得召贯点

---

① 参见民族问题五种丛书,中国少数民族社会历史调查资料丛刊:云南省编辑委员会编:《傣族社会历史调查(西双版纳之五)》,云南民族出版社 1983 年版,第 30 页。

② 参见民族问题五种丛书,中国少数民族社会历史调查资料丛刊:云南省编辑委员会编:《傣族社会历史调查(西双版纳之六)》,云南民族出版社 1984 年版,第 158、159 页。

头,否则得不到解决,至于傣勐的四卡真诺,他们在议事庭内一般是"列席、旁听",议事庭通过他们把各项负担、命令下达到各寨。当然在分摊不均时,他们也可以发表看法,对议事庭的决定有一定的影响作用。

西双版纳最高统治者为召片领,是西双版纳土地所有者,也是政治、军事、司法上最高的统治者。召片领的亲属有的被委封到各勐为土司,其中有能力者,历史上的中央王朝还比照土司等级以录用为政府官员,被吸纳到封建王朝统治体系中,可见其政治地位之显赫。召片领之下级是各勐土司。召片领衙门设有内外议事庭。各勐土司衙门也设有议事庭。勐之下是"陇"或"哈麻"、"火西",直到各寨的头人,有叭、鲊各级,即为地方官。召片领之下的外议事庭以召景哈为首,统率大小波郎,商处有关西双版纳的重要事项,主要有:第一,各勐土司及各级波郎不能自行决定的事情。第二,关于西双版纳政治制度的兴革。第三,议决宣慰使、各勐土司以及叭竜以上头人的袭职或废黜。第四,宣慰使交议的其他事项等。议事庭的决议,经宣慰使批准后即执行。可见,外议事庭是召片领之下的最高权力机关。各勐也有议事庭,性质相同,只是与召片领下的议事庭规模大小和官员称呼不同而已。召片领之下的内议事庭,由召片领直接参加组成,协助召片领掌握最高统治,其次是"召孟乌巴拉扎"(副王),可代行召片领的职权。内议事庭设副庭长二人,即召竜帕萨和召竜纳扁,此二人解决内议事庭之平时一般问题。只在重大事件时召片领和召孟乌巴拉扎才出席内议事庭。内议事庭召竜帕萨和召竜纳扁之下还有三级召片领的亲近家臣,主要是负责召片领生活、起居等内部事务。召片领之下的外议事庭主要负责如前所述的外部政治、司法、军事、经济等事务。有关西双版纳的重大事件,首先通过议事庭处理,再转报召片领。召片领对议事庭的决议有否决权和发回重议的权力。理论上讲,议事庭对召片领交办的事情也可以有否决权。但在历史上很少出现这类情况,从历史上看,召片领是最高的行政、司法、军事统治者。外议事庭通常在每年关门、开门节召开,遇有重大事情也可以临时召开。纵观历史资料,西双版纳召片领之下的官员主要有:

(1)诏景哈,议事庭长;

(2)都弄稿或称怀郎曼卧(洼),总管行政事务;

(3)怀郎曼空,枢要大臣,协助都弄稿办理日常事务;

(4)怀郎庄网,主管赋税、后勤;

(5)怀郎夏,管理集市;

(6)召弄帕厦,主管宣慰使署的财政事务及水利;

(7)召弄那花,管军政;

(8)召弄那干,管弩;

(9)召弄纳掌,管大象;

(10)召弄那篾,管矛;

(11)召弄那麻,管马匹,兼职御医;

(12)召弄那倭,管舆乘;

(13)召弄西养,管监督审讯罪犯;

(14)召弄纳影,管处极刑;

(15)召弄赛,管兵马(左将军,位次于右将军);

(16)召弄火怀(召大怀),管警卫;

(17)召弄纳扁,管安全;

(18)召弄款,司翊卫;

(19)召弄真愍,先锋官;

(20)召弄榭风雷,管巡捕;

(21)召弄庄禀,管宣慰使病、司祈祷;

（22）召弄那广，管仪礼；

（23）召弄那瓦，管船舶；

（24）召弄那郢，管刑罚；

（25）召弄康坎，管宣慰使出行用具；

（26）召弄献，文牍官、史官；

（27）召弄那雷，司祈年；

（28）召弄纳广，司鱼罟；

（29）波勐莽，司宾（缅宾招待主官），波勐和，司宾（汉宾招待主官）。

各孟官员称呼不尽相同，但是，机构设置差不多。各土司官员按照严密的组织机制组成了完整的政治统治机构体系。

2. 其他傣族地方的土司制度

由于历史上中央王朝对德宏、元江等傣族地方采取分别设立土司管理，以及改土归流时间先后不同等原因，导致了德宏、元江等地形成大小地盘各自管辖、互不隶属的土司状况，加上汉化程度较深等原因，德宏、元江等地土司对地方之管理制度又有自己的一些特点。据德宏调查资料，现梁河县过去是南甸土司统治。土司的统治体系是，"司官"之下是"族官"，再下是"属官"。土司衙门"司署"机构很大，设有秘书，分房、分库管理钱粮。南甸司署共有大小职员三十九人。土司对百姓有生杀予夺的权力，百姓对土司有上粮、当兵及纳税等"义务"。人民称土司为"老祖爷"、"小祖爷"，称土司之妻为"祖太"、"印太"，见了土司即须下跪。① 江应

---

① 参见民族问题五种丛书，中国少数民族社会历史调查资料丛刊：云南省编辑委员会编：《德宏傣族社会历史调查（一）》，云南人民出版社1984年版，第15页。

檩研究指出,德宏地区各土司统治集团框架是,正印土司,世袭,是本地境内最高的政治、经济、司法、军事领袖,有绝对的独裁权,正印土司之下有:

(1)代办,遇正印土司出缺或应袭土司年幼不能履职时,在土司宗族中推举一近亲属暂时代政,等应袭土司成年后,还政于他。

(2)护印,正印土司同胞兄弟中年纪最大的一个,名义上协助土司处理公务,实际上名尊无权。

(3)护理,无正印土司时,代办同胞兄弟中的年纪最大者,其职权与护印同。

(4)族官,土司宗族中的最近亲属(包括代办最近亲属),有才能者,被土司或代办信任者,可选为族官,族官又按资历及血缘亲疏分为三等,第一等为孟,第二等为准,第三等为印。族官的权力,一是管理村寨,类似西双版纳的大叭。二是可任土司署内的最高职务,轮班到土司署内当值。当值族官的权力主要有:处理临时发生的事情;出差到各村寨办理土司指定的事项;审问或调解案件;陪伴土司或外来宾客;当土司的临时咨议员。

土司署内又有一套职官:

(1)库房,掌管全衙署财政收支事项,其权力最大。

(2)总管,管理土司署内的伙食及一切杂务。

(3)管仓,管理全署的粮仓。

(4)伕马,管理征调应差的伕役马匹。

(5)文案,管理全署中及土司或代办私人的一切对外文件。由于土司对外文件使用汉文,所以方案一般是内地汉人担任,有薪水,文案还负责接待汉官之责。

(6)教读,教土司子女学汉文。

(7)汉书办,文案助理,兼管收发缮写事项,汉人担任,薪水低于文案。

（8）夷书办，由通晓傣文之人担任，不论出身等级，薪水每年可有若干谷子。

（9）二爷，土司的高级随从。

（10）官差，土司衙门中有事传送公文及拘捕犯人者，官差终身任职。

（11）厨役、茶房、杂差。多人轮流担任，不给薪酬。①

土司境内，以村寨为地方行政单位，地方职官就是村寨头人，傣族地方以村、寨、田亢为从小到大的行政单位，地方职官按此任命。每田亢设一田亢头，总揽全田亢的行政、司法、经济大权。设田亢尾协助田亢头处理事务。在田亢之下设每寨之老幸，接受田亢头领导，处理本寨行政、司法、经济事务。每村设头人，是老幸的助手，头人只管辖一村之地，兼接待各种官员到该村的事项，并招送这类人员。在民族杂居或交通要道之处还设有客长一人，专门负责接待过往官吏和调解夷汉人民之间纠纷。在傣族地方，汉族村寨设有练绅，相当于前述之田亢头，每村有村长，大体职责如前傣寨。② 明代多条史料记载德宏地区之傣族土司派手下陶猛（应是召勐之音）入贡等事说明：一方面，明代之德宏地区傣族土司制度与车里地区类似或相同。土司之下级为召勐。另一方面，联系比较西双版纳新中国成立前之土司制度，可以认定，明代以后德宏地区土司制度在中央王朝的影响下开始变迁了。

景谷傣族称土司为"珐竜"、"召法"或连称"召法竜"，意思是"最大的"或"至高的"。也有的称土司为"荫袭老爷"。土司是世

---

① 参见江应樑：《傣族史》，四川民族出版社1983年版，第442—446页。
② 参见江应樑：《傣族史》，四川民族出版社1983年版，第442—448页。

袭的,长子继承。土司之下有:

（1）贺汗竜（大统帅）,以及贺汗囡（副帅）管军事,他们下面是汗（兵勇）。

（2）谢那竜（丞相数人）,分管教育、司法、财政、土地、外交、民事等方面事务,还设谢那囡数人,一人管辖一个村寨,谢那囡之下是召干竜（大火头,管大寨）,召干囡（小火头,管小寨）。

（3）阿那他木（宗教官名）,之下是数列（数木列）,再下是虎娃,次之为散召,次之为散米,再次之为散弟,然后是二佛爷,最后是和尚。[①] 这个政治体系较之西双版纳制度在基层管理方面,体制更简单,它没有议事庭。其他如元江、金平等傣族地方虽然存在土司传统,但由于明清时期的改土归流,这些地方已被纳入流官统治了。傣族土司制度已经不完整了。

（二）土司政权机构的设置规程

据《泐史》记载土司政权机构的设置规程:

　　土司承袭之文书与礼品——小历一二三七年乙亥（清光绪元年,西元1875年）六月晦,叭竜班雅那木贡、叭竜欠、叭西羽仔帊厦及蛮涛董叭仔报等,随刀钧安至思茅办理承袭宣慰使手续,领取印信布告扎子委牌等件。六顺土把总诏孟称:须银五千两致送二爷、明公、小李等三人。同时十二版纳贵族,各猛土弁,亦向思茅汉官,领取关防文书。须取具宣慰使印结保结二份,呈送思茅汉官,又二份呈送云南总督。此外,并备

①　参见国家民委民族问题五种丛书之一,中国少数民族社会历史调查资料丛刊:云南省编辑组编:《思茅玉溪红河傣族社会历史调查》,云南人民出版社1985年版,第76—78页。

纹银十两,上议院得三两三钱,书记及书记长各得三两三钱。其送汉官之五千两,每猛得回扣一两。此行参与者,尚有猛遮诏叭竜四闷那、叭竜空钪、叭竜敢塔菊、叭法钪、橄榄坝叭仔报、蛮乍叭憨、猛笼叭菊干、景班叭呵雷等,贵汉、泐文印结保结各二件。其印结文曰:

"世袭车里宣慰使刀钧安,具印结于思茅厅文武长官台下:土弁刀某,实系宣慰嫡系,所有人民,均一致议决,出具保结,恳求汉官大人,颁发关防照纸,俯准袭职。并请转报各层峰及天下钧鉴。"

此外,每猛出具保结二份;上议院四大头目出具二份。至其他一切手续,则由六顺土把总负责逐一指导办理。①

另据明清的《百夷传》、《西南夷风土记》、《滇略》、《滇中琐记》等历史资料记载的傣族社会政治组织为"其下称宣慰曰昭,犹中国称主人也;其官属叭孟、昭录、昭纲之类,总率有差:叭孟总统政事、兼领军民,多者总十数万人,少者不下数万;昭录亦万余人,赏罚皆任其意;昭纲千人,昭百百人,昭哈斯五十人,昭准十余人:皆叭孟所属也。又有昭录,令遇有调遣,则统数千人以行,其近侍名立者,亦领人户数百,皆听其使令,食其所赋,取之无制,用之无节"。这个政治组织机构是车里、麓川等地的普遍组织形式,它印证了新中国成立前的西双版纳地区的政治结构形式历史较为悠久,民族特点较为明显。同时说明,明清以来中央王朝对德宏及其他傣族地区的经营,促进了中原文化对德宏及其他傣族地区的影响,推进了中央王朝的政治、法律制度在德宏及其他傣族地区的作用,导致了这些地区傣族土司政权机构的变迁。

---

① 李拂一译:《泐史》,云南大学 1979 年排印本。

（三）土司在地方政治活动中的权力

有关史料记载："僰夷：种在黑水之外，今称百夷。……其俗称宣慰曰'昭'，华言'主人'也。其官属有叨孟、昭录、昭纲，递相臣属。叨孟总统政事，兼领军民，多者数十万，少不下数万。昭录亦万余人，赏罚皆任其意。昭纲千人，递减至十人。又有昭录，遇调遣，统数千人以行。其近侍名立者，亦领数百户。皆听其使令，食其赋，取用无制节。"①

如前所述，许多明清史料都记载了明清时期的傣族社会土司政权机构，不同等级的土司拥有不同的权力。宣慰（或昭）是土司境内最高的统治者，他除了接受中央王朝的委封和一定程度的政治控制和管理外，在其辖区内拥有最高的行政、立法和司法权，决定着辖区内所有政治官员的任命、委封、罢免。他能决定境内司法纠纷的解决，而不需到中央王朝司法机关上诉。尽管历史上以清朝雍正皇帝起加强了对傣族土司政治的深入控制，力图将中央王朝的法制原则推行到傣族土司统治下的人民生活中，但是直至清代末，傣族土司统治的傣族地区，最高土司机构的裁决事实上成为境内人民的司法最终裁决。土司辖区内适用的土司认可的法律规定，用以规范辖区内人们之间的社会关系。现存的由多位学者翻译过来的傣族法律文献的来源是由傣族土司官员记录、收集而成的，如《孟连宣抚司法规》、《"西双版纳傣族封建法规"译文》、《孟连傣族的封建习惯法》、《西双版纳傣族封建法规和礼仪规程》等。这些文献是历代以来由土司认可的习惯法规定和成文法条款。明

---

① （明）刘文征：《滇志》之《羁縻志·种人》，旧中央研究院历史语言研究所晒蓝本。

清时期土司在境内拥有土地的所有权,因而拥有必要的土地收益权。土司在战争期间拥有军事指挥权。由于奴隶制因素的历史作用,元代以来,土司还有对其奴隶的不同程度的人身支配权。

最高土司之下,又有最高土司委封下层权力层次的土司官员如召勐。下级土司再委封再下级官员,这在前述土司政治结构中已讲述,这里不再重复。需要指出的是各层次的土司在自己的管辖范围内,享有的权力类似上述"昭",各相邻的两个层次之间的土司官员之间再形成上下级政治权力关系。另外,在傣族土司政权体系中,还保留着一些民主形式的机构,如,议事庭。这种机构是傣族社会历史上原始公社民主制度的残留。在习惯上,它有一定的权力,有很大的政治作用,如前所述议事庭的权利。但是历史上并没有出现过议事庭与土司的争执,并且土司还控制着支配机构改革的权力。因此,土司是境内最高权力的拥有者。

三、元明清时期政治经济因素与傣族土司制度的历史变迁

傣族土司制度是傣族政治、法律制度发展史上的重要内容,历来都受学者的关注。从傣族土司制度的发展历史线索中可以看出:一方面,傣族在中华民族大家庭中,保持着自身特殊民族社会生活、文化、历史特点,土司制度是傣族法律文化的重要组成部分。另一方面,傣族社会经济因素的变化和中央王朝强势政治因素的影响,使得傣族土司制度在历史发展过程中也不断变迁。

(一)中央王朝强势政治影响下的傣族土司承袭制度的变迁

元明清时期中央王朝加强了对傣族等少数民族地区政治的经

营和影响,通过健全制度、加强管控,甚至在必要时候,以战争干预傣族社会的矛盾。在中央王朝强势政治影响下,傣族土司承袭制度,出现了从早期的承袭状况较为混乱到确定嫡长子继承为主,兼有宗法关系(血缘)中兄终弟继、孙袭祖职和女性亲属继承制度的转变。

傣族土官承袭状况在明朝之前较为混乱,史料记载:

成化六年(1470)九月丁亥,⋯⋯总兵官黔国公沐琮奏:"近奉诏书;土官袭替,止令御史、三司保勘。缘臣父、祖以来镇守云南,熟谙夷情,凡其世系部落,悉知其详;今御史、三司多有不谙夷情,或听请嘱,以致土官争袭,甚至连年仇杀不已。乞仍旧例,令臣区处,庶事体归一。"兵部议:"袭职非军机重务,取旨裁决。"上曰:"琮先世为云南边夷信服久矣,今土官袭替,琮不与闻,人将致疑,其尊正统年间事例行。"①

成化十四年(1478)秋七月戊寅,⋯⋯云南总兵官黔国公沐琮奏:"所属土官,不能分别嫡庶,以致身死之后,或同族异姓,与其应袭之子互相争立,三司等保勘之官又各依违不决,恐生他虞,乞下所司移文镇守、巡按等官急为剖决,仍行布政司转行土流官吏人等,公核在职土官宗派嫡庶始末,详其谱图,岁造册籍,遇有土官事故,籍此定之,则事有定规,争端可息。"事下兵部议:"其言甚切,请行琮等督三司巡守官,凡土官争袭未定者,亟从公剖决,毋得仍前避事。兼行六品以下如例入粟听用,免其至京;或三司等官避事不决,听巡按御史察举,虽巡守满岁勿代。即以此著为定例,凡贵州、广西、湖广、

---

① 《明实录·宪宗实录》卷八三。

四川皆遵行之。其册籍,旧有者准造,否则减省为便。"
从之。①

后来的历史资料记载傣族土司承袭状况变成以嫡长子继承制为主,相对稳定。《泐史》中记载西双版纳召片领的承袭情况大部分是嫡长子继承。

当然,明清两代也有其他的承袭方式,但不是主导。这些非主流的继承制度有:

第一,孙袭祖职。《明实录》记载:"嘉靖三十九年(1560)九月……甲戌,……准云南景东府土官陶炳孙金、指挥纪纲子连道、杨炯子世臣,各袭祖职。先是,嘉靖十八年,炳坐杀子降级,事连纲、炯,亦坐降级调卫。至是,炳、纲俱死,炯年老而贫,炳孙金当承袭,为炳讼冤,且称与纪氏、杨氏解仇。云南抚、按官游居敬、王大任以闻,因言:'陶氏内乱,患不及地方,而纲、炯世居景东,今使其子孙离坟墓,捐亲戚,亦非人情。请一切赦之,追复祖职,与之更始。'从之。"②

第二,土司近亲属承袭。《钦定大清会典》规定的土官承袭制度:

> 顺治初年定:土知府、同知、通判、知州、州同、州判、吏目、知县、县丞、主簿、典史、经历、知事、巡检、驿丞等文职承袭,由部给牒,书其职衔、世系及承袭年月于上,名曰号纸。其应袭职者,由督抚察实,先令视事,令司、府、州、县邻封土司具结,及本族宗图、原领号纸,咨部具题请袭。又定:凡承袭之土官,嫡庶不得越序。无子许弟承袭。族无可袭者,或妻或婿,为夷

---

① 《明实录·宪宗实录》卷一八〇。
② 《明实录·世宗实录》卷四八八。

众信服者,亦许承袭。子或年幼,由督抚题明注册,选本族土舍护理,侯其年至十五岁时请袭。又定:土官年老有疾,请以子代者听。又定:土官亲生之子,未满十五岁者,该督抚题明注册,将土司事务,委族人护理,侯其子长成,具题承袭。如土官受贿隐匿凶犯逃人者,革职提问,不准亲子承袭,择本支伯叔兄弟、兄弟之子继之。若有大罪被戮,即立夷众素所推服者,以继其职。①

有关元江、新平县史事,"永丰里土把总方定柱,其先方从化,本鲁魁山夷目,山在新平县东南九十里,……正传子永祥,永祥无子,以侄保柱降等承袭,为土把总。传子印,印无子,道光七年,即从叔定柱袭。"②此处史料说明土司的近亲属承袭是被认可的。

上述史料表明,直到明代前期,傣族土司的承袭状况都非常混乱,有嫡长子继承,孙袭祖职,有嫡庶子争袭,还有下级篡权等各种情况。明朝后期加强对土司承袭的因势利导,健全土司承袭制度,把血缘关系亲疏这一中央王朝的权力交接传统在傣族土司承袭中固定下来,在一定程度上保持了傣族社会土司政治的制度化和社会秩序的稳定。

直到明初李思聪等人出使傣地时,《百夷传》记录的傣族社会民间习俗和土司礼仪都保留着独特的傣民族特色:

> 官民皆用笋谷为帽,以金玉等宝为高顶,如宝塔状,上悬小金铃,遍插翠花翎毛之类,后垂红缨,贵者衣用丝绫锦,以金花金钿饰之。出入或象或马,从者塞途,俗以坐象为贵,以银镜十数为络,银铃银钉为缘,鞍三面以铁为栏,漆以丹,籍以重

---

① 《钦定大清会典事例》卷一四五、吏部一百二十九。
② (清)《道光云南志钞》,道光刻本。

裑,悬以铜铃,鞍后奴一人,铜帽花裳,执长钩为疾徐之节,招摇于道,自以为贵。其相见有合掌之拜,屈膝之跪,而无端肃拱揖之礼,长于己者则跪之,有所言则叩头受之,虽贵为把事叩孟,见宣慰莫敢仰视,凡有问对,则膝行以前,三步一拜,退亦如之,贱见贵、少见长皆然;侍贵人之侧,或过其前,必躬身而趋。筵宴则贵人上坐,僚属厮役列坐于下,有客十人,则令十人举杯,人行一客之酒;酒初行乐作,一人大呼一声,众人和之,如此者三;既就座,初进饭,次具醪馔有差;食不用筋;每客一卒跪座侧,侍水瓶,食毕则盥悦。凡物必祭而后食之。乐有三,曰百夷乐、缅乐、车里乐:百夷乐者学汉人所作筝、笛、胡琴、响盏之类,而歌中国之曲;缅乐者,缅人所作排箫、琵琶之类,作则众皆拍手而舞;车里乐者,车里人所作,以羊皮为三五长鼓,以手拍之,间以铜铙铜鼓拍板,与中国僧道之乐无异;其乡村饮宴,则击大鼓,吹芦笙,舞牌为乐。①

傣族土司出行、待客、公务等多方面都有自己的民族特色。随着中央王朝统治的深入影响,汉文化与傣族文化的不断交流,到清朝时期,按如上《南中杂说》记录的傣族风俗情形,傣族土司"三百年来,渐染华风,土司之居城郭者,亦与汉人无异"。傣族土司礼仪不断汉化。

从明清傣族土司承袭的状况及中央王朝对傣族土司承袭的管理制度看,明清时期是傣族土司承袭制度从逐渐稳定到改变发展的历史阶段。在明代前期傣族土司的承袭状况还比较混乱。明朝廷加强对这一制度的完善后,以嫡长子继承为特征的傣族土司承袭制度稳定了下来。随着中央王朝的统治深入,中央王朝的文化

---

① 李思聪:《百夷传》,据《景泰图经志书》所载。

对于傣族土司承袭制度不断加强影响和渗透,引起了这一制度的多方面改革。改变了过去只有昭的嫡系子女才能继承的状况,增加了庶子、旁系血亲、女性亲属以及其他非亲属的本民族的人都可以继承的规定。这一制度的变革,一方面说明中央王朝对于傣族政治的控制大大加强,另一方面说明中央王朝的强势文化已经诱导傣族法律文化发生了变迁,进而引起傣族法律制度变迁。

（二）中央王朝政治推动傣族土司管理制度的变化和健全

元明清时期傣族土司制度随着中央王朝影响的不断深入,整个土司制度发生了重大的变迁。

1. 元代开始形成土司制度。元朝建立了对云南的统治后,在原唐和南诏对部分傣族地区统治的基础上,进一步完成了在车里、八百媳妇、缅甸等傣族先民地区建立政治统治的实践。元朝统治傣族地区后,在认可原来的傣族地方政权的基础上,开始建立起统一的傣族土司制度。元朝对傣族土司的品级,土司与上级地方军事机关、政权组织的关系以及与中央王朝的关系,土司的任命等都作了制度安排。由于元代统治时间较短,傣族地方政权民族特色文化积淀较深,以及傣族土司政治的经济基础较为牢固等诸多方面的历史原因,元朝只是初步建立了中央王朝对傣族土司的统治、管理制度。

2. 明朝规范土司制度。明朝在元朝对傣族土司统治的基础上,深化了对土司政治统治的干预和影响。如前所述,直到明代前期,傣族土司的承袭状况还很混乱。这方面的因素在客观上加剧了傣族内部不同政治集团之间的矛盾,引发了许多战争,恶化了傣族土司政权与中央王朝之间的关系。从明代中后期开始,明朝廷更加注重对傣族土司的管理(当然明代还只是对土司统治的外部管理),在沿袭元代对傣族的土司制度的基础上,进一步改进和完善了傣族土司制度。规范了土司的承袭,地方官对土司的管理,土司辖区内的司法诉讼原则,土司的朝贡、接待、回赠、任免等政治制度。到明代后期,为了更好地处理中央王朝与傣族土司的关系,朝廷专门设立四夷馆。从以上分析可以看出,明代的傣族土司制度显然较之元朝有了一个大的进步和发展。

3. 清代进一步改革和完善傣族土司制度。明代开始对一些傣族地区实施改土归流,但大部分傣族地区还是保留了土司政治统治。清代前期中央王朝沿袭明代朝廷在傣族地区的土司政治统治,在后期对傣族的土司政治统治进行了大规模的改土归流。清代对傣族的改土归流有其合理的原因。明清以来傣族社会阶级分化开始加速,封建领主制经济基础建立,并开始变迁。一些地方地主制经济因素已经有较大的发展。加之,中央王朝对于傣族地区的经营历经三代。到清代时,中央王朝政治对傣族一些地区的影响已经较为深入了。因而,从客观上说,改革土司制度,一定程度上有利于傣族社会的发展。但是清朝廷在改土归流活动中的指导思想并非都是出于客观因素的要求,有时是受主观愿望的支配。因此,清朝对傣族地区的改土归流活动引起了一定程度的反抗,效果也不是很好。后来朝廷不得不保留一些傣族土司,如车里土司。在改土归流的同时又设置了一批小的傣族土司。总的来说,清朝比起明朝来,中央王朝的土司管理制度更加完善和科学,是傣族政治制度史上的一个进步。其表现在:第一,拓宽了傣族土司承袭的人选范围。在清代,中央王朝明确规定土司亲属中的女性,土司宗族中的其他成员,甚至是非土司集团中的其他傣族成员能服众者都可以承袭土司职权。这一改革有利于傣族社会政治的开明化和科学化发展。第二,完善了对土司的处罚和奖励制度。清朝规定了许多有关土司的获奖和对土司的处罚制度,还规定了对改土归流后的土司的管理制度,这些都使得傣族土司制度更加完善。第三,健全了土司集团中有能力者的安置制度,缓和了土司集团内的权力纷争,有利于增加国家政治精英的政治参与机会,也有利于国家政治关系的发展。第四,完善了对于傣族土司政治统治的监控制度,清代专门规定了不仅在外部对土司进行管理,在一定条件下,朝廷还要加强对土司政治统治具体活动的监督和管理,有利于国家政治活动的统一和协调。第五,进一步规范了对地方官在管理傣族土司的政治活动中的奖罚制度,有利于傣族政治活动及中央政权与傣族土司政权关系的正常化和有序化,有利于整个国家政治体系的健康发展。

(三)经济因素变化是法律制度变迁的重要因素

马克思主义认为,经济基础决定上层建筑,一定的文化是一定的经济、政治在人们观念中的反映。作为人们观念的具体化的法律制度的变迁最终根源于经济因素的变化。

1. 元明清时期傣族社会生产方式的变化。元代,傣族生产方式还是以奴隶制生产方式为主,开始有了一定的封建领主制因素。从研究傣族历史的资料看,元代时期傣族土司之间战争的目的还主要是为了争夺人口、财物。我们知道,人口是奴隶社会重要的生产工具,是这一历史条件下的生产力的决定性因素。傣族土司之间的战争目的在于争夺人口、财物,这是由当时的社会生产方式和生产力发展要求所决定的。到明代以后,傣族土司之间的战争目的转变为主要是兼并对方土地。土地是封建社会的决定性的生产要素。争夺土地同样是由一定历史形态的社会生产力发展要求和生产方式所决定的。从明代以后的傣族土司之间战争目的的转变可以看出,从元代到明代,傣族社会的生产方式发生了历史性变迁。明代以后,傣族的生产方式已经逐步转变为封建领主制。土司是辖区内最大的土地所有者,土司统治下的人民成为种地出租的农民(有学者称之为农奴),农民向土司承担各种实物和劳役地租。这种生产方式在相对独立的傣族土司地区(尤其是车里)保持到清末,甚至到新中国成立前。

从元代到清代,由于中央王朝加强对傣族地区的政治上的经营,客观上促进了内地与傣族地区的人口、商业贸易和文化的交流,这几方面的交流又进一步导致内地与傣族地区的生产技术的交流。内地移民为傣族地区带来内地的先进生产方式和生产技术,促进了傣族地区的生产方式和生产技术的进步,进而促进了傣族社会的经济因素发生变迁。

2. 经济的发展导致了法律变迁。从元代到清代,傣族社会的生产技术和生产方式发生了重大变化。经济基础决定上层建筑,经济基础的变化必然导致上层建筑的变化。首先,经济因素促进包括土司制度在内的傣族法律从习惯法向成文法变迁。习惯法和成文法是法律的两种表现形式。成文法是法律发展的较高阶段,它是复杂的社会关系的产物。其次,傣族社会经济的进步引起傣族土司法律制度内容变更。包括土司制度中的政治权力的承袭制度、土司的信物制度、接待制度和土司近亲属的选拔任用等制度都在元明清时期发生了一定的变迁。

第三章　元明清时期傣族社会
等级法律制度

元明清时期傣族社会保留了部分奴隶制社会的等级法律制度内容,在宗教进入傣族社会后,与傣族传统制度交融形成独特的傣族宗教法律等级制度。在明代之后,傣族社会封建领主制真正确立,生产关系变化,社会财富状况和理念发生变化,于是在傣族社会又形成了以财富不同状况划分的经济等级法律制度。

一、元明清时期傣族世俗社会等级制度

傣族社会在 10 世纪前后建立了自己的国家,在元明时期傣族社会进一步阶级分化,各地逐步建立起封建领主制生产方式。在这样的社会条件下,傣族社会成员分化为不同的社会等级,同时由于傣族文化中的性别尊卑等原因,傣族社会存在性别等级制度。这些从有关傣族史料和傣族法律、法规中可见一斑。

(一)傣族社会的身份等级制度

1. 召片领(宣慰使)及其亲属。在车里地区,召片领的近亲属可以受封为各勐的召勐。德宏的宣慰使等土司近亲属都有相应的权力,如前述的代办、印太、护印等职位均是正印土司的近亲属担任。他们在土司政治统治体系中处于至关重要的地位。正印土司

更是境内至尊无上的主宰。召片领的亲属内部又按照血缘关系亲疏分为多个等级,各不同等级有不同的权利:傣勐,是已经变为农奴的傣族农村公社社员。滚很召,这个等级包括领囡、冒宰、滚乃、朗目乃(朗目乃又包括孟麻、孟奥、孟贺)。他们原来都是领主的仆从或家奴,分出建寨以后大部分由"隶农"变为"农奴"。当然三大等级内的不同成员也有地位之差异,加之随着中央王朝统治的深入和傣族社会内部阶级分化,这些等级的差异变得更加复杂。西双版纳封建领主将景洪坝子89寨傣民,划分为六个等级。

(1)孟,召片领的血亲,政治地位最高。

(2)翁,召片领的家臣。

(3)"鲁郎道叭",波郎的亲戚,翁级的人才能担任波郎,这一等级的人可以担任村寨头人,最低就是鲊。

(4)傣勐,又称"滚本勐",本地傣民。

(5)"傣领囡",又称"滚领囡"。

(6)"卡召",又称"卡很"。召片领的奴隶,又称"洪海竜"。

六等人地位从高到低。三至六等都从事生产劳动,只是负担轻重和种类不同。① 当然,各地对不同等级的称呼不尽相同,但政治上的等级划分大体是一致的。明代李思聪、钱古训在出使百夷地方时有如下记载:

> 其下称宣慰曰,犹中国称主人也;其官属叨孟、昭录、昭纲之类,总率有差:叨孟总统政事、兼领军民,多者总十数万人,少者不下数万;昭录亦万余人,赏罚皆任其意;昭纲千人,昭百

---

① 参见民族问题五种丛书,中国少数民族社会历史调查资料丛刊:云南省编辑委员会编:《傣族社会历史调查(西双版纳之四)》,云南民族出版社1983年版,第76、77页。

百人,昭哈斯五十人,昭准十余人:皆叩孟所属也。又有昭录,
令遇有调遣,则统数千人以行,其近侍名立者,亦领人户数百,
皆听其使令,食其所赋,取之无制,用之无节。……其相见有
合掌之拜,屈膝之跪,而无端肃拱揖之礼,长于己者则跪之,有
所言则叩头受之,虽贵为把事叩孟,见宣慰莫敢仰视,凡有问
对,则膝行以前,三步一拜,退亦如之,贱见贵、少见长皆然;侍
贵人之侧,或过其前,必躬身而趋。……无中国文字,小事则
刻竹木为契,大事则书缅字为檄,无文案可稽。……无仓廪之
积,无租赋之输,每年于秋冬收成后,遣亲信往各甸,计房屋征
金银,谓之取差发,每房一间输银一两或二三两,承行者象马
从人动以千百计,恣其所用,而后输于公家。①

《百夷传》中描述的傣族社会政治等级森严,最高等级的土司
是"昭",是中央王朝册封的"宣慰使",其下有六个等级的官员,依
权力大小顺序称为昭孟、昭录、昭纲、昭百、昭哈斯和昭准。这些不
同等级的土司政治体系官员之间是上下级关系,有着相应的政治、
经济方面权利和义务关系。加上上述土司官员的亲属群体形成的
等级和百姓阶级的不同等级,形成了傣族社会的等级法律制度体
系。这种情况的描述在明清两代的傣族历史资料中非常多。如
《云南百夷篇》记载:"夷人土俗……其酋长有三等:大曰招木弄,
即为宣慰者;次曰招木牛;又次曰招化。"②在 20 世纪 50 年代的几
个重要的傣族历史调查文献中,特别是傣族法律制度的历史文献
中记载了傣族法律制度专门规定傣族社会身份等级的内容。在傣
族的诉讼制度中,傣族法律制度专门规定了不同等级的人解决纠

---

① 按此用《景泰志》所载《百夷传》,与江南本及《湖南文征》所载不尽相同。
② (明)严从简:《云南百夷篇》,云南丛书本。

纷的方式都不同,诉讼中要区分不同等级的人物作不同的处理,连证据制度中都规定了不同等级的内容。在《西双版纳傣族的封建法规和礼仪规程》中关于处理诉讼时应持的态度和方法(共有五点)中规定:"1. 处理诉讼时的五点偏袒:……第五点,'叭呷底':要看清楚双方是什么人,认清他们的身份,例如召、叭、昆、悍、医生,要分别等级按照身份处理……2. '犯上'案件不得申诉,(1)百姓想反土司,和尚想反佛爷,家奴想反主人,儿子想反父亲,这些人都是忘恩负义,不懂道德的,不给这些人申诉。对那些不反对的人,要还会对待。(2)那些想反对佛爷和尚的人,也是不懂道理的,同样不能让他们申诉。3. 解决案件时要遵守的要项……在处理时,应根据他的财产状况,要看他是富人还是穷人? 是当官的,是大孟的人或是小孟的人? 是商人,要看他是大商人还是小商人? 如果是百姓,要看他的家产值多少钱? 按照这个道理来办才是真正公正的人。"①这其中已经把政治身份等级地位的不同权利、义务用法律的形式固定下来了。在该法律文献的民刑法规篇中还专门对处理通奸的问题规定:"(1)侮辱妇女……(2)……②百姓与头人:a.百姓与头人的妻子发生关系,罚十元半。b. 头人与百姓的妻子发生关系罚十七元半。……③头人与土司:a. 头人与土司的妻子发生关系,罚二十二元。b. 土司与头人的妻子发生关系,罚三十二元。……④百姓之间百姓:甲与百姓乙的妻子之间发生关系,罚十六元半。……⑤头人之间:a. 头人甲与头人乙的妻子发生关系,罚二十八元。b. 土司甲与土司乙的妻子发生关系罚

---

① 见民族问题五种丛书,中国少数民族社会历史调查资料丛刊:云南省编辑委员会编:《傣族社会历史调查(西双版纳之三)》,云南民族出版社 1983 年版,第 26、27 页。

三十六元。"①仔细阅读和研究这个法规中关于通奸的处罚时,我们可以发现,在清代以来的傣族社会,地位最高的是土司,其次是头人,再次是百姓。这时傣族法律是根据不同身份地位关系对通奸行为进行处罚。这应该是清代以来傣族社会等级制度变迁后的情况。

(二)傣族社会的性别等级制度

在傣族社会中男性地位高于女性。生育、劳务多是女性的事,而学习文化等则是男人的专利。这种等级在傣族史料中有较多记载,并且傣族男女之取名也有着严格的区分。据西双版纳傣族婚姻习俗调查资料,男女社会地位不平等表现在各个方面。在生活上,吃饭时,男人先吃,女人后吃。男女衣服分开洗,分开晒,睡觉时,男人先上床,女人后上床。对已婚女子进行家教,要求她爱护自己的亲人,别再和小伙子接近,以免引起丈夫疑心。对待丈夫要耐心,煮饭做菜,盐巴要调匀;说话要轻声,走路丈夫先起身,妻子要在后面跟;男人先入座,妻子方下座;用餐男人先拈三筷菜,妻子才能跟着拈;同一条河沐浴,男人在上游,女人在下游;夫妻睡觉时不能同男人平头起睡;妇女的枕头、枕垫要比男人的枕垫低四寸。在勐醒(普文)城子,还保留着入睡时,妻子必须用自己的头发,扫一扫丈夫的脚底板才上床入睡的习惯,表明妻子的地位低于丈夫。②

---

① 参见民族问题五种丛书,中国少数民族社会历史调查资料丛刊:云南省编辑委员会编:《傣族社会历史调查(西双版纳之三)》,云南民族出版社1983年版,第33页。

② 参见民族问题五种丛书,中国少数民族社会历史调查资料丛刊:云南省编辑委员会编:《西双版纳傣族社会历史综合调查之(二)》,云南民族出版社1984年版,第130、131页。

在傣族社会,男子当和尚一段时间是人生学习经文、知识的重要阶段,而女子没有当和尚的机会,学习知识、文化也就成为男人的特权。历史上对于傣族社会男女不平等的资料记载很多。在德宏地区,妇女社会地位较低,男人认为妇女是生小孩管家务的,不能掌握经济。男人集会跳舞,妇女不能参加,妇女不能打击乐器,在公共场合,男人说话,妇女(老大妈例外)不能插嘴……妇女没有继承父母财产的权利。① 《百夷传》记载:"百夷即麓川平缅也,地在云南之西南,东接景东府,东南接车里,南至八百媳妇,西南至缅国,西连戛里,西北连西北天古剌,北接西番,东北接永昌,今百字或作伯夷皆非也。其俗,男贵女贱,虽小民视其妻如奴仆,耕织贸易差徭之类皆系之;非疾病,虽老不得少息。凡生子,贵者以水浴于家,贱者则浴于河,三日后以子授其夫,耕织自若。头目有妻百数,婢亦数百人,少者不下数十,虽庶民亦有十数妻者;无妻妾之分,无嫉妒之嫌。"②

明代严从简撰《云南百夷篇》记载:"夷人土俗……男贵女贱,虽小民视其妻如奴仆,耕织贸易差徭之类皆系之。"③

《正德云南志》也记载了类似的百夷习俗:"百夷……其俗,男贵女贱,虽小民视其妻如奴仆,耕织、贸易、差徭之类皆系之,非疾病,虽老不得少息。……头目有妻百数,婢亦数百人,少者不下数

---

① 参见民族问题五种丛书,中国少数民族社会历史调查资料丛刊:云南省编辑委员会编:《德宏傣族社会历史调查(二)》,云南人民出版社1984年版,第136页。

② 《百夷传》,按:此与《景泰志》所载,与江南本及《湖南文征》所载不尽相同。

③ (明)严从简:《云南百夷篇》,云南丛书本。

十,虽庶民亦有十数者。无妻妾之分,无嫉妒之嫌……官民皆髡首黧足。"①这些傣族历史有力地说明傣族社会的男尊女卑的性别等级制度。在元明时期的傣族商品交易过程中还有男女不同的交易时间分类。李京《云南志略》曰:"金齿百夷……交易五日一集。旦则妇人为市,日中男子为市,以毡、布、茶、盐互相贸易。"②连男女交易的时间都有不同的时段,结合前述的众多史料都指明傣族社会男尊女卑,从中可见傣族社会的男女地位差异。

为了说明傣族妇女地位的低下,男女地位不平等,我们又拿上述傣族法规文献中的通奸规定内容来作为例子,通过对傣族社会通奸案件的处罚看,傣族社会所有对于犯案当事人的处罚都只是针对当事人双方中的男人处罚,没有任何一个规定是处罚女人的。从傣族社会这项法律制度的规定中可以看出,傣族社会男女地位显然是不平等的,结合前面的历史上的男尊女卑的历史事实和传统,可以肯定直到新中国成立前,傣族社会的男女地位不平等的情况没有得到明显改变。

（三）傣族经济地位等级制度

由于政治地位带来的经济状况,以及由于阶级分化而导致的社会成员经济地位差异,在傣族社会生活中形成了一套傣族经济地位等级制度。《百夷传》载:"百夷即麓川平缅也,……官民皆用笋谷为帽,以金玉等宝为高顶,如宝塔状,上悬小金铃,遍插翠花翎毛之类,后垂红缨,贵者衣用纻丝绫锦,以金花金钿饰之。出入或象或马,从者塞途,俗以坐象为贵,以银镜十数为络,银铃银钉为

---

① （明）周季风:《云南志》卷四一,北京图书馆藏嘉靖刻本。
② （明）李思聪:《百夷传》,据《函芬楼说郛》卷三六。

缘，鞍三面以铁为栏，漆以丹，籍以重裀，悬以铜铃，鞍后奴一人，铜帽花裳，执长钩为疾徐之节，招摇于道，自以为贵……筵宴则贵人上坐，僚属厮役列坐于下，有客十人，则令十人举杯，人行一客之酒；酒初行乐作，一人大呼一声，众人和之，如此者三；既就座，先进饭，次具醪馔有差；食不用筯。”①

明代史料记载百夷习俗中有“百夷……其下称宣慰曰‘昭’，犹中国称‘主人’也……食其所赋，取之无制，用之无节。上下僭奢……出入或象或马，从者塞途。俗以坐象为贵”②。又在《滇略》中记载：“贵者衣用伫丝绫锦……出入乘象。”③《云南通志》也记载百夷风俗：“凡一头目出行，则象马、兵戈及床凳、器皿、仆妾、财宝之类皆随以行，动辄数百人，随处宴乐，小民苦之。”④《天启滇志》载：“其俗……贵者衣纻丝绫锦，以金花金钿饰之。以坐象为贵。”⑤清代史料记载：“僰夷，一名摆夷，又称百夷……其俗……以坐象为贵，象首十数银镜为络，银铃、银钉为缘，象鞍三面以铁为栏，藉重捆，悬铜铃，象娜一人，铜帽花裳，坐鞍后，执长钩制象，为疾徐之节。”⑥上述材料描述了傣族贵人出行的各种礼仪和规程，

---

① (明)李思聪：《百夷传》，按此用《景泰志》所载《百夷传》，与江南本及《湖南文征》所载不尽相同。

② (明)豫章周、季凤编修：《正德云南志》卷四一；转引自方国瑜主编：《云南史料丛刊》)第六卷，云南大学出版社 2001 年版，第 478—479 页。

③ (明)谢肇淛：《滇略》卷九《夷略》；转引自方国瑜主编：《云南史料丛刊》第六卷，云南大学出版社 2000 年版，第 777—779 页。

④ (明)邹应龙修，李元阳纂：《云南通志》卷一六《僰夷风俗》；转引自方国瑜主编：《云南史料丛刊》第 6 卷，云南大学出版社 2000 年版，第 644—647 页。

⑤ (明)刘文征：《滇志》之《羁縻志・种人》；转引自方国瑜主编：《云南史料丛刊》第 7 卷，云南大学出版社 2001 年版，第 75—77 页。

⑥ (清)倪蜕纂录：《滇小记》；转引自方国瑜主编：《云南史料丛刊》第 11 卷，云南大学出版社 2001 年版，第 146—148 页。

通过类似的历史资料反映着一个问题,就是傣族社会成员在日常生活中已经形成了一套严格的不同经济状况的社会成员出行等级制度,这种等级制度的划分标准是经济状况,是财富占有状况。

从上面的分析可以得出结论,元明清时期傣族社会不同经济地位的社会成员在服饰、出行、聚餐等方面都有着相应的法律规定。

20 世纪 50 年代的傣族调查资料《西双版纳傣族的封建法规和礼仪规程》规定,解决案件应遵守下列要项:

"处理犯罪和犯错误的人,要公正地按照犯罪的轻重来处理,偷钱的处以偷钱罪,偷宝的处以偷宝罪,偷衣服的处以偷衣服罪。在处理时,应根据他的财产情况,要看他是富人或是穷人? 是当官的? 是大勐的人或是小勐的人? 如果是商人,要看他是大商人或是小商人? 如果是百姓,要看他的家产值多少钱。按照这个道理来办才是真正公道的人。"①

该法律文献中另又有:"(1)侮辱妇女……(2)……②百姓与头人:a.百姓与头人的妻子发生关系,罚十元半。b.头人与百姓的妻子发生关系罚十七元半。……③头人与土司:a.头人与土司的妻子发生关系,罚二十二元。b.土司与头人的妻子发生关系,罚三十二元。……④百姓之间:百姓甲与百姓乙的妻子之间发生关系,罚十六元半。……⑤头人之间:a.头人甲与头人乙的妻子发生关系,罚二十八元。b.土司甲与土司乙的妻子发生关系罚三

---

① 参见民族问题五种丛书,中国少数民族社会历史调查资料丛刊:云南省编辑委员会编:《傣族社会历史调查(西双版纳之三)》,云南民族出版社 1983 年版,第 27 页。

十六元。"①

从这个傣族关于通奸行为的处罚规定来看,不同经济地位的人处罚的数目是不同的。对于犯案的当事人的处罚以土司最高,可能是土司的经济地位直到清末、民国时期还是最好的。第二高的是对于犯案的头人的处罚,第三才是对于犯案的百姓的处罚。显然这种规定是把明代后期以来的傣族社会经济等级制度继承了下来,把经济等级融入傣族各种法律制度中了。

类似的法律制度规定还不少,从这些傣族法律文献规定的制度内容中,很明显傣族法律制度已经把贫富等级当做一个解决纠纷的重要的司法原则。

二、元明清时期傣族社会宗教等级制度

由于佛教支配着傣族人民生产、生活的方方面面,因此,佛教进入傣族社会后,在傣族社会中形成了一套严密的与佛教相关的法律制度。

(一)佛教与政治官员

傣族社会,佛教从多方面与政治发生着紧密的联系。首先,佛教人士的政治待遇与各级官员有密切的联系。在西双版纳,只有佛寺高级僧侣才能与土司平等对话,召片领被称为"至尊佛主"。各大寨的佛爷与头人关系密切。一般情况,头人多是和尚、佛爷的

---

① 参见民族问题五种丛书,中国少数民族社会历史调查资料丛刊:云南省编辑委员会编:《傣族社会历史调查(西双版纳之三)》,云南民族出版社 1983 年版,第 33 页。

义父,和尚升大佛爷或佛爷还俗都要由寨子头人批准,佛爷离开佛寺到外地,超过一个月者,要向头人告假,升佛爷高一级的"枯巴",只有召片领才能当"波约"(枯巴之义父),还俗也同样需召片领批准,若犯了错误,只有召片领能予处罚。[1]　其次,在有的傣族地方土司衙门中专门设有一套佛教官员制度。景谷傣族称土司为"琺竜"、"召法"或连称"召法竜",意思是"最大的"或"至高的",也有的称土司"荫袭老爷"。土司是世袭的,长子继承。土司之下有:

(1)贺汗竜(大统帅),以及贺汗囡(副帅)管军事,他们下面是汗(兵勇)。

(2)谢那竜(丞相数人),分管教育、司法、财政、土地、外交、民事等方面事务,还设谢那囡数人,一人管辖一个村寨,谢那囡之下是召干竜(大火头,管大寨),召干囡(小火头,管小寨)。

阿那他木(宗教官名),之下是数列(数木列),再下是虎娃,次之为散召,次之为散米,再次之为散弟,然后是二佛爷,最后是和尚。[2]　景谷傣族土司对地方的管理制度中从阿那他木(宗教官名)到和尚就是佛教政治制度。

(二)佛教僧侣等级制度

傣族社会有严格的僧侣制度。在潞西等地,僧侣分为五等,

---

[1]　参见民族问题五种丛书,中国少数民族社会历史调查资料丛刊:云南省编辑委员会编:《傣族社会历史调查(西双版纳之四)》,云南民族出版社1983年版,第72页。

[2]　参见国家民委民族问题五种丛书之一,中国少数民族社会历史调查资料丛刊:云南省编辑组编:《思茅玉溪红河傣族社会历史调查》,云南人民出版社1985年版,第76—78页。

"法基"最高,每寺一个,他们年纪最长,威望最高,不与外界来往,终日盘坐念经。第二等是"台基",每寺一个,相当于内地寺中的主持,管理整个寺内活动。第三等级是"召门",是入寺十年以上,年龄在二十岁以上的青年和尚,可以带徒念经。第四等是"召善",是入寺不久的小孩,去学傣文和经典。第五等是"布塚",负责寺内清洁及烧水事务等。① 明代以后,由于佛教传入傣族社会,引起了社会成员的地位分化。除了极少数的傣族支系成员不信佛教外,绝大部分傣族人都信仰佛教。在临沧沧源县孟董乡傣族调查资料中,这里的傣族社会僧侣"分为三等八级,第一等长老,傣语称'召袜',分为四级,最大的为印长老,傣称'阿雅坦';其次为大长老,傣称'召虎马';二长老,傣称'召尚';三长老,傣称'召撒米'。第二等佛爷,分二级:大佛爷'召听',二佛爷'袍'。第三等和尚,分二级:大和尚,小和尚'坐旺'"②。在沧源县勐角乡的傣族社会,"这里的佛寺以勐董佛寺为最大,其长老('阿牙坦')的地位相对于土司,统辖着全区佛寺,直属勐董佛寺的有勐董乡 13 个寺。"③在傣族社会,不信佛教的人为人们所看不起,社会地位也较低。在水傣、花腰傣和旱傣共同居住的勐养,"花腰傣和旱傣寨的人仅可任本寨头人,本勐仪事庭的波郎、大头人就全是水傣了。据

---

① 参见民族问题五种丛书,中国少数民族社会历史调查资料丛刊:云南省编辑委员会编:《德宏傣族社会历史调查(一)》,云南人民出版社 1984 年版,第 27、28 页。

② 参见国家民委民族问题五种丛书之一,中国少数民族社会历史调查资料丛刊:云南省编辑组编:《临沧地区傣族社会历史调查》,云南人民出版社 1986 年版,第 114 页。

③ 参见国家民委民族问题五种丛书之一,中国少数民族社会历史调查资料丛刊:云南省编辑委员会编:《临沧地区傣族社会历史调查》,云南人民出版社 1986 年版,第 169 页。

水傣头人讲,议事庭不让花腰傣参加的理由是:'没有这种道理','花腰傣没有文化,没有佛寺,不懂道理,不懂规矩礼节'"。① 由于信仰佛教的人士较多,必然出现专业的与非专业的,专门的与业余的,水平高的与水平低的不同的佛教人士。因此在傣族社会佛教人士分类也就必然了。再加上傣族社会人民对佛教的崇敬,佛教人士的分类按等级排列也就顺理成章了。从20世纪50年代对各地傣族社会历史佛教状况的调查结果看,各傣族地方都有自己的类似于前述潞西状况的佛教僧侣等级制度,只是各地不同等级的称呼和等级分类不尽相同而已。

(三)有关佛教的法律规范

傣族法律、法规中制定了许多有关佛教的法律关系内容,如侵犯佛寺财物,侵犯僧侣人身权利,蜡条作为与佛教有关法律关系的一种流通物。傣族法律中把有关侵犯佛教人士人身、财产权利的罪规定为重罪,处以重罚。《西双版纳傣族封建寨规、勐礼等译文》②中规定,当召、当帕雅的人,要注意百姓犯不犯罪;歧视佛像或不赕佛的人,有罪无礼。《西双版纳傣族的封建法规和礼仪规程》中规定的证据效力条款中,规定了凡遇强奸妇女和调戏妇女的事件发生时,其中忠于佛教的人或者经常赕佛和经常施舍给穷人的人,经常听经拜佛和学习道理的人是可以作证的,它覆盖了8

---

① 参见国家民委民族问题五种丛书之一,中国少数民族社会历史调查资料丛刊:云南省编辑组编:《傣族社会历史调查(西双版纳之八)》,云南民族出版社1985年版,第125页。

② 参见民族问题五种丛书,中国少数民族社会历史调查资料丛刊:云南省编辑委员会编:《西双版纳傣族社会历史综合调查之(二)》,云南民族出版社1984年版,第20页。

种可以作证的人之中的 3 条。①《孟连傣族的封建习惯法》规定，故意毁坏佛殿、佛像的要杀死。② 刀光强、高立士《西双版纳傣族的封建法规》译文载，"不论谁，拆毁佛像、佛塔，砍伐菩提树，杀害无罪的佛爷和尚，……炸勐要判他们死刑，他们的子女为召的家奴。拆毁佛塔者，罚为寺奴，如此重罪，若轻判，将犯更大的罪。倒叭、召勐碰上和尚、佛爷不主动让路者，罚赎罪的蜡条五千支；和尚不让路给佛爷，罚赎罪的蜡条八千支；徒弟不让路给师傅，罚赎罪的蜡条一万一千支。重罪有十一条：一、杀人致死；二、领着子女去干谋财害命之事；三、拆毁佛寺、佛像；四、拦路抢人；五、霸占财物；六、留宿犯人；七、盗窃佛寺财物；八、盗窃佛之财物；九、杀死父母；十、夫杀死妻；十一、妻杀死夫。重罪重判的有三：一、偷佛主的钱；二、拆毁佛像、像塔；三、杀死父母。犯一、二条者，应罚为寺奴，塔奴；杀死父母者，要砍断其手脚，赶出勐界，让其受一辈子活罪了。"③由于这一资料是 20 世纪 50 年代学者们通过收集、整理而成，通过研究，学者们认为这一法律内容时期较早。内容中的计量单位只有"罢"，而少"元、角、分"，地域单位只有"勐"和"寨"而无"版纳、火西"。可见，这一文本时期更能显现傣族社会较早的法律状况。当然它不可能早于明代佛教进入傣族社会之前。笔者认为，称之为明清时期的傣族法律文献更为妥当。在与佛教有关的法律规定中，蜡条成为一个流通物。《西双版纳傣族的封建法规

　　① 参见民族问题五种丛书，中国少数民族社会历史调查资料丛刊：云南省编辑委员会编：《傣族社会历史调查（西双版纳之三）》，云南民族出版社 1983 年版，第 34 页。

　　② 参见国家民委民族问题五种丛书之一，中国少数民族社会历史调查资料丛刊：云南省编辑组编：《思茅玉溪红河傣族社会历史调查》，云南人民出版社 1985 年版，第 59 页。

　　③ 《民族学报》1981 年第 1 期。

和礼仪规程》礼仪条载,有关地方与地方之间违反公约时罚款的规定中,佛寺与佛寺之间违反上述三项原则,不罚款,只用蜡条谢罪。如前述之和尚不给佛爷让路,罚蜡条赎罪也是有力的佐证。

通过对元明清时期傣族社会的历史资料中反映的历史事实的对比研究和分析,笔者认为元明清时期的傣族社会等级法律制度有这样几个问题需要专门综合说明。首先,元明清时期的傣族社会等级制度有着历史阶段性和变迁线索。元明时期的傣族社会,以土司等级制度为代表的奴隶制性质极浓的等级制度是这个阶段的根本的等级制度。在明代以后,由于宗教的普遍传入,进而宗教因素向此时的封建领主制的傣族法律制度体系中渗透,于是在社会生活中出现了宗教等级制度。在明代中后期的傣族社会,生产力的发展要求生产关系随之变革,当生产力进一步发展,阶级分化进一步加剧,社会财富积累增多,财富占有状况出现分化,傣族社会的等级制度体系中又增添了一项至关重要的内容——经济等级制度,而且经济等级制度逐步成为明中后期的傣族社会重要的法律制度。正如前面所述的有关傣族的历史资料记载和专门的傣族法律文献中的规定那样,到了明代中后期以来傣族社会的侵犯财产关系的罪被作为死罪处理,甚至是采用株连制进行处罚。这个问题笔者在傣族刑事法律制度中的分析可以提供线索。

其次,傣族社会等级制度形成和变化的原因中,有几个因素值得注意:第一,傣族社会生产力的发展变化,生产关系的变革,从而引起的社会形态的发展、变革是傣族土司政治制度变革和傣族政治身份等级变革的重要原因;第二,由于生产力发展带来的经济关系变化,社会财富积累后伴随着阶级分化而形成的社会成员占有财富状况的不同是经济等级制度形成的重要原因;第三,明代以后佛教大规模传入傣族社会,成为傣族社会成员各种社会生活中必不可少的内容,包括政治生活在内。在此情况下,傣族社会几乎全民信教,宗教人士形成数量庞大的社会群体,他们的权利义务关系必须得到社会的规范,又由于宗教群体是傣族社会成员尊重的群体,因而,他们的权利有必要得到保障,宗教群体内部也有必要进行细分。这样傣族社会中宗教等级制度的出现就不足为奇了。

最后,元代以来的傣族社会等级制度中,几个等级制度并不是截然分开的,而是相互交叉和相互渗透、交融的。正如笔者在分析宗教法律制度时指出的,傣族宗教等级制度中有许多是与政治等级身份有密切关系的,二者相互渗透。在所有的傣族法律制度中,都以确定男女不平等、男尊女卑为制度的精神,通过各种具体法律制度突出男性地位高于女性地位。另外,经济地位的等级意识也被融入元明清时期特别是明中后期傣族法律制度中,成为傣族法律的重要立法原则和导向。

第四章 元明清时期傣族刑事
及军事法律制度

很多学者主张"刑起于兵",体现了古代社会中刑事法律制度与军事法律制度有着极为密切的关系。鉴于篇幅,笔者把傣族刑事法律制度和军事法律制度放在同一章进行讨论。

在古代,由于傣族社会阶级分化,阶级冲突伴随原始社会向奴隶制社会、封建领主制社会转化,必然剧烈,为了维护封建领主的利益和统治,维护傣族社会的正常秩序,统治阶级必然要借助严厉的刑事法律加以维护。元明时期是傣族社会进入封建领主制社会形态的急剧转型时期,正如元明时期的大量历史资料记载,这段时期傣族社会内部因兼并土地、争夺土司权力而发生了多次战争。尤其是元明时期的中央王朝与麓川思氏的战争尤为剧烈,明朝为了控制土司统治,三征麓川。从史料中可以看出,明王朝三征麓川,动用的人力、财力巨大,耗时很长,影响很深。这些都从另外一个侧面反映出,傣族社会在元明时期社会冲突十分剧烈。显然没有刑法是难以想象统治者是如何控制社会秩序的。《百夷传》记载:"刑名无律可守,不施鞭朴,犯轻者罚,重者杀之,或缚而置之水中,非重刑不系累。"

方慧教授、张晓辉教授都认为,所谓"刑无名律",并不是傣族社会没有刑法,而应该是没有中央王朝一样的刑事法律。傣族作为一个有着自己的悠久历史的少数民族,其法律文化必然有自身的特点,因而它的法律文化不同于中央王朝,也就没有中央王朝的"刑律"是可以理解的,方慧教授和张晓辉教授是多年致力于民族法学研究的学者,对于少数民族法律问题有很深的见解。结合元明清时期的历史资料研究,再思考20世纪50年代学者们在傣族社会调查、收集的傣族社会法律文献,笔者认为,方慧、张晓辉二位教授的这一观点是可以肯定的。傣族刑事法律应是伴随社会阶级冲突而形成的,成文法使之更趋规范,它应出现在傣族奴隶制政权建立之后,在清代,甚至到民国时期还在沿用。笔者对于元明清时期的傣族刑事法律制度的研究有以下的几点思考。

一、傣族刑事法律制度

(一)罪名分类

尽管《百夷传》中称明朝中的傣族地方麓川"刑名无律,不知鞭挞","轻罪则罚,重罪则死"。张晓辉教授认为,"所谓'刑名无律',不是说没有法律,而是指当地关于刑种和犯罪种类的规定,尚无类似中原的成文法律可资运用"。[①] 傣族建立奴隶制政权,为确立习惯法形式的刑法体系奠定了政权基础。当傣族法律形式由习惯法向成文法转化以后,傣族社会之刑法体系应该更趋完善。又结合分析20世纪50年代调查材料的几位学者搜集到的傣族封建法规译文,可以看出,傣族刑法体系显然不如中央王朝的庞大和完整。傣族社会发展阶段较为滞后,封建地主所有制并未建立,阶

---

① 参见徐中起、张锡盛、张晓辉主编:《少数民族习惯法研究》,云南大学出版社1998年版,第109、110页。

级分化历史阶段较晚,社会中一些原始公社因素还残存,因而刑法体系较为简单。当然也就是"刑名无律,不知鞭挞","轻罪则罚,重罪则死"了。分析傣族社会封建法规译文可以看出傣族刑事法律的罪名主要有这样几种。

1. 侵犯财产罪。此类罪按不同标准可以分为多种罪名。按犯罪客体,第一,可以分为侵犯普通人财产罪和侵犯特殊人财产罪。这里的特殊人是指佛教人士。如:"故意毁佛殿、佛像的要杀死。"第二,按犯罪的方式可以分为作为方式的侵犯财产罪和不作为的过失的财产损失罪。前者如盗窃罪;后者如:"新租的牛被人偷去,除赔牛外,应交牛租。"第三,按财产是否属公共财产可以分为私有财产罪和公共财产罪。侵犯财产罪在明清傣族历史上被当做重罪。由于历史上傣族土司代表社会公共利益,土司衙门规模较小,因而,傣族社会历史上的侵犯财产罪的客体通常表现为私人财产权。公共财产通常表现为宗教财产。

2. 犯上罪。犯上罪是傣族封建领主制社会中的重要法律,它维护封建领主制社会的特权政治和社会生活。

第一,侵犯召片领罪。《兴竜法》规定:

(1)凡谋害召片领者:

头等罚款:银三"闷",金三"版";

二等罚款:银二"闷",金二"版";

三等罚款,银一"闷",金一"版"。

若从宽处理,不罚款,则以赎金赔礼:

头等,银九"版",金九"怀",

二等,银三"版",金三"怀",

三等,银一"版",金一"怀"。

凡不接受以赎金赔礼从宽处理者,则按谋害召片领罪
论处。①

此处所说可以从宽处罚的情况可能类似犯罪未遂,否则谋害召片
领是重罪,难以财产罚代刑罚。谋害召片领者按不同等级罚款。

第二,谋害土司官员罪。此罪之主体是百姓,对象是召片领、
召勐、中帕雅竜、帕雅囡以及勐的怀郎者,如宽大处理,则按等级罚
款。比触犯召的儿子拉鱼乍翁、兵鱼乍翁这一级,必须按小帕雅级
官赔礼。触犯帕雅竜级和召版纳的儿子,与触犯拉鱼乍翁级官
同罚。

第三,侵犯长辈罪。《兴竜法》规定,凡儿子杀父母致死者,要
使其无依无靠(无法生存),应该把手脚砍掉,让其受罪致死,这样
判决才合理。徒弟反师傅,农奴反召勐,百姓反官家,儿子反父母,
这些人不懂人性,都是有罪的人,不应该判处他们有理。

3. 侵犯他人人身权利罪。这种犯罪规定较多。它又分为:第
一,侵犯他人生命权利罪,如杀人罪。第二,侵犯他人其他人身权
利罪,如伤害罪、诬陷罪。第三,侵犯妇女身心健康权利罪,如强奸
罪、强制猥亵罪、侮辱妇女罪。

4. 侵犯他人婚姻家庭罪。如通奸罪。《西双版纳傣族的封建
法规和礼仪规程》规定:进入有夫之妇的寝室内去通奸,被发觉,
应给被奸者的丈夫银三两,拴线银五两,如果女的因而要离婚,要
罚银三两三钱,拴线银三两。

如果不进内室去奸淫已订婚的未婚女子,所罚的钱有多有少,

----

① 参见民族问题五种丛书,中国少数民族社会历史调查资料丛刊:云南省
编辑委员会编:《西双版纳傣族社会历史综合调查之(二)》,云南民族出版社1984
年版,第23—30页。

有的是三两三钱,有的是二十九两七钱,具体看是属于什么地位的人。①

刀光强、高立士《西双版纳傣族的封建法规译文》记载:"妻子与人通奸,在行奸时被丈夫亲手或请人杀死,奸夫奸妇都死于现场,杀人者无罪。若未杀死,奸夫是百姓,由炸勐罪奸夫五'怀'五'罢滇',奸妇也同样罚;若奸夫是其他官僚等级,则加重处罚。不论谁,领有夫之妇下箐通奸,罚二'怀'二'罢滇';若领上山坡通奸,罚'怀罢滇'。"②

从可以将奸夫奸妇杀死于当场来看,傣族法律文化中对于通奸行为极为看不起,同时也认为应该严惩。其他几个傣族法规中也都记载了大量的有关通奸的处罚内容。明代后期以来的许多史料都记载了傣族刑法的"杀人与奸者皆死"的状况。

5. 危害公共秩序罪。封建法规译文中《兴竜法》规定:"无事夜间吹牛角,罚银五'怀'三'伴'(十两八钱九分);无事白天吹牛角,罚银'怀伴'(三两六钱三分);地方没有备战,没有战争,无故在夜间击鼓,罚银三'版'三'怀'(一百零八两九钱)。"③

6. 危害宗教利益罪。它包括:第一,侵犯佛教人士人身、财产罪。第二,侵犯佛教公共财产罪。这些都是重罪。

7. 窝藏罪。《孟琏宣抚司的习惯法》中规定:"小偷跑到家

---

① 参见民族问题五种丛书,中国少数民族社会历史调查资料丛刊:云南省编辑委员会编:《傣族社会历史调查(西双版纳之三)》,云南民族出版社 1983 年版,第 23—36 页。

② 参见刀光强、高立士:《西双版纳傣族的封建法规译文》,《民族学报》1981年第 1 期。

③ 参见民族问题五种丛书,中国少数民族社会历史调查资料丛刊:云南省编辑委员会编:《西双版纳傣族社会历史综合调查之(二)》,云南民族出版社 1984年版,第 23—30 页。

里,不能窝藏,窝藏要罚款,小偷不能怪人家不庇护;若不知来人是小偷的,没有罪。"①《西双版纳封建傣族的封建法规和礼仪规程》记录这样条款:小偷如偷了东西,到别家去住,留他住的主人,当做小偷论罚,如帮助押回来,是好人,就不罚。窝留坏人、小偷到家里居住者,罚九十九元。不明情况,留坏人居住,他晚上出去偷东西,罚户主三十三元。② 刀光强、高立士的《西双版纳傣族的封建法规译文》也有类似的规定:"明知是盗贼,来投宿不申报,罚户主三'版'三'怀',若不知是盗贼而留宿,作案也未得逞,罚主人'版怀'。"刀光强、高立士研究认为,他们的译本较之其他学者在1955年3月的译本时期要早。刀国栋等翻译整理的《西双版纳傣族的封建法规和礼仪规程》是1955年3月译本。③ 不同时期的译本内容出现差异,给我们提出一个思考问题,笔者在结合对元明清时期有关傣族法者搜集到的傣族封建法规译文,可以看出,傣族刑法体系显然不如中央王朝庞大和完整。傣族社会发展阶段较为滞后,封建地主所有制并未建立,阶级分化历史阶段较晚,社会中一些原始公社因素仍存在。明代后期史料记载傣族社会的刑法都是"窃盗一家皆死,为寇盗一村皆死,道不拾遗"。对于盗窃行为是处罚极严的。从傣族法律中对于窝藏行为的处罚看,上述傣族法规文

---

① 参见国家民委民族问题五种丛书之一,中国少数民族社会历史调查资料丛刊:云南省编辑组编:《思茅玉溪红河傣族社会历史调查》,云南人民出版社1985年版,第43页。

② 参见民族问题五种丛书,中国少数民族社会历史调查资料丛刊:云南省编辑委员会编:《傣族社会历史调查(西双版纳之三)》,云南民族出版社1983年版,第32页。

③ 见民族问题五种丛书,中国少数民族社会历史调查资料丛刊:云南省编辑委员会编:《傣族社会历史调查(西双版纳之三)》,云南民族出版社1983年版,第45页。

献专门就此作出规定,窝藏罪作为对与盗窃行为相关的行为的处罚受到傣族社会的普遍重视。

（二）刑罚

傣族社会刑罚独特,"轻罪则罚,重罪则死"。"刑名无律,不知鞭挞"。这反映了傣族刑罚之简朴。傣族刑罚主要有以下几种:

1. 死刑。第一,死刑执行方法。傣族刑法中处死方法有多种。钱古训的记载是:"无中国文字、小事刻竹木,大事作缅书,皆旁行为记。刑名无律,不知鞭挞,轻罪则罚,重罪则死。或杀,或用人杀,或用象打,或投于水,或以绳帛缢。男妇不敢为奸盗,犯则杀之。"①李思聪则记载:"无中国文字,小事则刻竹木为契,大事则书缅字为檄,无文案可稽。刑名无律可守,不施鞭扑,犯轻者罚,重者杀之;或缚而置之水中,非重刑不系累。"②从二人的记载看来,死刑的种类有杀、绞、淹死、用象打等多种。人杀即把犯人举高摔死,或用绳勒死,或将犯死罪者溺死,或杀死。用象打则汉族刑罚中不见,据《宋史·外国传·占城》载:"若故杀劫杀,令象踏之,或以鼻卷扑于地。象皆索习,将刑人,即令豢养之,以数谕之,悉能晓焉。"③从中可看出用象打死犯人的大致情况。历史上记载明代傣族地区风土人情的《西南夷风土记》也说:"其法惟杀戮与罚赎二条,事情罪重者杀之,余则量所犯之大小,为罚之轻重也。"④到了

---

① 江应樑:《百夷传校注》,云南人民出版社1980年版,第80—81页。
② 江应樑:《百夷传校注》,云南人民出版社1980年版,第148—149页。
③ 《宋史》卷四八九《外国传·占城》。
④ （明）佚名:《西南夷风土记》,附载于明朱孟震宦游余谈中,学海汇编本。

明代万历年间,傣族法律"刑名无律可守"的情况又有所变化,据万历《云南通志》所载:"其刑法三条:杀人者死,犯奸者死,偷盗者全家处死,为贼者一村皆死。"①第二,死刑罪名。死刑的罪名有杀人、犯奸、偷盗、为贼四种,而且为贼者"一村皆死",显然,为贼在傣族法律文化中是重罪,明清时期傣族的法律已有株连则是可以肯定的。明代至清代,傣族刑法之死罪规定又有所变化。增加了放毒罪、巫术杀人罪、严重侵犯佛教利益罪等死罪。刀光强、高立士在《西双版纳傣族的封建法规译文》中有:不分男女,若投毒者,要判死刑。不分男女,若搞巫杀人,例如剪画人形、咒符、咒语、火吐努(神牛)等,拿到寨中、岔路口或坟山去埋,企图治人于死者,拿到物证,要将放巫者杀掉。

2. 肉刑。我国封建社会五种基本刑罚"笞、杖、徒、流、死"中,"笞、杖、徒、流"刑,在傣族刑法中不曾见,倒是直接破坏犯罪者肢体的肉刑存在。它说明,傣族刑法还具有一定奴隶社会性质。如《兴竜法》规定:"凡儿子杀父母致死者,要使其无依无靠(无法生存),应该把手脚砍掉,让其受罪至死,这样判决才合理。"②明代傣族还有阉幼童之刑:"英宗朝最严自宫之禁,而臣下不奉行者则时时有之,如正统十四年麓川之役,靖远伯王骥、都督宫聚奏征思机发,擅用阉割之刑,以进御为名,实留自用。"③

但是,傣族社会普遍视其他肉刑为不齿,明代西双版纳的土司

---

① （明）李元阳:《云南通志》之《诸夷风俗》,灵源别墅重排本。

② 参见民族问题五种丛书,中国少数民族社会历史调查资料丛刊:云南省编辑委员会编:《西双版纳傣族社会历史综合调查之(二)》,云南民族出版社1984年版,第23—30页。

③ （明）沈德符:《万历野获编》之《阉幼童(补遗卷——内监)》,中华书局元明史料笔记丛刊本。

刀更孟创铡锯之刑,最后被傣族人民处死。

（三）刑法的原则

1. 公正无私。《西双版纳傣族的封建法规和礼仪规程》规定,处理诉讼时应防止五点偏袒:

大头人或小头人,当你在处理事情的时候,必须防止这五点:

第一点"满达呷底":对待纠纷案件中的双方,有理的一方就说他有理,无理的一方就说他无理,不要颠倒黑白。不要偏袒自己的亲戚朋友或自己的爱人,而颠倒是非。

第二点"躲沙呷底":在纠纷中的双方,若有一方是从前和你有仇恨,你不能趁机报复,把有理的说成无理。

第三点"本沙呷底":不要用自己的威力,把有理的说成无理。

第四点"帕呷底":不要接受贿赂,把有理的变为无理。

第五点"叭呷底":要看清双方是什么人,认清他们的身份,例如召、叭、昆、悍、医生,要分别等级按照身份处理。公正地处理犯罪或犯错误的人,犯罪的人或犯错误的人是会感激你的。①

2. "犯上"案件不得上诉。《西双版纳傣族的封建法规和礼仪规程》规定:"第一,百姓想反对土司,和尚想反对佛爷,家奴想反对主人,儿子想反对父亲,这些人都是忘恩负义,不懂道理的,不能

---

① 参见民族问题五种丛书,中国少数民族社会历史调查资料丛刊:云南省编辑委员会编:《傣族社会历史调查(西双版纳之三)》,云南民族出版社1983年版,第26—36页。

给这些人申诉。对那些不反对的人,就好好对待。第二,那些想反对佛爷和尚的人,也是不懂道理,同样不能让他们申诉。"①

3. 罪罚依法。清代末期的傣族法律文化发生了较大的变化,大部分地区成文法已经被人们整理、公布,成为傣族社会人们的主要行为规范。人们生活中的大部分社会关系都有相关法律规定。傣族法律、法规涉及的傣族社会生活中的方方面面,包括政治权利义务关系、人身权利义务关系、婚姻权利义务关系、财产权利义务关系等诸多方面的罪与罚,为维护正常的傣族社会生活秩序提供了法律依据。

4. 按等级处罚。元明清史料记载,傣族社会有着一套严格的等级制度,傣族有关法规及其纠纷解决方法中都显示了这一点。如《西双版纳傣族的封建法规和礼仪规程之法律》中规定,解决案件应遵守的要项:"处理犯罪和犯错误的人,要公正地按照犯罪的轻重来处理,偷钱的处以偷钱罪,偷宝的处以偷宝罪,偷衣服的处以偷衣服罪。在处理时,应根据他的财产情况,要看他是富人或是穷人? 是当官的? 是大勐的人或是小勐的人? 如果是商人,要看他是大商人或是小商人? 如果是百姓,要看他的家产值多少钱。按照这个道理来办才是真正公道的人。"②

5. 株连制。明代后期开始,傣族法律文化中加入了株连制,明清许多史料都记载了傣族社会刑事法律的株连状况。据万历

---

① 参见民族问题五种丛书,中国少数民族社会历史调查资料丛刊:云南省编辑委员会编:《傣族社会历史调查(西双版纳之三)》,云南民族出版社1983年版,第26—36页。

② 参见民族问题五种丛书,中国少数民族社会历史调查资料丛刊:云南省编辑委员会编:《傣族社会历史调查(西双版纳之三)》,云南民族出版社1983年版,第26—36页。

《云南通志》所载："其刑法三条：杀人者死，犯奸者死，偷盗者全家处死，为贼者一村皆死。"①又据史料："其法，杀人与奸者皆死，窃盗一家皆死，为寇盗一村皆死，道不拾遗。"②许多史料都记载到了明代后期，株连制已普遍适用于傣族刑法实践。

6. 重视犯罪动机。如在上述窝藏罪的规定中，是否故意成为有无罪的重要判定标准，其他法律条款中对这一原则也有大量的规定，如《孟琏宣抚司的习惯法》第四部分的放置暗刺伤害人、畜的规定说："因为不该出发的时候他还出去，受伤话该，由置刺者拴红线给受伤的人叫魂即可。"③这里说明造成伤害后，要根据受害人的过失和侵权人的动机分别处理，侵权人不是故意的就有可能不受刑罚处罚。

（四）刑法的特点

1. 刑民兼容。按现代法学分类方法，刑法是指为了维护国家的公民利益，根据统治阶级意志，以国家名义颁布的，规定犯罪、刑事责任及刑罚的法律规范总和。而民法是调整平等主体的公民之间、法人之间、公民与法人之间的财产关系和人身关系的法律规范的总和。这里讲的傣族刑法只能是类似现代法学理论的标准理解的广义"刑法"。显然，由以上分析，明清时期的傣族法律文化不可能也没有按现代法律规范严格分类，况且作为中央王朝的清朝

---

① （明）李元阳：《云南通志》之《诸夷风俗》，灵源别墅重排本。

② （明）刘文征：《滇志》之《羁縻志·种人》，旧中央研究院历史语言研究所晒蓝本。

③ 参见国家民委民族问题五种丛书之一，中国少数民族社会历史调查资料丛刊：云南省编辑组编：《思茅玉溪红河傣族社会历史调查》，云南人民出版社1985年版，第43页。

也是到了后期才建立起严格意义的现代法体系架构。傣族社会在这方面的发展必然滞后,傣族法律规范中有着大量的刑事问题按民事处理,民事问题按刑事处理。正如"轻罪则罚,重罪则死"。轻重之标准是什么? 如何界定? 如前述当谋害召片领时,还可以宽大处理,诸如此类的规范显见其刑民兼容之特点。

2. 以赎代罚。按现代刑法学精神罪刑法定、罪责刑相适应的原则,刑事法律关系应运用刑罚手段调整,但在傣族法律规范中有许多以赎代刑罚的情况,按刀国栋等人翻译的《西双版纳傣族的封建法律和礼仪规程》中规定,犯罪的人,得用银抵死罪:

　　　a. 死刑的赎罪

　　犯死罪的人,得用银抵死罪。另外应出绳子银三两三钱,刽子手的刀银三两三钱,拴绳子的银五厘,解绳子的银三钱,"赛沙公"(一种像脚镣的刑具)银一两五钱,监狱银一两五钱。这份银波勐分得一半,火西分得一半。此外,送给议事庭银三两,槟榔一串,猪一口,——猪要五卡大(用绳围猪腰计算),若没有猪,每卡折银六钱六分。

　　　b. 一般刑事赎罪

　　罪犯要赎罪的时候,要出"拔根"银。计议事庭长三两,文书一钱七分五厘,站抗七分五厘;其余分作三份:一份给土司,一份给议事庭,——这一份中,议事庭得一半之外,叭谙和叭陶得一半,如果这一半是三两,审判官得三钱三分,……剩余的完全给其他的头人。还有一份给原告。①

---

① 参见民族问题五种丛书,中国少数民族社会历史调查资料丛刊:云南省编辑委员会编:《傣族社会历史调查(西双版纳之三)》,云南民族出版社 1983 年版,第28、29页。

上述法规明确了西双版纳可以以赎代刑罚的情况,另在版纳勐遮傣族社会中有一种佛教人士叫帕耗,其来源有:"①犯罪的人,由佛寺代出了罚款,而全家论为帕耗。②向佛寺借钱无力归还的人。③犯了严重的宗教法规者。"①

经济赎罚代刑罚在傣族社会出现说明:首先,傣族社会的刑罚法律体系很简单,对于不同危害程度的犯罪以及处罚之规定从刑罚角度看还不够健全。其次,傣族社会的佛教对人们生活的影响可能是一个因素,佛教之精神对于刑罚也是不太支持的。最后,傣族社会之原始氏族公社之残存因素的作用,使得人们在处理关系时力求温和,因而以赎代罪之现象大量出现在刑事法律规范中也是可以理解的。

3. 德刑并重。此处之德当然是傣族封建领主制社会统治阶级提倡的道德精神。在傣族的法律规范中有许多按伦理原则作出的刑罚规定,《西双版纳傣族的封建法规和礼仪规程》规定:"第一,百姓想反对土司,和尚想反对佛爷,家奴想反对主人,儿子想反对父亲,这些人都是忘恩负义,不懂道理的,不能给这些人申诉。对那些不反对的人,就好好对待。第二,那些想反对佛爷和尚的人,也是不懂道理,同样不能让他们申诉。"②

另外,《兴竜法》规定:"凡儿子杀父母致死者,要使其无依无靠(无法生存),应该把手脚砍掉,让其受罪至死,这样判决才

---

① 参见民族问题五种丛书,中国少数民族社会历史调查资料丛刊:云南省编辑委员会编:《傣族社会历史调查(西双版纳之六)》,云南民族出版社1984年版,第55页。这里清楚记载大量的以赎代罚之人。

② 参见民族问题五种丛书,中国少数民族社会历史调查资料丛刊:云南省编辑委员会编:《傣族社会历史调查(西双版纳之三)》,云南民族出版社1983年版,第28、29页。

合理。"①

二、元朝以来傣族刑事法律制度的变迁

我国是一个有着两千多年的统一的多民族国家,各民族同胞
在中国这个大家庭中既共同创造了辉煌的中华民族文化,又在自
己的历史演进过程中创造了自己丰富、灿烂的民族文化。民族问
题是我国政治、法律问题中的一个极其重要的问题。傣族是居住
在我国西南边疆地区的一个有着悠久历史和丰富文化的民族。傣
族社会法律制度问题得到了众多学者的重视和研究。然而由于多
方面的原因,对于古代傣族社会刑事法律制度的深入研究成果并
不多见。笔者期望通过把个人多年对傣族历史上的刑事法律制度
的变迁的思考作一简单的描述,理清古代傣族刑事法律制度的历
史发展脉络。

(一)古代傣族刑事法律制度的形成

关于刑事法律制度的形成,学术界有多种观点。比如说,中国
古代有人认为刑法起源于黄帝或者尧舜时代,也有的学者认为
"刑起于兵、兵刑合一"。

从持黄帝或者尧舜时期起源的观点可以看出刑法的出现时间
正好与中国原始社会后期的国家形成初期的历史相吻合。持刑起
于兵的观点比占主流,究其原因,一是古代刑事法律制度中的很多

---

① 参见民族问题五种丛书,中国少数民族社会历史调查资料丛刊:云南省
编辑委员会编:《西双版纳傣族社会历史综合调查之(二)》,云南民族出版社 1984
年版,第23—30页。

司法官职位都是过去的军事职务；二是早期的奴隶制国家的形成和发展过程中主要的社会冲突表现为对内、对外的各种战争。马克思主义认为，国家是在社会成员分化为根本利益对抗的阶级以后的产物，国家的产生是为了维护社会秩序。而一个国家要规范和协调好根本利益对抗的阶级关系，没有刑事法律制度显然是不可思议的。可见，一个国家或者民族的刑事法律制度的产生与国家的形成和发展是密不可分的。

傣族在古代也创造了自己的刑事法律制度。作为古代傣族社会成员的重要的而且是必不可少的行为规范，古代傣族刑事法律制度的形成是伴随着傣族奴隶制国家的形成和发展过程而形成和发展起来的。关于傣族社会奴隶制国家建立的具体时间，学术界的观点不完全统一，其中主张时间最早的观点认为东汉时的掸国就是傣族先民建立的国家。主张时间最晚至10世纪前后的代表人物是江应樑。笔者认为，单从东汉时期和帝以及安帝在位时期的两次掸国派人来朝的历史事件的记录，认定东汉时期必有傣族国家的观点值得商榷。如果说东汉时期傣族已经建立国家，而后来的历史文献中为什么难以找寻有关傣族国家的记载？江应樑先生认为傣族建立国家应该在10世纪前后这个观点确实很有说服力，如果从东汉时期到10世纪前后两种观点都成立，那么，这两种观点主张的时间相差800年左右的矛盾如何解释？

从傣族古代刑事法律制度的研究角度，笔者综合多方面的因素作以下几点思考。第一，傣族古代刑事法律制度虽然理所当然伴随傣族奴隶制国家的建立和发展而形成和发展，但是傣族奴隶制国家建立的具体时间精确点对于研究古代傣族刑事法律制度的形成过程意义不是特别大。第二，傣族国家的形成和刑事法律制度的形成都应该是一个长期的过程，而不应该有一个具体的时间点,尤其是傣族国家的形成过程从一个小群体性政治组织到形成国家性质的结构,再到较大的民族国家,刑事法律制度从作为一个小的群体成员的行为规范到成为整个民族的行为规范必然要历经很长的时间和历史阶段。第三,可以肯定的是,到江应樑先生提出的 10 世纪前后,傣族社会一定已经建立起了傣族刑事法律制度。

由此,我们可以得出一个不需要争议的结论,傣族的刑事法律制度在 10 世纪左右已经形成了。

（二）古代傣族刑事法律制度形式的变迁——由习惯法转变为成文法

由习惯法到成文法的法律形式的转变是一种法律制度的重要发展和变迁。作为古代傣族社会成员极其重要的行为规范和重要的法律文化,傣族刑事法律制度在法律文化的变迁过程中,必然会被当做最为重要的法律内容用文字的方法记录下来。但是,一个民族的刑事法律制度从习惯法向成文法转变需要时间和条件,尤其是几个必不可少的条件。

1. 习惯法向成文法转化必须要有傣族自己的文字

这是一个极为重要的条件,没有文字,不可能有成文法。部分学术前辈们对傣族元明清时期的法律变迁的研究结论有待于进一步推敲。岩温扁研究提出:"直到七世纪初,才开始出现于文字记载的一些法规、礼仪等。"[①]在此岩温扁暗示了傣族成文法出现的时期。岩温扁先生之傣族成文法形成时间有待进一步探讨。笔者认为,单凭 20 世纪 50 年代的调查资料是无法确定傣族法规之成

---

① 岩温扁:《略谈西双版纳傣族封建法律》,引自王懿之、杨世光编《贝叶文化论》,云南人民出版社 1990 年版,第 575、576 页。

文法形成时间的。因为,这些封建法律、法规几经转抄、整理,记录了远古至民国整个历史长河中的傣族法规,从中分析,是难以确定傣族法律文化形成成文法之时间的。

据史料记载,元朝时期,傣族并没有文字,元代李京《云南志略》曰:"金齿百夷,记识无文字,刻木为约。"①另外,《马可·波罗行纪》载:"金齿州……离大理府后,西向骑行五日抵一州,名曰匝儿丹丹(Zardandan),即金齿。居民是偶像教徒,而臣属大汗,都会名称永昌(Vocian)。……彼等无字母。"②此处之金齿州名正是源于历史上的人们对傣族先民的称呼。

许多文献资料都说明,傣族文字出现在明朝洪武年间左右,不会太早。明洪武二十九年钱古训、李思聪出使缅甸及百夷,著有《百夷传》,载"无中国文字,小事刻竹木为契,大事则书缅字为檄,无文案可稽"。在明朝中后期,朝廷为了更好地处理缅甸及傣族等少数民族地方事务,专门设四夷馆。史料记载:"缅人多于幼时出家,入寺习学缅文,长仍还俗。缅字,或用蒲叶刻画于上,或用黑纸写粉字,通事谙缅文者少,军中每将缅文翻摆夷字,又以摆夷字翻汉文,重译而得之。"③此处之缅字应是对傣族文字的误称。可以肯定,明朝建立后不久傣族社会已经有了自己民族的文字,此文字源于印度巴利文,与缅文有密切的渊源,因而与缅文类似。

2. 成文法的颁布与执行要有权威的立法和执法机关

傣族社会的立法和司法机关在土司制度下,就是傣族土司政治统治机构。在傣族历史上,直到元朝官员李京在云南地区考察

---

① 据《函芬楼本说郛》卷三六。
② [意]马可·波罗:《马可·波罗行纪》,冯承钧译,商务印书馆1935年版。
③ (清)周裕:《从征缅甸日记》,刊于《借月山房汇钞》。

两年,并于大德七年(1303年)写出《云南志略》时,傣族地方规范人们行为的还是多方面的习惯法。按前面的分析,傣族先民最迟在10世纪左右应该建立起了自己的政权。如明洪武十七年在今西双版纳地区置车里军民府,十九年改宣慰使司。历明至清,延续到新中国成立。这段时期西双版纳傣族地区皆有自己的法律制度,中原政权通行全国的法律并不在傣族地区实施。明清以来在西双版纳地区建立的车里宣慰使司是西双版纳最高政治机构,也是西双版纳最高立法和行政机关。由此看来,西双版纳宣慰使司已具有较为完善的立法、司法机关,已具备创制法律的条件。

最后,傣族成文法出现时间的确定。笔者认为,综观明代傣族刑事法律的变化,其中明显的一点是傣族的法律已实现了由习惯法向成文法的转化。认真研究明初钱古训、李思聪关于傣族文字的记载,则与元代李京和马可·波罗的记载有明显的区别。李京和马可·波罗皆肯定元代傣族"记识无文字","彼等无字母,亦无文字",看来当时傣族没有自己的文字是事实,既然没有文字,当然也不可能有成文法。而明代钱古训、李思聪则是说当时傣族"无中国文字",也即没有汉文,但"大事作缅书,皆旁行为记","大事则书缅字为檄",可见当时傣族已使用某种文字,据有关专家考证,所谓"缅书",即是傣文。有了自己的文字,便为成文法的出现创造了条件。明中叶的云南地方史志则载:"百夷不通汉书,惟用缅字。凡与其同类交易借贷等项,则以缅字书其期约,而刻其多寡之数于上以为信。其行移官府,则译之而后通其意。"从中可看出,当时傣族在民事法律活动中已使用傣文书写有关的交易借贷收据,借据中的部分内容,并已有书面文件送交官府。此时的大事作缅书,正好说明傣族地区重要的事项已经开始使用文字形式的交流方式。所以就傣族地区的情况看来,元代实行的是傣族最高统治集团认可的习惯法,而明以后,成文法出现的几个条件都已经具备。至于人们在 20 世纪 50 年代的调查资料中收集到的傣族法律古籍文献又被称为《茫莱法典》,笔者在另文中已分析认为,它是茫莱王执政时期的习惯法被作为成文法内容的主要渊源而继承。因而后人把茫莱王统治时期适用的习惯法转化为成文法形式的法律、法规文献,称为《茫莱法典》。①

由此笔者认为,傣族成文法形式的刑事法律制度应该是在明代初由习惯法转变而来,可以认定,傣族成文法出现的时间应该是在明朝初期左右。

(三)古代傣族刑事法律制度内容的变迁

从对傣族历史和文献资料的研究看,傣族社会刑事法律制度自明初一段时间之后在指导思想和具体规范方面都发生了许多明显的变化。

1. 株连制度的出现

李思聪《百夷传》明确指出在明代初期傣族社会"刑名无律可守,不施鞭扑,犯轻者罚,重者杀之,或缚而置之水中,非重刑不系累"。上述资料告诉我们,直到明代李思聪出使金齿时,百夷地方傣族人民法律并没有按照中原汉法体系那样将法律分为若干门类,刑事法律制度中还没有详细地规定罪名、刑罚以及刑事诉讼程序。而是犯轻者罚,重者杀之,没有像中央王朝刑事法律中规定除了死刑之外还有鞭、笞、徒、流的其他刑罚。

明代中后期开始,傣族刑事法律制度中加入了株连制,明清许

---

① 参见吴云、方慧:《元明清时期傣族成文法的形成与变迁》,《思想战线》2006 年第 5 期。

多史料都记载了傣族社会刑事法律的株连状况。据万历《云南通志》所载："其刑法三条：杀人者死，犯奸者死，偷盗者全家处死，为贼者一村皆死。"①又据史料："其法，杀人与奸者皆死，窃盗一家皆死，为寇盗一村皆死，道不拾遗。"②对比明初的《百夷传》记载的情况，后来的许多史料都记载了到明代后期，株连制已普遍适用于傣族刑法实践。

2. 对奸盗行为加重惩罚

如前所述，李思聪在明代初期明确指出傣族社会"刑名无律可守，不施鞭扑，犯轻者罚，重者杀之，或缚而置之水中，非重刑不系累"。③上述资料告诉我们，直到明代李思聪出使金齿时，百夷地方傣族对重者才处死，轻者只是罚。这里的罚只能从经济处罚等方面理解，因为上述史料中"不施鞭扑"说明了，在死刑和其他刑罚之间没有中间过渡肉刑。这点说明在明初以前傣族社会只有非常重的罪才处死。李思聪也在《百夷传》有关百夷生活习俗的内容中记载："男子……官民皆髡首黥足，有不髡首者，则酋长杀之。有夫而奸盗者则杀之。"④说明明初的傣族社会除了奸、盗、寇行为作死刑之外，还有违反髡首的男人也要被酋长处死。

明代早期的《西南夷风土记》关于傣族地区风土人情的记载

---

① （明）李元阳：《云南通志》之《诸夷风俗》，灵源别墅重排本。

② （明）刘文征：《滇志》之《羁縻志·种人》，旧中央研究院历史语言研究所晒蓝本。

③ （明）李思聪：《百夷传》，转引自江应樑《百夷传校注》，云南人民出版社1980年版。

④ （明）李思聪：《百夷传》，转引自江应樑《百夷传校注》，云南人民出版社1980年版。

也说:"其法惟杀戮与罚赎二条,事情罪重者杀之,余则量所犯之大小,为罚之轻重也。"①可见在明初的历史资料还只是记录了对于"奸盗"行为的处死情况,还没有上升到专门的重罪处罚的规定。

到了明代万历年间,傣族刑事法律"刑名无律可守"以及死罪的内容的情况已有很大变化。据万历《云南通志》所载:"其刑法三条:杀人者死,犯奸者死,偷盗者全家处死,为贼者一村皆死。"②明末史料《滇略》中记载,傣族社会"其刑法,杀人者死,奸者死,窃者全家死,劫者一村皆死;故无奸盗,道不拾遗"。③后来的《(天启)滇志》记载:"其法:杀人与奸者皆死,窃盗一家皆死,为寇盗一村皆死,道不拾遗。"④《滇中琐记》中也记载:"其法:杀人与奸者,皆死;窃盗,一家皆死;为寇,一村皆死;道不拾遗。"⑤

从"偷盗者全家处死,为贼者一村皆死"的规定看,偷盗和为贼被作为重罪,不仅自己要死,而且全家或全村都要死。通过这种重罚之后,傣族社会出现了"道不拾遗"的现象。它从一个角度也说明明代以后傣族社会刑事法律制度中对于侵犯财产权的违法行为采取了严厉惩罚的刑罚指导思想和实践。

刑法是统治阶级规范社会成员行为的,最为严厉和重要的法律制度,明代后期的傣族刑罚加大对盗、寇的刑事处罚,甚至采用

---

①　(明)佚名:《西南夷风土记》,附载于明朱孟震宦游余谈中,学海汇编本。

②　(明)李元阳:《云南通志》之《诸夷风俗》,灵源别墅重排本。

③　(明)谢肇淛:《滇略》卷九《夷略》,云南大学图书馆藏手抄本。

④　(明)刘文征:《滇志》之《羁縻志·种人》,旧中央研究院历史语言研究所晒蓝本。

⑤　(清)倪蜕纂录:《滇小记》,转引自方国瑜主编:《云南史料丛刊》第11卷,云南大学出版社2001年版,第147页。

株连制,说明对于财产关系的维护已经成为明后期统治阶级法律制度的极为重要的价值。

此时,"犯奸盗者死和犯盗者死并且一家皆死,为寇盗一村皆死",说明明代后期以来,傣族社会刑事法律制度内容已出现了大的变迁。

(四)傣族刑事法律制度发展阶段特征和内在机制

傣族刑事法律制度在元代至清代这段时期历经了几次变迁,这几个阶段的变迁都有其特点和内在的原因。

1. 元明清时期傣族刑事法律制度三个发展阶段

元明清时期傣族刑事法律制度的发展有三个阶段:第一个阶段,在元代至明初,傣族刑事法律状况是,无文字,还处于习惯法阶段,奴隶制性质占主导。涉及军事问题的法律中规定,战败方人口归战胜方。这时期傣族刑事法律规范中没有佛教观念和价值。第二个阶段,在明初至明代中后期(约在明万历开始以及之后),傣族社会的刑事法律制度已经是成文法形式。这一阶段的特点:一是成文法已经出现;二是佛教已经广泛影响了傣族社会生活,渗透到傣族刑事法律制度中。在傣族的许多有关刑事法律的历史文献中都规定了关于调整社会成员与佛教财产、人员关系的法律制度内容,对于佛教利益进行重点保护,所以这一时期傣族社会刑事法律制度中已经渗入了许多佛教因素。第三个阶段是明代后期,随着傣族社会的变化,傣族刑事法律制度转变为封建性质的法律制度。正如前面分析的傣族刑事法律制度中为维护傣族社会封建统治阶级的利益出现了关于株连制和对于侵犯财产权的行为重处的专门规定。

2. 影响傣族刑事法律制度变迁的因素分析

首先,傣族社会形态方面的因素。随着傣族社会生产力的发展、变化,经济结构也发生了变化,原有的奴隶制经济结构在许多方面发生变化,社会生活中财产权不断受到人们的重视,财产关系成为统治阶级重点调整的社会关系。从对傣族社会的历史进程有关的历史资料研究看,傣族社会在元代以前,正处于原始社会向奴隶制过渡时期。元明时期,各地傣族社会先后向封建性质转变。因而,明代中期以后,在傣族社会犯奸盗居然变成了死罪,为奸者死、为盗者全家死及为寇一村皆死。"故无奸盗,道不拾遗"。其实这也是阶级矛盾对于社会生活各领域的影响逐步深入在傣族刑事法律制度方面的反映。

其次,中央王朝的政治影响。从元代开始,傣族地区政权也像我国大部分少数民族一样,是中央王朝统治之下的土司政权。在中央王朝与傣族土司的交往中,中央王朝也成立了一套逐步完善的土司政治、法律制度。由于刑事法律制度是国家上层建筑中的重要组成部分,在傣族与中央王朝的政治交往过程中,傣族刑事法律制度不可能不受到中央王朝政治方面的影响。从这个角度也可以更好地理解明代后的傣族社会刑事法律制度内容的变迁机制。

最后,外来文化的影响因素。傣族人民在历史上与包括汉族在内的其他民族的人民,很早就通过各种渠道和方式发生着交流与联系,这些途径有战争带来的大量人口流动,通商促进物质、人员和信息、文化的交流,中央王朝发配犯人到傣族地区充军,以及其他形式的移民,都带来了汉文化和其他民族的文化,其中不乏重要的对于傣族法律制度产生很大影响的法律文化。对于奸盗的重处重罚在其他民族的封建社会刑事法律制度中也都有类似的规定。另外,傣族历史上与我国临近的泰、老、缅、越等国家民族,尤其是缅、泰北部的民族有着长期的来往和深厚的历史渊源,因而,傣族的刑事法律制度也必然受到这些民族文化的深远影响。

三、军事法律制度

傣族社会有一套独特的军事法律制度,除了它有独特的战略、战术之外,还有自己的军事管理制度。

(一)军队体制

元明清许多历史资料都描述了傣族的军事状况。据《百夷传》记载:傣族之军事管理制度,"百夷即麓川平缅也,……其下称宣慰曰昭,犹中国称主人也;其官属叨孟、昭录、昭纲之类,总率有差:叨孟总统政事、兼领军民,多者总十数万人,少者不下数万;昭录亦万余人,赏罚皆任其意;昭纲千人,昭百百人,昭哈斯五十人,昭准十余人:皆叨孟所属也。又有昭录,令遇有调遣,则统数千人以行,其近侍名立者,亦领人户数百,皆听其使令,食其所赋,取之无制,用之无节。"①

明朝三征麓川之役以及有关史料记载了傣族战争时的军事战略。《百夷传》记载,军民无定籍,聚则为军,散则为民,每三人或五人充军一名,正军谓之昔剌,犹中国言壮士也;昔剌持兵器,余则负荷以供所需,故军三十万,则战者不满十万;师行无纪律,先后进退不一,倚象为声势,每战则用绳索自缚于象上,悍而无谋,军器少,弓箭多,长牌为弩,以革为盔,铜铁杂草为甲;胜则骄惰争功,负

---

① 江应樑:《百夷传校注》,云南人民出版社1980年版,第146、148页。

则逃窜山谷。驿路无邮亭,一里半里构一小草楼,五人坐守,虽远千里,报在旦夕。"①

关于对待战俘,李京《云南志略》曰:"金齿百夷,记识无文字,刻木为约。……有仇隙,互相戕贼。遇破敌斩首,置于楼下,军校毕集,结束甚武,髻插雉尾,手执兵戈,绕俘馘而舞,仍杀鸡祭之,使巫祝之曰:尔酋长人民,速来归我;祭毕论功名,明赏罚,饮酒作乐而罢。攻城破栅,不杀其主,全家逐去,不然囚之至死。"②

关于战争性别分工,《马可·波罗行纪》的"金齿州"下记载:"离大理府后,西向骑行五日抵一州,名曰匝儿丹丹(Zardandan),即金齿。……其俗,男子尽武士,除战争游猎养鸟之外,不作他事;一切工作,皆由妇女为之,辅以战争所获之俘奴而已。"③

《西南夷风土记》称明代之百夷战争之战法:"战斗:惟集后阵,知合而不知分,每以鸟铳当前牌,次之枪,又次之象。继枪后,短兵既接,象乃突出。中华人马未经习练者,见象必惊怖辟易,彼得乘其乱也。"④

傣族人民的军事法律制度较为独特。军政组织与地方行政组织重合,军人聚则为军,散则为民,没有像中央王朝的军事组织那么严密和完备,没有专门的常备军。傣族战略中的战法也相对简单,正如《西南夷风土记》中所称,"知合而不知分"。战术明显不如中央王朝军队那样灵活和多智谋。这点在许多历史材料中都有说明。

---

① (明)李思聪:《百夷传》,按此用《景泰志》所载《百夷传》,与江南本及《湖南文征》所载不尽相同。
② 据《函芬楼本说郛》卷三六,说郛本。
③ [意]马可·波罗:《马可·波罗行纪》,冯承钧译,商务印书馆1935年版。
④ (明)佚名:《西南夷风土记》,附载于明朱孟震宦游余谈中,学海汇编本。

有关沐英征麓川事迹的史料也记载了有关百夷打仗状况：

三月乙亥朔。甲辰，西平侯沐英讨思伦发，大破平之。时思伦发悉众三十万，象百余，大寇定边，新附诸夷皆动。英自将兵一万讨之，选骁骑三万兼程旬有五日，使冯诚挑以轻骑百余，思伦发以万人驱象迎战，指挥张因以五十余人射仆象，追杀其酋长，大呼而入，斩首数百级，诸军皆乘胜进。英使军中列火铳、神机、矢为三行，象来，前行发，不退，次行发，又不退，三行发。明旦，缅人悉象来，背栏楯竹帘，钩钅予炉镰，左右杂标。英三其军：冯诚前，宁正左，汤昭右；下令曰："闻炮齐战，捷一级，一队赏；退一卒，一队僇。"鼓之，前行之矢发，铳炮动山谷中，象皆挺透决骤，英军恒呼而鏖战，缅大纷拏，戈甲戛摩，飞血涂溅，张因因与千户张荣祖乘胜追之，尽焚其寨。昔剌亦，百夷之勇人也，复来，殊死战，英望见左队少却，曰："取其队首来"。左帅顾见，与其众奔之，大败缅人，斩首三万级，俘万人。缅人战则渠帅缚身坐象，裹革兜，披铁甲，于是皆身中百余矢，殪象背上。其象连日不得食，死者相枕，思伦发遁去。①

（二）军事战术组织

在古代傣族战争中，由于傣族地区的自然生态环境适宜于大象生长，因此，大象被普遍适用于各种社会生活中。除了在傣族政治生活中，傣族土司经常使用大象作为向中央王朝进贡的物品；在社会生活中，人们以乘象为贵之外。傣族人民还在长期的历史发展中形成了一套独特的战术组织体制——象战。这在明代许多史

---

① （明）谈迁：《国榷》，中华书局 1958 年版。

料中都有类似记载。

在《百夷传》中，"……倚象为声势，每战则用绳索自缚于象上，悍而无谋。"①明《国榷》记载"十二月癸巳朔。甲午，王骥等直捣贼巢。山周三十里，栅坚堑广，其东南依江壁立，以三千人探之，贼象阵伏泥沟突起，败之，贼又自永毛摩尼寨至马鞍山伺我后，令都指挥方瑛以六千人攻拔之，而右参将冉保从东路合木邦、车里、大侯之兵，先后斩二千三百九十余级，于是进攻麓川，积薪焚其栅，思任发挈妻子间道渡江，走孟养，焚溺数万，余党皆尽。丁未，王骥、蒋贵平麓川，班师"。②

按前述《西南夷风土记》中也记载傣族围绕大象的特性组织的战术体制。其中还说明了破象战的办法。"破之之术，必设疑以分其势，设险以毙其象，出奇以捣其坚，横冲以乱其阵。夷中本脆弱，恃象以为强，能晓破象之诀，则夷兵不足败也。"③

象战是中原很不见的战术组织形式，是与傣族人民居住的地理环境有着密切关系的战术、战法。正因为中原很少见这样的战术和战法，以至于在明朝军队与傣族土司军队的交战过程中，一开始遭遇傣族特有的象战时，还处于不利之地，后来在了解了象和象战的特性后，才通过火攻的方式以战败傣族土司军队。

（三）对俘虏的处置

傣族军事法律中对于俘虏的处置不同时期略有变化。元代李

---

① （明）李思聪：《百夷传》，转引自江应樑《百夷传校注》，云南人民出版社1980年版，第149页。

② （明）谈迁：《国榷》，中华书局1958年版，第45页。

③ （明）佚名：《西南夷风土记》，附载于朱孟震宦游余谈中，学海汇编本。

京记载是"杂霸无统帅,略有雠隙,互相戕贼。遇破敌,斩首置于楼下,军校毕集,结束甚武,髻插雉尾,手执兵戈,绕俘馘而舞,仍杀鸡祭之,使巫祝之曰:'尔酋长人民速来归我。'祭毕,论功名,明赏罚,饮酒作乐而罢。攻城破栅,不杀其主,全家逐去。不然,囚之至死。"①由于元朝正是傣族社会从奴隶制向封建领主制转化时期,人口是生产力中决定性因素,对于经济的发展起着重大的影响作用。因此,傣族土司在战胜以后通常把被俘人员归自己统治,便于安排从事生产活动。否则,将战俘囚之至死。

上述情况在明代后又有所变化,原因是明代后傣族社会已经进入封建领主制社会形态。在封建领主制社会,土地变成生产力的要素,是生产关系中的决定性因素,因此,明代以后的傣族土司政权之间的战争目的已经变成兼并土地,而不再是为了掠夺人口了。

(四)傣族战争中的盟约

据史料记载明代有关百夷战争盟约事例,具体如下:

> 洪武中,三将军下云南,思伦请降,授麓川平缅宣慰司使。未几,思伦叛,逐景东知府俄陶,大杀掠。西平侯沐英讨平之。已而思伦与土目刁干孟相杀,上命沐春、何福进讨。何福擒干孟,因分其地设孟养、木邦、孟定三府属云南,而以潞江、干崖、大侯、湾甸四长官司隶焉。永乐元年,改设孟养、木邦为宣慰,以刁木旦为宣慰使,废思伦旧职。而木旦为缅甸土官那罗塔所杀,兄子刁宾玉以土同知典宣慰事,然又阻于缅,寄居金齿

---

① (元)郭松年、李京:《云南志略辑校》,王叔武校注,云南民族出版社1986年版,第92页。

者有年。正统初，思伦子思任性桀黠善兵，每大言复祖父遗业。至是乘衅据麓川略孟养地，傍及孟定、湾甸、南甸、潞江，并攻陷腾冲而自称曰法。法者夷王号也。而王振用事，欲示威四裔，乃于六年春，命定西伯蒋贵为平蛮将军，同兵部尚书王骥、监军曹吉祥率湖广、四川、广西、贵州及京营军一十二万往征之。陛辞，赐金兜鍪细铠弓矢蟒衣以行。时思任既遁，而其子思机潜匿孟养，复求抚乞守故地。朝议谓首恶未擒，余尊复炽，命王骥再镇云南。

　　先是思陆既受约于官不过金沙江一步，然豪僭夷中较昔尤甚，居常怏怏必欲复故职，会成化中，太监钱能镇云南，思陆乃以祖母琭带及诸珍物饵能，能召见设饮食，亲与相对，思陆益自负。及弘治改元，诏以金牌信符给徼外土酋。时孟养宣慰虽废，而兵部失检，偶以旧号颁给，思陆遂以牌符呼召诸夷曰：天朝复官立我矣！诸夷信之，遂略取傍小邑自广。至是，请剿思楪，而诸夷竞传猛密畏思陆兵，当从思陆请，参政毛科以为然，遂请于总兵镇巡官檄召之未至，思楪遣人赂思陆，思陆不受，曰：吾破孟密则宝将焉往而需赂为？科等闻其语，益喜，乃约木邦为内应，而木邦军窊亦密遣夷目陈思楪可擒之状。会副使赵炯与科会腾冲，而参议黄东山则先之陇川储粮，科欲急为功，合罪人纳赎米及征潞江土舍侵用岁例银犒军，促调孟养兵。孟养兵至，其领兵者为大陶孟伦索，过金沙江，指飞鹰笑曰：我曹犹此也，得食即食，其不为人使明矣！科闻大愠，值科营失火，营毁，狼狈移屯不能军，且饥甚，日采芭蕉心食之，遂引退。而孟养兵无意战，将取道干崖徙去，思楪遂遣兵蹑之，孟养败，然思楪终以势不敌，遣土目曩方请事，愿献象二只，谢罪窊仍备方物入贡，科喜，方自以为功，而镇巡委副使荆茂及黄东山往验，且受其请，奏录茂，东山及炯科功，而以科营失火使对簿，科不平，奏办功过，炯以茂、东山功在己上，赋诗十二章以进。上恶之，罢科、炯官，而孟养则从此违誓渡江，大攻猛密，取蛮莫、贡章诸寨，抚谕不听，会罕宕死，子罕烈袭宣慰职，年幼不能自立，欲借思陆兵报猛密，思陆遂自称宣慰，阻山四出。黔公沐英案：英疑当作崐。上三策：上大征，中雕剿，下抚谕。诏姑用下策，遣参将卢和统官军同参议郭绪、副使曹玉诣思陆开谕，思陆听命，渡江去。时镇巡请暂于腾冲拨官军堵守，锡思陆名目冠带。朝议不许。嘉靖初，诸夷以仇杀侵夺，各上诉，下镇巡按勘。镇巡遣官偏历诸夷，各伏罪还所侵地。会思陆已死，其子思伦与木邦罕烈各入贡，思伦约罕烈击缅，掳其宣慰莽纪岁，语具《缅甸志》，于是纪岁子莽瑞体仇杀并孟养有之，而思氏遂衰。当是时木邦罕烈与猛密思子思混仍争地不决，朝议以蛮莫、猛母十三寨土地辽阔，轮戍不能守，莫若分其地仍属猛密管食，岁征差发银一千两，而割孟乃七寨仍归木邦，未果，既而木邦、猛密具入缅，见《缅甸志》。①

此处金沙江盟誓是傣族军事法律中的协定方式。思陆为打破不过金沙江的誓言，采取了种种措施和借口，最后借助天朝（协定中的对方）的管理破绽才能得过金沙江。这说明军事中的誓言是傣族军事中一项重要的战争双方的协定方式，是双方都必须严格遵守的习俗。同时，此种军事协定方式也显示出傣族军事协议制度发展还处于习惯法阶段。

---

① （清）毛奇龄：《云南蛮司志》，乾隆十年刻，西河全集本。

（五）傣族军事法律制度的特殊机制

元明清时期傣族军事法律制度具有其特殊性,这种特殊的民族军事法律制度有着特定的社会机制,具体包括经济、政治和文化等多方面。

1. 傣族经济因素对军事法律制度的影响和作用。由于元代以来的傣族社会经济影响,傣族的军事法律制度有其民族性、阶段性特点,表现为元明清时期傣族军事法律制度简单,而且没有常备军。按《马可·波罗行纪》之金齿州曰:"离大理府后,西向骑行五日抵一州,名曰匝儿丹丹(Zardandan),即金齿。……其俗,男子尽武士,除战争游猎养鸟之外,不作他事;一切工作,皆由妇女为之,辅以战争所获之俘奴而已。"①

《百夷传》记载:"军民无定籍,聚则为军,散则为民,每三人或五人充军一名,正军谓之昔刺,犹中国言壮士也;昔刺持兵器,余则负荷以供所需,故军三十万,则战者不满十万;师行无纪律,先后进退不一,倚象为声势,每战则用绳索自缚于象上,悍而无谋,军器少,弓箭多,长牌为弩,以革为盔,铜铁杂草为甲;胜则骄惰争功,负则逃窜山谷。驿路无邮亭,一里半里构一小草楼,五人坐守,虽远千里,报在旦夕。"②这种类似情况的记载史料直到清代都还很多。

从傣族社会"聚则为军,散则为民"的情况看,傣族社会还没有专门的常备军。在一个阶级利益对抗着的社会条件下,统治者

①　[意]马可·波罗:《马可·波罗行纪》,冯承钧译,商务印书馆1935年版,第119章《金齿州》。

②　(明)李思聪:《百夷传》,按:此用《景泰志》所载《百夷传》,与江南本及《湖南文征》所载不尽相同。

要想实现强有力的阶级统治,没有一支常备军是难以想象的。按照大多数国家的军事制度状况,供养一支常备军必须有庞大的经济实力。傣族的军事法律制度确有特点,这种军事制度应该是与傣族社会经济发展较为落后有一定的关系,当然,除此之外可能还与上述分析的傣族社会民风较为朴实有关。另外傣族军事制度中的战术简单,《西南夷风土记》称明代之百夷战争之战法:"战斗:惟集后阵,知合而不知分,每以鸟铳当前牌,次之枪,又次之象。继枪后,短兵既接,象乃突出。中华人马未经习练者,见象必惊怖辟易,彼得乘其乱也。"①从其中也可以说明傣族社会的军队管理、战术、训练等,一方面具有民族特点,显然大不同于中国中央王朝的军队管理体制和制度;另一方面,傣族社会土司制度中,土司统揽立法、司法、行政和军事权利,没有设置专门的、分门别类的军队管理体制、机制,军队处于临时性的状态,无专门的军事训练、更好的战术研究,这些情况显示出傣族军事法律制度同样处于较低阶段。

　　2. 傣族政治上的领主制度在军事法律制度中的影响。领主制度是傣族传统政治上层建筑的根本制度之一。领主制度采用土司政治权力体系内部的政治权力层层分割的政治运行机制。以西双版纳土司政权为例,召片领是整个西双版纳政权领域之内的最高统治者,下面是由他分封的各孟的土司,孟的土司(即召孟)是孟的最高统治者,其他层次的可以以此类推。按照这个土司政治的领主制政治运行机制,由于两个层次的土司都是各自政治领域内的最高统治者,召片领和召孟之间不可避免地会出现政治冲突,这种政治制度形成的政治权力分割带来的矛盾,反映在经济上和政治决策上的不统一,对于傣族形成统一的常备军队的制约也是

---

① (明)佚名:《西南夷风土记》,附载于明朱孟震宦游余谈中,学海汇编本。

不容忽视的。

3. 傣族特殊民族文化方面的因素。元明清时期的傣族人民有着自身的特殊历史文化,在傣族社会生活中,傣族人民长期与东南亚一些国家和民族关系紧密,傣族文化受东南亚一些国家和民族的文化影响,因而傣族人民民风较为朴实。这点可以从元明清时期和新中国成立以来的傣族社会关系的纠纷状况得以一定的说明。元代的木朵路军民总管府,木邦路军民总管府、蒙怜路军民总管府、蒙来路军民总管府。明代的木邦军民宣慰使司、前期的麓川平缅宣慰使司、孟养军民宣慰使司、孟密宣抚司、蛮莫安抚司、孟艮御史府等地都是元明中国中央政权统治下的类似车里、干崖等傣族土司政权性质的地方土司政权。这些地方都在现在的缅甸范围,傣族文字来源于印度巴利文,过去的八百媳妇国就在现泰国北部一些地区,因此傣族法律文化必然会受到地域性文化的影响。由于这些地方历史上的政治、地理及文字来源等与傣族地区多方面的共同性,导致了它们与现傣族先民们之间产生交流,并产生相互影响成为必然。《云南通志》记载了明代百夷地方民俗与当时的缅甸地方民俗状况:"骠王出行,舆以金绳床,远则乘象,俗恶杀,喜佛法。崇拜巨白象,无桎梏,有罪者束五竹捶背,重者五,轻者三,杀人则死。"① 从中可以看出,傣族社会的民风较为朴实,加上明朝以后佛教在傣族社会普遍传播,傣族人民几乎全民信教,佛教对推进傣族社会关系和谐也有一定的作用,这样傣族社会冲突较为缓和,这也是傣族长期没有建立一支常备军的一个可能原因。

---

① (明)邹应龙修,李元阳纂:《云南通志》卷一六《僰夷风俗》;转引自方国瑜主编:《云南史料丛刊》第6卷,云南大学出版社2000年版,第646页。

第五章　元明清时期傣族
民事法律制度

　　民事法律制度是一个国家或民族法律体系的重要内容,是调整平等的当事人之间的权利义务关系的法律制度体系。元明清时期傣族社会的民事法律制度不可能像现代民事法律制度一样规范,也不可能像现代法律制度体系中的民事法律制度那样健全,但是,元明清时期的傣族民事法律制度同样是傣族社会成员极其重要的行为规范。

一、傣族婚姻家庭法律制度

　　婚姻家庭是人类最为基础的社会组织形式,家庭是社会生活的细胞,因而,家庭制度是傣族社会极其重要的法律制度。

　　(一)傣族婚姻家庭制度规范
　　1. 傣族等级内婚
　　傣族婚姻上采用的是等级内婚,具体表现在土司内部,孟级的人只能和孟级的结婚。孟的姑娘一般不能嫁给其他等级之人。如果第二等级的土司娶孟级的姑娘为妻,要缴纳相当数量的"买等级银"。孟的男子能娶其他等级的姑娘为妾。不同等级之间一般是不通婚的。这可能是出自保持各等级之间门当户对、血缘纯正的心理的原因。

　　民间情况也是类似的,在勐养曼景罕寨的调查资料中记载:
"召庄与农民的人格地位是不平等的,相互不得通婚,有严格的规
定,若农民想娶召嫡(召庄姑娘),得出两匹马、数千元半开及其他
许多礼品,而且上门后不得再回原家。反之,召庄若与农民结婚
后,其等级也随之下降为百姓,也不得再回来享受召庄的特权。召
庄死后,要农民抬埋,召庄自然不抬埋死了的农民,农民死后更不
能与召庄埋在一起。"①

　　从许多有关傣族的婚姻关系调查和研究资料看,傣族社会普
遍实行不同等身份等级的等级内婚,这种等级内婚的价值取向与
傣族法规明确规定不同等级社会成员的权利与义务一致。明清的
大量史料都记载有傣族的社会等级制度状况。20 世纪 50 年代的
大量调查资料也都专门指明了傣族社会实行等级内婚,这种婚姻
关系受到傣族法律制度的保障。其实,上述调查资料中显示的等
级内婚制正是从婚姻关系的角度加强了对于傣族传统社会成员等
级制度的确认。傣族文献《泐史》中就记载了元明清时期西双版
纳召片领们大都是严格的等级内婚的模范。

　　2. 从一夫多妻制到一夫一妻制

　　历史唯物主义认为,物质资料和人类自身的生产与再生产是
人类生存和发展的前提条件。因此,婚姻关系和模式也就自然成
为人类特定群体的极为重要的行为模式。当特定群体发展到国家
阶段后,婚姻关系模式也就成为一个民族或国家的非常重要的法

---

　　①　国家民委民族问题五种丛书之一,中国少数民族社会历史调查资料丛
刊:云南编辑组编:《傣族社会历史调查(西双版纳之八)》,云南民族出版社 1985
年版,第 148 页。

律制度。配偶之间的关系结构是婚姻关系法律制度的重要内容。在元明清时期,傣族婚姻家庭法律制度中,配偶之间的关系结构制度发生了转变。

(1)元明至清时期历史阶段傣族社会多有一夫多妻制

元明清时期傣族社会一夫多妻制较为普遍。据傣族历史研究,元明清时期傣族社会不仅傣族土司、富人阶层一夫多妻制较为普遍,而且民间百姓家庭中一夫多妻也并不少见。

从元代情况看,古代之八百媳妇国其国名据说就是源于国王有八百个媳妇的原因。据《新元史·八百媳妇》"八百媳妇,夷名景迈,世传其长有妻八百各领一寨,故名。自古不通中国,世祖中统初,命将征之,不能达而还,后遣使招徕,置八百大甸军民宣慰司"①。又《明史·八百媳妇传》"世传部长有妻八百,各领一寨因名"②。

在明代初期,据《百夷传》"其下称宣慰曰昭,犹中国称主人也……其俗,男贵女贱,虽小民视其妻如奴仆,耕织贸易差徭之类皆系之;非疾病,虽老不得少息。……头目有妻百数,婢亦数百人,少者不下数十,虽庶民亦有十数妻者;无妻妾之分,无嫉妒之嫌。……"③根据上述几条史料分析,由于元至明初时间较短,元中统初至明洪武初期间100年左右的时间。傣族社会生活不会变化太大,更何况人类婚姻关系普遍规律是从群婚制向一夫一妻制转变,在其过程中,婚姻关系中性伴侣数量只会由多到少,而不会相反。所以明初《百夷传》记载的一夫多妻制是可以反映元明时

---

① 参见江应樑:《傣族史》,四川民族出版社1983年版,第127页。
② 江应樑:《傣族史》,四川民族出版社1983年版,第197页。
③ 按:此用《景泰志》所载《百夷传》,与江南本及《湖南文征》所载不尽相同。

期傣族社会婚姻关系制度状况的。

从明代到清代的情况是，据傣族史料《云南通志卷·之十六》记载百夷风俗，"……乐有三，曰僰夷乐、缅乐、车里乐。……头目有妻百数，婢亦数百人，少者数十，虽庶民亦有十数妻者，妻妾无嫉妒之嫌。"①《滇志》记载，"头目之妻百数，婢亦数百人，少者数十，庶民亦数十妻，无妒忌之嫌。旧俗不重处女，如江汉游女之习，及笄始禁足，今则此俗渐革矣。"②《滇略》载百夷："……其俗，男贵女贱，虽小民视其妻如奴仆。头目有妻百数，婢亦数百人，少者不下数十，虽庶民亦有十数者。无妻妾之分，无嫉妒之嫌。"③清《滇小记》载："僰夷，一名摆夷，又称百夷，夷音无正字也。……头目妻以百数，婢乃数百，庶民亦数十妻，无妒忌之嫌。旧俗不重处女，今已革矣。……此大百夷之风俗如此。……盖习车里之俗。"④

清《滇海虞衡志卷》也载有摆夷俗："僰道，于汉为县，故侯国也。……乐有三：曰僰夷乐、缅乐、车里乐。……头目之妻百数，婢亦数百，少者数十，庶民亦数十妻。"⑤

除了元代之外，明清两代这些历史资料也都指明一件事，傣族

---

① （明）万历邹应龙修，李元阳纂：《云南通志》卷之十六《僰夷风俗》；转引自方国瑜主编：《云南史料丛刊（第六卷）》，云南大学出版社 2000 年版，第 644—645 页。

② （明）刘文征撰：《天启滇志》，《羁縻志·种人》；转引自方国瑜主编：《云南史料丛刊（第七卷）》，云南大学出版社 2001 年版，第 75—77 页。

③ （明）谢肇淛：《滇略》卷九《夷略》；转引自方国瑜主编：《云南史料丛刊（第六卷）》，云南大学出版社 1998 年版，第 777—779 页。

④ （清）倪蜕纂录《滇小记》；转引自方国瑜主编：《云南史料丛刊（第十一卷）》，云南大学出版社 2001 年版，第 146—148 页。

⑤ （清）檀萃辑《滇海虞衡志卷·志蛮》之十三；转引自方国瑜主编：《云南史料丛刊（第十一卷）》，云南大学出版社 2001 年版，第 232—234 页。

社会"头目之妻百数,婢亦数百,少者数十。庶民亦有数十妻,无妒忌之嫌"的状况延续到了清代。其实从新中国成立前的中国主体民族社会来看,富人家庭有一夫多妻制现象也是较为常见的,但是我们很少见着史料专门说明这是普遍状况。对比元至明清的傣族社会婚姻关系,说明元明清时期傣族社会是认可一夫多妻制度的。

其他清代史料载不同摆夷事、风俗如旧《云南通志》载:"一名百夷,盖声近而讹也。——头目之妻百数,婢亦数百,少者数十。庶民亦有数十妻,无妒忌之嫌。旧俗不重处女,及笄始禁足,今则此俗渐革矣。——盖习车里之俗。"①

恩格斯指出,人类的婚姻关系制度是从血缘家庭到普那路亚家庭,再到对偶家庭,最后才是一夫一妻制家庭。② 可见,在人类发展进程中,个人的性伴侣是从多数到一对一的。那么,傣族社会在元明时期,甚至清代早期都是大量的一夫多妻制也就可以理解了。原因可能有,第一,傣族社会气候比较热,人的生理发育较早和性荷尔蒙分泌较旺。第二,傣族社会家庭体制发展阶段较晚。第三,傣族地区自然生态环境优裕,生存条件容易,便于组成大家庭。第四,傣族地区的离婚条件简单,离婚率高,这点可以使得婚姻对象的男女比例之相对数量得到增加(通过多次离婚和再婚,个人想婚姻对象数量也就得到增加)。

(2)近代傣族婚姻关系法律制度转变为较为普遍的一夫一

---

① (清)阮元、伊里布等修,王崧、李诚等纂:《云南通志》,《南蛮志·种人》;转引自方国瑜主编:《云南史料丛刊(第十三卷)》,云南大学出版社2001年版,第355—360页。

② 参见恩格斯:《家庭、私有制和国家的起源》,《马克思恩格斯全集》,人民出版社1995年版,第24—82页。

妻制

　　大量的文献都载明新中国成立国前傣族社会婚姻关系中一夫一妻制已经较为普遍。这个观点也是学术界同仁对于傣族社会婚姻关系制度问题比较赞同的看法。笔者在比较傣族历史资料的记载状况和对于傣族历史的相关问题研究后，也认为，近代傣族社会的婚姻关系制度主要是一夫一妻制。但是，基于笔者对于傣族历史线索的深入研究，如文章上部分所述情况，笔者并不赞同傣族的传统婚姻关系制度就是一夫一妻制。在深入研究傣族婚姻进程历史的基础上，笔者进一步认为，近代傣族社会的婚姻关系制度状况恰好说明元明以来的傣族婚姻关系制度在清代期间至民国时期已经发生了巨大的变迁。

　　江应樑先生是我国最早进入傣族地区开展调查研究的学者，他是在民国时期进入傣族社会进行调查研究的。江应樑先生应该是通过对于傣族历史研究和对于民国时期当时的傣族社会的婚姻状况调查后认为："今日的土司头目，虽不至妻妾数十，但每人娶三五房以至十数房妻妾，是常有的事。在民间，则差不多全是一夫一妻制。"①江先生的研究成果应该能够说明在民国时期，傣族社会的婚姻关系制度已经主要支持一夫一妻制了。

　　我国 20 世纪 50 年代有一批学者在中央和云南省政府的支持下，专门开展了对于傣族地区政治、经济、社会和历史文化方面的调查，整理出版了许多重要的傣族研究文献，这些文献成为研究傣族近代社会的极其重要的资料。如张元庆在耿马县孟定区"傣德"社会习俗调查之婚姻和家庭中的资料显示"傣德实行一夫一妻制。解放前只在民族内部通婚，也不和傣挪通婚。只要血缘关

---

①　江应樑：《傣族史》，四川民族出版社 1983 年版，第 590 页。

系在三代以外,男女青年自由恋爱,结婚自由"①。在对于芒市的傣族妇女的一段调查资料中说:"……婚姻对象的寻定,是'小菩少'们精神上相当大的负担。一般群众的女儿并不愿意嫁给官家,因嫁给官家固定是做小老婆的(丈夫娶官家的姑娘即使结婚在后也是正室),而且受气遭冷遇,挨打挨骂,与丫头一样干活,听丈夫和大老婆的使唤。还不准与其同桌吃饭。连所生的小孩也低人一等,大老婆的孩子即使年纪小,也还是得尊称为哥哥姐姐。"②在元江县的傣族婚姻关系的调查资料中有:"傣族的婚姻一般是一夫一妻制,偶尔有娶妾的。"③

　　这些调查资料反映了傣族地区,在新中国成立初期的婚姻关系制度的基本面貌。通过对这些资料的分析,我们可以得出这样几个结论。第一,在民国以来到新中国成立初期,傣族社会基本的、较为普遍的婚姻关系体制是一夫一妻制。第二,在这个阶段的傣族社会还有一夫多妻制,这种一夫多妻制的情况在傣族地方于政治和经济上占优势的社会成员中较为普遍。第三,妇女在婚姻关系制度中的地位较低。第四,一夫多妻制的家庭中,已经出现了妻妾之分,多妻之间的经济社会地位是根据经济和社会等级而确定的,与元明时期的无嫉妒之嫌相比较,已经是两种情况了。第五,傣族婚姻关系制度中,已经出现了与其他民族通婚的情况和规

---

① 国家民委民族问题五种丛书之一,中国少数民族社会历史调查资料丛刊:《临沧地区傣族社会历史调查》,云南省编辑组,云南人民出版社1986年版,第129页。

② 民族问题五种丛书,中国少数民族社会历史调查资料丛刊:《德宏傣族社会历史调查(一)》,云南省编辑委员会编,云南人民出版社1984年版,第37页。

③ 国家民委民族问题五种丛书之一,中国少数民族社会历史调查资料丛刊:《思茅玉溪红河傣族社会历史调查》,云南省编辑组,云南人民出版社1985年版,第88页。

定。第六，傣族社会婚姻关系制度中还规范傣族不同社会成员之间通婚的关系。

3. 不忌血缘婚，不重处子

据元明时期的傣族史料记载，傣族民间不重宗族，不祭祖，因而在婚姻关系中，不忌血缘内婚，没有亲缘辈分限制，不同辈分的亲戚同样可以婚配。傣族史料记载："彪裴法的儿子奢陇法，年轻时即很聪明机智，道西拉钪抚为义子，派管勐养，并做带兵官，协助道西拉钪办理地方事；后因私通道西拉钪妃子，道西拉钪知道后，把他革职放逐出去。奢陇法流落无依，做小贩维持生活三年。道西拉钪后来感到无人办事，把他找回，依然如前，协助道西拉钪办理地方政事，做带兵官，要他管理勐混勐海等三纳版，并把女儿郎崙格嫁给他做妻子。奢陇法对地方的建设，犯罪人的处理，甚至百姓耕种等事情，都办得很有条理，因此地方太平，百姓尽皆欢喜，各方的头人都来归顺，他的疆界也扩至勐勉，在他所管的地方，人民没有负担。"①彪裴法为道西拉钪的三弟，因而奢陇法的婚姻是血缘内婚。明代《西南夷风土记》记载百夷地方习俗："种类：曰阿昌、曰百夷、曰老缅、曰蒲人、曰僰人、曰剽人、曰杜怒、曰哈喇、曰古喇、曰得棱子、曰遮些子、曰安都鲁、曰牛哒喇、曰孟艮子、曰赤发野人……婚姻不用财举以与之，先嫁由父母，后嫁听其自便，惟三宣稍有别，近华故也。其余诸夷，同姓自相嫁娶，虽叔、侄、弟、妹有所不计，莽著娶莽瑞体之女，叔娶侄也；著女嫁莽应理，妹适兄也。夷

① 参见民族问题五种丛书，中国少数民族社会历史调查资料丛刊：云南省编辑委员会编：《傣族社会历史调查（西双版纳之三）》，云南民族出版社1983年版，第3页。

狄禽兽。"①《(天启)滇志》记载："……旧俗不重处女,如江汉游女之习,及笄始禁足,今则此俗渐革矣。"②

另外,傣族婚姻关系中不重处子。这可能与傣族民间的结婚前谈恋爱的方式以及傣族地方地处亚热带气候,性成熟较早,性荷尔蒙分泌较旺以及一夫多妻制和傣族离婚、结婚次数较多等因素有关系。瑞丽调查资料记载:"傣族的婚姻关系,保留着封建社会的买卖婚姻和父母包办,同时还受宗教束缚,但男女孩子社交公开,恋爱自由。由于地处亚热带,青年早熟(女的十四岁,男的十八岁就有寻找异性的要求),因而这种自由结合,男女双方的感情不巩固的,结合后经常会因一些小事问题,或经济上的穷困而产生离异。"③有学者认为:"傣族地区由于气候炎热,青年早熟,早婚现象十分普遍。一般男的十七岁,女的十五岁结婚的很多。这对后一代的健康是不好的;另一方面容易结合,又容易离弃,在傣族地区中十九岁的男孩结婚数次,十七岁的女孩子结婚数次不是罕见的。如女子在恋爱时与男子发生性关系而受孕,女方必须设法找到男方办理结婚手续(这种行为受社会非议,认为是不懂道理才这样做)。如果男方跑到其他地方或坚决不承认,则女方必须买东西向寨子老人认错才行,生下来的小孩自己抚养。"④另有学者

---

① (明)佚名:《西南夷风土记》,附载于明朱孟震宦游余谈中,学海汇编本。

② (明)刘文征:《滇志》之《羁縻志·种人》,旧中央研究院历史语言研究所晒蓝本。

③ 参见民族问题五种丛书,中国少数民族社会历史调查资料丛刊:云南省编辑委员会编:《德宏傣族社会历史调查(二)》,云南人民出版社1984年版,第131页。

④ 参见民族问题五种丛书,中国少数民族社会历史调查资料丛刊:云南省编辑委员会编:《德宏傣族社会历史调查(二)》,云南人民出版社1984年版,第136页。

调查发现勐养的"花腰傣的婚姻,习惯上完全与水傣相似。有的男女青年在恋爱期,不够严肃,在未婚前就有小孩,在曼哥拉有个妇女,孩子有八岁了,今年才结婚,对这种情况,人们认为是不吉利的,有人说这样的是看不起头人、寨上人,只有处罚她。罚她一口猪、一只狗、一只鸡、一只鸭,这些东西杀在寨外(不能在寨内杀),杀后大家吃。'咩母'在这天要到她家训一番话"①。

由此可见,傣族结婚、离婚次数较频繁,加之有可能发生婚前性行为,使得结婚时女方是处女之机会大大降低,因而也不可能再重处女了。

但是,在20世纪50年代的调查资料中,傣族也有反对婚前性关系的状况。如前述明代后期以来的史料记载也说傣族原有的婚俗开始改变。20世纪50年代的调查资料中,有学者记录了傣族社会认为婚前性行为不道德的观点,是对村寨头人不尊敬的看法。② 这种情况是傣族在与内地其他各民族的频繁交往中,在傣族社会形态和机制进一步的变迁中,在外来文化的影响中,傣族婚姻关系制度中一部分内容在近代的变迁。这个问题笔者将在下文专门讨论。

4. 结婚程序

各傣族地方之婚嫁不尽完全相同,但归纳起来都有恋爱、订婚、结婚几个环节。一是恋爱。傣族青年男女有选择对象的自由,

---

① 参见国家民委民族问题五种丛书之一,中国少数民族社会历史调查资料丛刊:云南省编辑组编:《傣族社会历史调查(西双版纳之八)》,云南民族出版社1985年版,第175页。

② 参见民族问题五种丛书,中国少数民族社会历史调查资料丛刊:云南省编辑委员会编:《德宏傣族社会历史调查(二)》,云南人民出版社1984年版,第136页。

他(她)们利用各种集会、赶摆、赶集、婚丧喜事、节日以及适龄男女到寨外挑水等机会谈情说爱。当他(她)们找到合意的对象时,双方会互相交换礼物以示心意。傣族青年男女要经过一段时间的恋爱后才进入到订婚环节。二是订婚。订婚通常是男方父母亲自到女方家提亲,或请媒人到女方家提亲。若双方父母同意,则商量下一步结婚的礼物以及婚后的组建家庭具体问题。耿马地区的傣族小伙子在订婚后就把小姑娘领回家,但不同床,称为"亮象"。①当然,也有女方父母因对男方的礼物不满意等原因而不同意婚事的。三是结婚。傣族结婚形式又分为正常结婚和抢婚两种。正常结婚是在订婚顺利的条件下,双方家庭商量好结婚礼物,婚后居住处等问题后,选好吉时,有的请佛爷定吉日,男方到女方家迎娶。迎娶的礼仪各地不尽相同。当男女双方父母因各种原因不同意婚事时,便可能出现偷婚或抢婚。偷婚时,男女青年离家两天后,托人告诉女方家长,你女儿已丢失了,是跟某寨某人跑的,接着便说,时代变化了,男方家庭也很好,好坏已由命运注定等。女方家长也不好再说什么,只好同意。经过这段谈话后,隔一两天又由另一人带着男女青年去找女方家长讲价钱,谈妥后就可以办理婚事,男方须办喜酒请客。② 偷婚只在一些地方见,如瑞丽、芒市等。抢婚各傣族地方都很常见。抢婚源于男爱女、女不愿意的情况,德宏地区普遍存在抢婚习俗。抢婚中男女双方上演抢婚与反抢婚的喜剧。

① 参见国家民委民族问题五种丛书之一,中国少数民族社会历史调查资料丛刊:云南省编辑组编:《临沧地区傣族社会历史调查》,云南人民出版社 1986 年版,第 130 页。

② 参见民族问题五种丛书,中国少数民族社会历史调查资料丛刊:云南省编辑委员会编:《德宏傣族社会历史调查(二)》,云南人民出版社 1984 年版,第 132 页。

抢婚几天后,男家请媒人到女方家求亲,请求承认既成之事实。双方约集亲邻、父老、头人。女方抬出一块大石头放在院中,指着说,骋礼的银子重量要有这块石头大,才允嫁女,男方表示无力办到。然后由头人、父老等一次次地用铁锤敲去一块块小石块。最后只剩一小块石块,女方家表示不能再敲,男方家表示可以办到,双方达成共识,之后重新举行婚礼。抢婚在傣族社会是一个缓解男女双方因骋金而产生矛盾的好形式,同时也促成了许多傣族青年的婚姻,从一定程度上维持了傣族社会的稳定。傣族结婚后是从夫居还是从妻居主要依据双方家庭条件而定,很多地方都有从妻居的现象,如瑞丽、芒市、耿马、墨江等地。傣族从妻居也要经过媒说及一套相当的礼仪,各地礼仪不尽相同。从妻居是傣族婚姻关系中的一个特点,它缓解了女方家庭劳动力供求之矛盾。

5. 离婚

傣族社会离婚现象较为普遍,有的十九岁的男孩或十七岁的女孩已结婚数次。离婚现象频繁的原因可能是傣族地区地处亚热带气候地区,男女青年生理性早熟,然而思想不一定成熟,在此情况下结婚,显然走向离婚的概率大大增加。另外还有重要的一点是傣族离婚的手续极为简单。如耿马傣族在"解放前,离婚手续很简单,只要双方感情不和,或一方作风有问题,或身体有病,另一方就可以提出离婚"。① 离婚后财产处理也很简单。归纳起来有这样一些离婚原因:其一,恋爱期短促,互相了解不够,考虑不周到,感情不稳固。其二,结婚后,因为经济原因或家庭关系原因

---

① 参见国家民委民族问题五种丛书之一,中国少数民族社会历史调查资料丛刊:云南省编辑组编:《临沧地区傣族社会历史调查》,云南人民出版社1986年版,第130页。

而离婚。其三,夫妻双方性生活不和谐,其中一方或双方有外遇。

在离婚原因简单和离婚手续简便双重因素作用下,傣族社会离婚现象普遍是可以想象得到的了。离婚率高也与傣族离婚财产处分非常简易有关。在耿马孟定的傣德,如果是从妻居的妻子主动提出离婚,便将其夫带来的衣物和被褥抱至门外,放上两只蜡条,男方如果同意,就取一只蜡条,抱起行李,回到自己家去,这就算离婚了。如果是从夫居的,女的打算离婚,抱起自己的衣服,回到自己家去,男的不去找,就算离婚了。一方提出离婚后,另一方如果不同意,可以不拿蜡条,请人调解。但一般情况是,只要一方提出离婚,另一方也会同意。他们认为既然到了如此地步,再一起过下去也没有什么意思了。夫妻感情不好,既不和好,也不离婚,是自己折磨自己,别人也会议论。所以只要一方坚持离婚,即使经过调解,也很难再和好。① 离婚后的女人再婚,身价要低一些,一般比初婚者低三分之一左右。在西双版纳,办理离婚手续由村寨当权头人主持,参加的人有双方家长、家族长、家族成员和当事人男女双方。裁决办法,无论男女哪一方提出,提出的一方,必须出离婚费半开二十五元,其中扣除半开五角,留给出离婚者本人,作为"暖心"金钱外,其余二十四元五角分为三份,一份给当权头人,一份给对方父母,一份给对方家族。如果双方愿离婚,从妻居的丈夫要把女方房屋四周篱笆围好,女方要给男方缝一套新衣服,然后女方将两对蜡条递给男方,男方收下,就算离婚,从此,男女双方就

---

① 参见国家民委民族问题五种丛书之一,中国少数民族社会历史调查资料丛刊:云南省编辑组编:《临沧地区傣族社会历史调查》,云南人民出版社1986年版,第130、131页。

可另找配偶。离婚后,家庭财产共同添置的,双方协商合理分配。① 在西双版纳勐养,离婚时,不论男女哪一方先提出离婚,都要负责赔还结婚时所耗用的礼费和财物,赔还的财物要给头人三分之二。离婚时对子女的处理,如果婚后只生有一个孩子者,多数判给女方,有两个者,男女各一个;有三个者,判给男方两个,女方一个。离婚时财产的处理,主要视判决双方子女多少,如一方带的孩子多,相应地把财物和大牲畜都多判给一方,作为对子女的抚养费。离婚时对新婚后的新借的债务处理:如果债务是用于家庭内共同的开支,离婚后由双方各赔一半,如果属于婚后单独方新借的债务,谁借的谁赔。②

6. 家庭结构

傣族社会子女未结婚时和父母住在一起,一旦结婚,则另立门户,结婚后与父母同住的极少,甚至老年妇女在子女结婚后,照样单独生活,而不跟子女住在一起。因此,家庭结构较为简单。在傣族家庭中,男女地位是对等的。此处称傣族家庭中的男女对等是区别前述社会等级制度中的男女性别不平等而言。说对等是从二者由于家庭劳动中各自有的收入、各有一小部分财产的角度思考。因而,男女在家庭中都有一定程度的部分财产处分权。当然,随着历史发展及外来文化的影响,男女地位状况会有所变化。但是,纵观元明清时期的傣族社会,男尊女卑是其基本特征。女子在家庭

---

① 参见民族问题五种丛书,中国少数民族社会历史调查资料丛刊:云南省编辑委员会编:《西双版纳傣族社会历史综合调查(二)》,云南民族出版社1984年版,第133页。

② 参见民族问题五种丛书,中国少数民族社会历史调查资料丛刊:云南省编辑委员会编:《西双版纳傣族社会历史综合调查(二)》,云南民族出版社1984年版,第136页。

中独立劳动,有自己的收入,因而经济上不依赖于男子。家庭财产男女各管一部分。女子有自己的积蓄,男子也有大宗财产的处理权和对外负担义务。耿马的傣德实行男子为家长的个体家庭,一般为父母和子女两代或祖父母、父母、子女或外祖父母、婿女、外孙三代。家庭中男女平等,尊老爱幼。儿女的婚姻大事,做父亲的是极少过问的,只要做母亲的同意就可以了。男女分工比较明确,男孩到十岁当和尚还俗后就开始放牛,学习农活,结婚后三年内,必须掌握家庭生产相关的技术,妇女结婚三年内要迅速掌握持家的基本技能。① 耿马傣德还出现了女子掌权家庭和女子为父母送终,并继承财产的情况。这些情况的出现,应是傣族文化受汉文化影响的缘故。

7. 其他婚姻现象

关于傣族婚姻入赘情况,罗大云等认为:"在傣族中入赘的情形比较普遍。家庭中若缺乏劳动,或者人手较少,不愿把女儿出嫁便招男方入赘。入赘者没有继承财产的权利,分居后,不分田产。现无田户中入赘分居者为数不少。很多贫苦农民,无力娶妻,被迫入赘。入赘后离婚手续极其简单,只要其中一方提出离婚,即可解除婚姻关系。"②李克珍、曹成章等调查发现,在元江县,"这里也有赘婚,只要男方送给女方两对鸡、鸭即可上门,但赘婚并不多见。"③

---

①　参见国家民委民族问题五种丛书之一,中国少数民族社会历史调查资料丛刊:云南省编辑组编:《临沧地区傣族社会历史调查》,云南人民出版社 1986 年版,第 131 页。

②　民族问题五种丛书,中国少数民族社会历史调查资料丛刊:云南省编辑委员会编:《德宏傣族社会历史调查(一)》,云南人民出版社 1984 年版,第 273 页。

③　国家民委民族问题五种丛书之一,中国少数民族社会历史调查资料丛刊:云南省编辑组编:《思茅玉溪红河傣族社会历史调查》,云南人民出版社 1985 年版,第 81 页。

墨江"曼兰傣族实行姑舅婚、姨表婚,还有兄死弟娶其嫂的习俗,多半已由从妻居过渡到从夫居,但仍保存有从妻居的现象。从妻居者先要到女方家劳动两三年,经过劳动考验再正式举行婚礼。从妻居者,多半是家庭经济困难的男子"①。这些现象说明:其一,傣族传统的习俗大多是从妻居,基本没有入赘现象。其二,入赘现象反映出,一方面外来民族的地方婚俗对傣族人民产生了一定影响;另一方面,它折射出傣族地方阶级分化加剧,贫富分化突出。其三,姑舅婚、姨表婚以及兄妻转房婚说明,与傣族人民长期和睦相处的其他民族,特别是彝语民族婚姻文化已为傣族人民生活中所接受。

8. 婚姻禁忌

傣族地方婚姻忌禁习俗,主要是:从关门节到开门节期间不准谈恋爱,不准结婚;土司婚姻由父母创办,并且上报中央王朝管理、备案;禁等级外婚,禁族外婚,这一禁忌随汉化程度而发生变迁;"琵琶鬼"不得同其他老百姓子女结婚,只能"琵琶鬼"之间互婚;田亢与田亢、寨与寨之间通婚,若不出婚礼费不能结婚;遇有直系亲属去世,一年内不得结婚;男行三、女行四不能结婚。

(二)元代以来傣族传统婚姻法律制度的历史变迁及机制

历史唯物主义认为,物质资料和人类自身的生产和再生产是人类生存和发展的前提条件。因此,婚姻关系和模式也就自然成为人类特定群体的极为重要的行为模式,当特定群体发展到国家

---

① 国家民委民族问题五种丛书之一,中国少数民族社会历史调查资料丛刊:云南省编辑组编:《思茅玉溪红河傣族社会历史调查》,云南人民出版社 1985 年版,第 156 页。

阶段后,婚姻制度模式也就成为一个民族或国家的非常重要的法律制度。正是这个原因,婚姻制度就成为众多领域和学科专业的学者们研究的热点问题。元代以后,由于傣族社会完全被纳入中央王朝统治范围之内,使得傣族社会法律制度发生了多方面的变迁。也正是由于元明清时期的傣族社会多方面的变动,使得傣族婚姻关系制度成为学者们关心,但又存在许多没有梳理清楚的历史线索的领域。本书就是希望通过对于傣族历史上的婚姻关系法律制度作些更为深入的分析,理清傣族社会婚姻关系制度历史变迁的基本轮廓。

1. 元明清时期傣族婚姻存在一夫多妻制

元明清时期傣族社会一夫多妻制较为普遍。根据傣族历史研究,元明清时期傣族社会不仅傣族土司、富人阶层一夫多妻制较为普遍,而且民间百姓家庭中一夫多妻也并不少见。

从元代情况看,古代之八百媳妇国其国名据说就是源于国王有八百个媳妇的原因。据《新元史·八百媳妇》载:"八百媳妇,夷名景迈,世传其长有妻八百各领一寨,故名。自古不通中国,世祖中统初,命将征之,不能达而还,后遣使招徕,置八百大甸军民宣慰司。"[①]又《明史·八百媳妇传》载:"世传部长有妻八百,各领一寨因名。"[②]

明代初期,据《百夷传》传:"其下称宣慰曰昭,犹中国称主人也……其俗,男贵女贱,虽小民视其妻如奴仆,耕织贸易差徭之类皆系之;非疾病,虽老不得少息。……头目有妻百数,婢亦数百人,少者不下数十,虽庶民亦有十数妻者;无妻妾之分,无嫉

---

① 江应樑:《傣族史》,四川民族出版社 1983 年版,第 127 页。
② 江应樑:《傣族史》,四川民族出版社 1983 年版,第 197 页。

妒之嫌……"①根据上述史料分析,由于元至明初时间较短,元中统初至明洪武初期间100年左右的时间,傣族社会生活不会变化太大,更何况人类婚姻关系普遍规律是从群婚制向一夫一妻制转变,其过程中的婚姻关系中性伴侣数量只会由多到少,而不会相反。所以明初《百夷传》记载的一夫多妻制是可以反映元明时期傣族社会婚姻关系制度状况的。

从明代到清代的情况是,据傣族史料《云南通志》卷一六记载百夷风俗:"乐有三,曰僰夷乐、缅乐、车里乐……头目有妻百数,婢亦数百人,少者数十,虽庶民亦有十数妻者,妻妾无嫉妒之嫌。"②《滇志》记载:"头目之妻百数,婢亦数百人,少者数十,庶民亦数十妻,无妒忌之嫌。旧俗不重处女,如江汉游女之习,及笄始禁足,今则此俗渐革矣。"③《滇略》载百夷:"其俗:男贵女贱,虽小民视其妻如奴仆。头目有妻百数,婢亦数百人,少者不下数十,虽庶民亦有十数者。无妻妾之分,无嫉妒之嫌。"④清《滇小记》载:"僰夷,一名摆夷,又称百夷,夷音无正字也……头目妻以百数,婢乃数百,庶民亦数十妻,无妒忌之嫌。旧俗不重处女,今已革矣……此大百夷之风俗如此……盖习车里之俗。"⑤

---

① （明）李思聪:《百夷传》,按此用《景泰志》所载《百夷传》,与江南本及《湖南文征》所载不尽相同。

② （明）邹应龙修,李元阳纂:《云南通志》卷一六《僰夷风俗》;转引自方国瑜主编:《云南史料丛刊》第6卷,云南大学出版社2000年版,第644—645页。

③ （明）刘文征:《滇志》之《羁縻志·种人》;转引自方国瑜主编:《云南史料丛刊》第7卷,云南大学出版社2001年版,第75—77页。

④ （明）谢肇淛:《滇略》卷九《夷略》;转引自方国瑜主编:《云南史料丛刊》第6卷,云南大学出版社1998年版,第777—779页。

⑤ （清）倪蜕纂录:《滇小记》;转引自方国瑜主编:《云南史料丛刊》第11卷,云南大学出版社2001年版,第146—148页。

清代《滇海虞衡志卷》中载有摆夷风俗是:"僰道,于汉为县,故侯国也……乐有三:曰僰夷乐、缅乐、车里乐……头目之妻百数,婢亦数百,少者数十,庶民亦数十妻。"①

除了元代之外,明清两代这些历史资料也都指明一件事,傣族社会"头目之妻百数,婢亦数百,少者数十。庶民亦有数十妻,无妒忌之嫌"的状况延续到了清代。其实从新中国成立前的中国主体民族社会来看,富人家庭有一夫多妻制现象也是较为常见的,但是我们很少见到史料专门说明这是普遍状况。对比元至明清的傣族社会婚姻关系,说明元明清时期傣族社会是认可一夫多妻制度的。

其他清代史料载不同摆夷事、风俗:"旧《云南通志》:一名百夷,盖声近而讹也……头目之妻百数,婢亦数百,少者数十。庶民亦有数十妻,无妒忌之嫌。旧俗不重处女,及笄始禁足,今则此俗渐革矣……盖习车里之俗。"②

恩格斯指出,人类的婚姻关系制度是从血缘家庭到普那路亚家庭,再到对偶家庭,最后才是一夫一妻制家庭。③ 可见,在人类发展进程中,个人的性伴侣是从多数到一对一的。那么,傣族社会在元明时期,甚至清代早期都是大量的一夫多妻制也就可以理解了。原因可能有,第一,傣族社会气候比较热,人的生理发育较早和性荷尔蒙分泌较旺。第二,傣族社会家庭体制发展阶段较晚。

---

① (清)檀萃辑:《滇海虞衡志》卷一三《志蛮》;转引自方国瑜主编:《云南史料丛刊》第11卷,云南大学出版社2001年版,第232—234页。

② (清)阮元、伊里布等修,王崧、李诚等纂:《云南通志》,《南蛮志·种人》;转引自方国瑜主编:《云南史料丛刊》第13卷,云南大学出版社2001年版,第355—360页。

③ 参见恩格斯:《家庭、私有制和国家的起源》,《马克思恩格斯选集》第4卷,人民出版社1995年版,第24—82页。

第三,傣族地区自然生态环境优裕,生存条件容易,便于组成大家庭。第四,傣族地区的离婚条件简单,离婚率高,这点可以使得婚姻对象的男女比例之相对数量得到增加。

2. 近代傣族婚姻制度以一夫一妻制为主

大量的文献都载明新中国成立前傣族社会婚姻关系中一夫一妻制已经较为普遍。这个观点也是学术界同仁对于傣族社会婚姻关系制度问题比较赞同的看法。笔者在比较傣族历史资料的记载状况和对于傣族历史的相关问题研究后也认为,近代傣族社会的婚姻关系制度主要是一夫一妻制。但是,基于笔者对于傣族历史线索的深入研究,如文章上部分所述情况,笔者并不赞同傣族的传统婚姻关系制度就是一夫一妻制。在深入研究傣族婚姻进程历史的基础上,笔者进一步认为,近代傣族社会的婚姻关系制度状况恰好说明元明以来的傣族婚姻关系制度在清代期间至民国时期已经发生了巨大的变迁。

江应樑先生是我国最早进入傣族地区开展调查研究的学者,他是在民国时期进入傣族社会进行调查研究的。江应樑先生通过对傣族历史研究和对于民国时期傣族社会的婚姻状况调查后认为:"今日的土司头目,虽不至妻妾数十,但每人娶三五房以至十数房妻妾,是常有的事。在民间,则差不多全是一夫一妻制"。①江先生的研究成果应该能够说明在民国时期,傣族社会的婚姻关系制度已经主要支持一夫一妻制了。

我国20世纪50年代有一批学者在中央和云南省政府的支持下,专门开展了对于傣族地区政治、经济、社会和历史文化方面的调查,整理出版了许多重要的傣族研究文献,这些文献成为研究傣

---

① 江应樑:《傣族史》,四川民族出版社1983年版,第590页。

族近代社会的极其重要的资料。如张元庆在耿马县孟定区"傣德"社会习俗调查之婚姻和家庭中的资料显示"傣德实行一夫一妻制。解放前只在民族内部通婚,也不和傣挪通婚。只要血缘关系在三代以外,男女青年自由恋爱,结婚自由"①。在对于芒市的傣族妇女的一段调查资料中说:"……婚姻对象的寻定,是'小菩少'们精神上相当大的负担。一般群众的女儿并不愿意嫁给官家,因嫁给官家固定是做小老婆的(丈夫娶官家的姑娘即使结婚在后也是正室),而且受气遭冷遇,挨打挨骂,与丫头一样干活,听丈夫和大老婆的使唤。还不准与其同桌吃饭。连所生的小孩也低人一等,大老婆的孩子即使年纪小,也还是得尊称为哥哥姐姐。"②在元江县的傣族婚姻关系的调查资料说:"傣族的婚姻一般是一夫一妻制,偶尔有娶妾的"③。

　　这些调查资料反映了傣族地区新中国成立初期的婚姻关系制度的基本面貌。通过对这些资料的分析,我们可以得出这样几个结论:第一,在民国以来到新中国成立初期,傣族社会基本的、较为普遍的婚姻关系体制是一夫一妻制。第二,在这个阶段的傣族社会还有一夫多妻制,这种一夫多妻制的情况在傣族地方于政治和经济上占优势的社会成员中较为普遍。第三,妇女在婚姻关系制度中的地位较低。第四,一夫多妻制的家庭中,已经出现了妻妾之分,

---

①　国家民委民族问题五种丛书之一,中国少数民族社会历史调查资料丛刊:云南省编辑组编:《临沧地区傣族社会历史调查》,云南人民出版社1986年版,第129页。

②　民族问题五种丛书,中国少数民族社会历史调查资料丛刊:云南省编辑委员会编:《德宏傣族社会历史调查(一)》,云南人民出版社1984年版,第37页。

③　国家民委民族问题五种丛书之一,中国少数民族社会历史调查资料丛刊:云南省编辑组编:《思茅玉溪红河傣族社会历史调查》,云南人民出版社1985年版,第88页。

多妻之间的经济社会地位是根据经济和社会等级而确定的,与元明时期的无嫉妒之嫌相比较,已经是两种情况了。第五,傣族婚姻关系制度中,已经出现了与其他民族通婚的情况和规定。第六,傣族社会婚姻关系制度中还规范了傣族不同社会成员之间通婚的关系。

1. 傣族传统婚姻制度中几个重要内容的变迁

按照上面两个部分的描述、分析的情况看,近代傣族社会婚姻关系法律制度虽然继承了元代以来的许多内容,但是,很多方面还是发生了变迁。它与傣族社会自元代以来的经济、政治和文化的历史发展、变化有着密切的联系。从元代至近代的傣族社会婚姻关系制度内容主要发生了以下变化:

首先,由一夫多妻制为主转变为一夫一妻制为主。元明清时期的傣族婚姻关系制度中的一夫多妻制的情况在上面的第一部分专门作了描述。上述大量元明清时期的史料都阐明傣族的婚姻关系制度中一夫多妻制很多、很普遍。而且,一夫多妻中的多妻之间呈现出"无妻妾之分,无嫉妒之嫌"。可见,她们之间的地位是平等的。到了近代的傣族社会,婚姻关系制度中一夫一妻制极为普遍,一些地方只是偶有娶妾的。一些地方专门描述了官家纳妾的制度。这说明近代傣族能够和允许一夫多妻的主要是在政治上、经济上占统治地位的阶级、阶层内。并且,一夫多妻制中出现了妻妾之分,为此还专门有了制度规范。

其次,傣族婚姻关系对象选择范围得到拓宽,婚前性关系制度发生了变化。在元明时期,傣族婚姻关系中是不重处子的。《百夷传》载:"头目有妻百数,婢亦数百人,少者不下数十,虽庶民亦有十数妻者;无妻妾之分,无嫉妒之嫌……有夫而奸盗则杀之,不重处女,其通媒匹配者甚罕,年未笄,听与弱冠男子通,而相得约为夫妇,未婚辄引至男家,姑亲为之濯足,数日送至父母家,方用媒妁以羊酒财帛之类为礼而娶之。"①明代中后期的《天启滇志·羁縻志·种人》记载了重要的百夷习俗:"僰夷种在黑水之外,今称百夷……头目之妻百数,婢亦数百人,少者数十,庶民亦数十妻,无妒忌之嫌。旧俗不重处女,如江汉游女之习,及笄始禁足,今则此俗渐革矣。"②《西南夷风土记》也记载百夷地方习俗:"婚姻不用财举以与之,先嫁由父母,后嫁听其自便,惟三宣稍有别,近华故也。其余诸夷,同姓自相嫁娶,虽叔、侄、弟、妹有所不计,莽著娶莽瑞体之女,叔娶侄也;著女嫁莽应理,妹适兄也。夷狄禽兽。"③明代中后期的这两条史料专门说明了,一是傣族社会婚姻关系中不重处子的情况已经变化。二是傣族社会在明万历之前都还在流行血缘内的婚姻关系(西双版纳傣族《泐史》中类似记载很多)。由于傣族社会成员,特别是土司集团不忌血缘内婚,这种婚姻导致选择对象的范围较小。而这种情况到了近代又有很大的改变。如在近代芒市傣族少女"婚姻对象的寻定,是'小菩少'们精神上相当大的负担。一般群众的女儿并不愿意嫁给官家,因嫁给官家固定是做小老婆的(丈夫娶官家的姑娘即使结婚在后也是正室),而且受气遭冷遇,挨打挨骂,与丫头一样干活,听丈夫和大老婆的使唤。还不准与其同桌吃饭。连所生的小孩也低人一等,大老婆的孩子即使年纪小,也还是得尊称为哥哥姐姐。"④在金平县金水河傣族社

---

① (明)李斯聪:《百夷传》,按此用《景泰志》所载与江南本及《湖南文征》所载不尽相同。

② (明)刘文征:《滇志》之《羁縻志·种人》;转引自方国瑜主编:《云南史料丛刊》第7卷,云南大学出版社2001年版,第75—77页。

③ (明)佚名:《西南夷风土记》,附载于明朱孟震宦游余谈中,学海汇编本。

④ 民族问题五种丛书,中国少数民族社会历史调查资料丛刊:云南省编辑委员会编:《德宏傣族社会历史调查(一)》,云南人民出版社1984年版,第37页。

会"土司、刀曼则常利用自己的政治经济地位,用威胁利诱的手段霸占民女"。① 这说明元明时期傣族的等级内婚制和血缘内婚制都已经发生变迁。不过,这个阶段的傣族婚姻制度还主要是上面等级男性选择下面等级女性作为妾,相反方向的婚姻则很难。如果违反等级婚姻制度,在近代傣族社会下面等级的社会成员必须为此付出"买等级银"。在近代傣族社会,婚前性关系已经被禁止了。在关于近代芒市傣族妇女的调查资料中说:"解放前,各土司均流行'吃花酒'的恶劣行径。吃花酒的'小菩少'多被奸污。被土司奸污后,本人不能再嫁,外人也不敢求婚,要随时等候土司的'招幸'。好一点的或怀了孕的也许会被土司收为小老婆,不然终身'守活寡'。"②另据关于耿马县孟定区的资料记载:"傣族青年谈爱,既大胆,也严肃,不能滥用语言,不能有越轨行为。"③这些情况与元明时期的不重处子显然是不同的。在新中国成立初,由于西双版纳土司制度保持得完整,因此,西双版纳傣族的等级内婚制度的状况也比其他傣族地区更加完整地保留了下来。④

---

① 国家民委民族问题五种丛书之一,中国少数民族社会历史调查资料丛刊:云南省编辑组编:《思茅玉溪红河傣族社会历史调查》,云南人民出版社 1985年版,第 138 页。

② 民族问题五种丛书,中国少数民族社会历史调查资料丛刊:云南省编辑委员会编:《德宏傣族社会历史调查(一)》,云南人民出版社 1984 年版,第 36—37页。

③ 国家民委民族问题五种丛书之一,中国少数民族社会历史调查资料丛刊:云南省编辑组编:《临沧地区傣族社会历史调查》,云南人民出版社 1986 年版,第 129 页。

④ 参见民族问题五种丛书,中国少数民族社会历史调查资料丛刊:云南省编辑委员会编:《西双版纳傣族社会历史综合调查之(二)》,云南民族出版社 1984年版,第 130 页。

最后，对于通奸的处罚制度发生了重大变化。通奸在元明时期是傣族社会一个极为重要的刑事法律制度规范的问题。傣族社会把通奸行为作为刑事法律制度严厉惩罚的行为，是明中期以前傣族婚姻关系法律制度的一条重要内容和特点。据万历《云南通志》所载："其刑法三条：杀人者死，犯奸者死，偷盗者全家处死，为贼者一村皆死。"①又据史料："其法，杀人与奸者皆死，窃盗一家皆死，为寇盗一村皆死，道不拾遗。"②据西双版纳傣族的封建法规和礼仪规程，到了近代，傣族社会法律制度对于通奸规定只有妻子与人通奸，被丈夫发觉，把两人都杀死，无罪，只罚款；与有夫之妇通奸被丈夫发觉杀死，不罚。其中还规定了大量的如果在犯通奸行为之后，可以用经济罚款处罚的五条法律规范。③ 这些关于把通奸犯杀死可以无罪，只执行罚款情况的权利只有丈夫能够拥有，其他情况只能罚款。另在近代傣族社会有关离婚的资料中，已经有由于通奸引起的离婚的内容规定。在关于瑞丽县喊沙寨傣族婚姻问题的调查资料中的离婚原因中有"结婚后互相有意见；或与别人勾搭，甚至发生通奸而提出离婚"④。另"官家小姐按照成规不得与百姓通婚，有的因无合适人家可结亲，年纪大了仍留在娘家。

---

　　① （明）邹应龙修、李元阳纂：《云南通志》卷一六《诸夷风俗·僰夷风俗》；转引自方国瑜主编：《云南史料丛刊》第6卷，云南大学出版社2000年版，第644—645页。

　　② （明）刘文征：《滇志》之《羁縻志·种人》；转引自方国瑜主编：《云南史料丛刊》第7卷，云南大学出版社2001年版，第75—77页。

　　③ 民族问题五种丛书，中国少数民族社会历史调查资料丛刊：云南省编辑委员会编：《傣族社会历史调查（西双版纳之三）》，云南民族出版社1983年版，第29—33页。

　　④ 民族问题五种丛书，中国少数民族社会历史调查资料丛刊：云南省编辑委员会编：《德宏傣族社会历史调查（二）》，云南人民出版社1984年版，第133页。

其中有些私下与人通奸,生下孩子只好悄悄弄死。由于婚姻制度影响,性关系较乱……"①

上述情况,在清代至民国时期的傣族法律专门文献中记载得很明显,据《西双版纳封建法规和礼仪规程》的专门通奸条款规定"侮辱妇女"是"②百姓与头人:a.百姓与头人的妻子发生关系,罚十元半。b.头人与百姓的妻子发生关系罚十七元半……③头人与土司:a.头人与土司的妻子发生关系,罚二十二元。b.土司与头人的妻子发生关系,罚三十二元……④百姓之间:百姓甲与百姓乙的妻子之间发生关系,罚十六元半……⑤头人之间:a.头人甲与头人乙的妻子发生关系,罚二十八元。b.土司甲与土司乙的妻子发生关系罚三十六元。"②这里规定的五大类通奸行为中,没有一种是处以死刑的,它与元明时期,乃至清代早些时期"犯奸者死"的情况相比几乎是两个极端了。

按照前述清代后期直到民国时期的傣族社会对于通奸行为的处理情况与明代傣族社会"犯奸者死"的情况比较,已是事物的两极,可见傣族婚姻关系制度中对于通奸的惩处无论是在性质上,还是程度上都发生了极大的变迁。

2.傣族婚姻制度变迁的机制分析

第一,社会形态的变化。元明时期傣族社会形态由奴隶制向封建领主制转化。元代以后中央王朝对傣族地区实行土司政治统治,元明清三代中央王朝逐步加强对于傣族地区政治和社会生活

---

① 民族问题五种丛书,中国少数民族社会历史调查资料丛刊:《云南省编辑委员会编:德宏傣族社会历史调查(一)》,云南人民出版社1984年版,第37页。

② 民族问题五种丛书,中国少数民族社会历史调查资料丛刊:云南省编辑委员会编:《傣族社会历史调查(西双版纳之三)》,云南民族出版社1983年版,第33页。

的影响和管控,这从元明清时期的傣族土司制度变迁就可以很好地考察其影响状况。① 从历史上傣族社会的土司战争的目的和傣族生产状况看,西部傣族从奴隶制向封建领主制转变的时间比东部(现在主要指西双版纳)地区要早。但元明时期,各地傣族社会都先后向封建性质转变。比如关于孟定傣德的传说,"传说傣德是在五六百年前沿怒江和孟定河从南方迁来的……随着孟定坝的开拓,广大劳动人民也就变成统治者的农奴了"。② 新中国成立之前五六百年,时间上应该是指 13 世纪中叶到 14 世纪中叶。这个时间段是宋末、元初至元末、明初,与上述分析结论时间吻合。这些调查资料在另一个侧面进一步说明元代的很多傣族地区还存在着奴隶制社会形态的生产、生活内容。元代以后傣族社会完全被纳入中央王朝统治范围,中央王朝在傣族地区设置土司政治制度。这样,社会生产关系的变更,中央王朝政治影响的深入,中央王朝政治统治带来的与内地经济、文化的交流,成为傣族社会婚姻关系制度变迁的重要影响因素。正如前面的明代中后期的史料中指出的:"僰夷种在黑水之外,今称百夷……头目之妻百数,婢亦数百人,少者数十,庶民亦数十妻,无妒忌之嫌。旧俗不重处女,如江汉游女之习,及笄始禁足,今则此俗渐革矣。"③

　　第二,外来文化的影响——主要是汉文化的影响。汉文化作

---

　　① 吴云:《元明清时期经济政治因素在傣族土司政治制度变迁中的重要作用》,《云南行政学院学报》2009 年第 6 期。

　　② 国家民委民族问题五种丛书之一,中国少数民族社会历史调查资料丛刊:云南省编辑组编:《临沧地区傣族社会历史调查》,云南人民出版社 1986 年版,第 127 页。

　　③ (明)刘文征:《滇志》之《羁縻志·种人》;转引自方国瑜主编:《云南史料丛刊》第 7 卷,云南大学出版社 2001 年版,第 75—77 页。

为当时的一种外来的、强势的主流文化对于傣族地区的婚姻制度也会产生不可忽视的影响。从元代开始,中央王朝在云南行省推行儒学,明代中央王朝专门在傣族地方设立儒学,兴汉字。兹举一条史料为例:"金齿改建儒学诗序……正统十一年春,金齿改建儒学成。"①虽然,一夫一妻制并非是汉文化的特有的特点,但是,作为一种人类发展过程中的相比较傣族地方较为发达的婚姻模式,②对于傣族地区来说,不可能没有影响。再者,汉文化本身在当时的中华民族大家庭内部是主流的强势文化,肯定会对傣族地方的婚姻关系制度产生不可估量的影响。元明以来由于中央王朝与傣族地区的政治关系变化,从多方面推动了内地与傣族地区的文化交流。这些途径包括经济通商、军事战争、发配充军等等。这些活动有力地促进了傣族与其他民族,特别是汉民族的交往,促进了汉文化在傣族地区的影响。

二、经济法律制度

随着元代以后中央王朝对傣族地方统治的深入,傣族社会形态的不断变化,傣族法律文化也在历史上逐渐经历一个由习惯法向成文法的转变,这一过程基本在元明时期逐步完成。傣族封建社会在元明时期也逐步完成了由奴隶制向封建领主制的转化,社会形态变化引起了法律文化的变迁。傣族社会法律文化的变迁带

---

① (明)周季凤纂修:《云南志》卷二八,《文章六》;转引自国瑜主编:《云南史料丛刊》第 6 卷,云南大学出版社 2000 年版,第 362 页。

② 参见恩格斯:《家庭、私有制和国家的起源》,《马克思恩格斯选集》第 4 卷,人民出版社 1995 年版,第 24—82 页。

来了财产权制度的转变。在封建领主制社会形态下,傣族社会的财产制度主要有以下几个方面。

(一)土地所有制

傣族社会许多地方到清代末期还是保留了原有的土司制度,车里更是到新中国成立前还维持着土司制度。就是在德宏地区已历经了改土归流的地方,尽管设立了流官统治,但是直到民国时期的统治实践中,土司统治在傣族地方仍占优势,流官统治仅是形式而已。究其原因,一个上层建筑能屹立不败,只能解释为它的经济基础并没有动摇。傣族社会的经济基础是决定土司制度的因素。同时几百年来傣族土司制度的稳定又反过来牢牢地维护着傣族社会的经济基础。傣族社会由于特殊的历史条件形成了特殊的生产方式以及特殊的土地所有制度。在傣族地区土地为封建领主所有,召片领或正印土司是最高的土地所有者。傣族地方的土地所有和使用情况是:

1. 召片领或境内最高土司是最大的土地所有者

在西双版纳,许多地方都流传着关于召片领拥有土地所有权的说法。勐罕曼远寨傣民称:"召片领从'勐阿拉峨'来的时候,带来了'两对人',一对住在景洪曼洒,一对就来到曼远建寨,'召片领,用了1000两银子,向'召三崩'(传说中的土著领袖)买了1000纳地和一些山地给定居在曼远的这对人。这对人接到召片领的土地,一年中就有六个月要去给召片领送点灯油"。① 在勐笼曼破

---

① 国家民委民族问题五种丛书之一,中国少数民族社会历史调查资料丛刊:云南省编辑组编:《傣族社会历史调查(西双版纳之八)》,云南民族出版社1985年版,第39页。

寨,傣民"至今'南召领召'(水土都是召片领的)观念不变,种田就有负担的责任"①。在勐海,"据说有'召'之前,勐海居住的傣族,只有'傣勐',又称'滚本勐'。有'召'之后,又经过一段时间,勐海才属于景洪的召片领管辖;召勐受他委封,并由召片领(宣慰使)的波郎(家臣)怀郎庄往节制。……宣慰使又安置一批人在勐海,先后建立了12个寨子,叫做'郎目乃'或'滚孟'(意为召片领的人),起监视作用;这些人也同时要向召片领即宣慰使服劳役、献贡赋,缴纳官租"②。在西双版纳,有一句谚语"吃田出负担"。农民死了,要向领主"买土盖脸"。"水和土都是官家的",所以农民必须"买水吃、买路走、买地住家"。马曜先生经过研究,指出20世纪50年代调查时的西双版纳土地制还有一个"土地王有"性质的,建立在"东方公社"(亚细所有制)基础上的封建份地制。③ 显然,封建领主是辖区内最大的土地所有者。

在德宏梁河县,土地多集中在土司及其亲属属官和乡、镇长手中,农民均为佃户。地租形式有定额地租和不定额地租两种,一般均在对分以上。土司除向全区人民收"官租"外,尚有多种额外剥削。④ 1934

---

① 国家民委民族问题五种丛书之一,中国少数民族社会历史调查资料丛刊:云南省编辑组编:《傣族社会历史调查(西双版纳之八)》,云南民族出版社1985年版,第111页。

② 民族问题五种丛书,中国少数民族社会历史调查资料丛刊:云南省编辑委员会编:《傣族社会历史调查(西双版纳之五)》,云南民族出版社1983年版,第29、30页。

③ 参见马曜、缪鸾和:《西双版纳份地制与西周井田制比较研究》,云南人民出版社1989年版,第144页。

④ 参见民族问题五种丛书,中国少数民族社会历史调查资料丛刊:云南省编辑委员会编:《德宏傣族社会历史调查(一)》,云南人民出版社1984年版,第13、14页。

年,民国政府在梁河设立"梁河设治局",在基层建立了乡镇保甲制度,又多用汉官,想利用汉族去削弱土司的权势,但自始至终都处于劣势。① 可见,在梁河县土司的封建领主制仍是主导,清代结束后,国民党政府试图进一步削弱傣族地方土司权势,因而设置了多用汉官的流官制度,基层设立保甲制度,同样也没有动摇梁河土司的统治基层,只不过加剧了当地百姓的负担。因为乡、保长也有一定的土地和收取一部分地租。由此更加说明清代结束以前,德宏梁河的土司封建领主制经济基础确实无疑。在盈江二区遮木寨,"土司拥有大量土地,分布在三区和二区,当地农民佃耕其土地者占绝大部分",②在瑞丽喊沙、芒沙的两寨,"领田,即农民向土司交纳官租的耕地,共 160 萝种,占全寨土地面积的 88.4%。农民对这份土地不得典当,但因欠债,可以短期当出抵息。"③从以上资料可以看出,民国时期,国民党政府加强德宏地区傣族社会经济、政治的干预,加快了当地的阶级分化和土地兼并,在小范围内改变了当地的经济、政治面貌。但土司制度及其经济基础——封建领主所有制仍占绝对优势。民国时期调查已是如此,在国民党加强政治、经济干预之前的元明清时代之状况当然就可以想见了。明清时期的许多史料也都记载了土司占有土地所有权,即收到地租的状况。如《百夷传》记载:"无仓

---

① 参见民族问题五种丛书,中国少数民族社会历史调查资料丛刊:云南省编辑委员会编:《德宏傣族社会历史调查(一)》,云南人民出版社 1984 年版,第 16 页。

② 民族问题五种丛书,中国少数民族社会历史调查资料丛刊:云南省编辑委员会编:《德宏傣族社会历史调查(一)》,云南人民出版社 1984 年版,第 47 页。

③ 民族问题五种丛书,中国少数民族社会历史调查资料丛刊:云南省编辑委员会编:《德宏傣族社会历史调查(一)》,云南人民出版社 1984 年版,第 158 页。

廪之积,无租赋之输,每年于秋冬收成后,遣亲信往各甸,计房屋征金银,谓之取差发,每房一间输银一两或二三两,承行者象马从人动以千百计,恣其所用,而后输于公家。"①除了西双版纳、德宏之外,其他混居傣族地区,如新平、元江、景谷、金平等地,由于明清时期的改土归流,加之汉文化的影响,其土地关系大部分已类似汉族地方了。但是纵观傣族居住地,封建领主制仍占主导。

2. 封建领主制的土地所有制

在西双版纳,土地的形式有:(1)领主直接占有的土地。它包括宣慰使直接管理经营的土地,派农民无偿劳役代耕,或者以交"官租"的方式向召片领交租;土司田由土司直接经营所有,与召片领田经营状况差不多;波郎头人等的薪俸田,作为替召片领或召勐工作、服务的报酬,他们经营时无须出负担。(2)村寨公有的土地。被称为"寨公田"或"纳曼",在"傣勐"村寨中最多,寨公田以一定形式上的原始公有制存于"傣勐"寨中,由头人或族长管理,全寨人共同使用,共同分配,一般每年要重新分配一次,有的地方甚至形成表面上的长期占有和"世袭"现象,但这种土地是不能以任何形式交易的,"世袭"也只是本户人内,而不能过户。表面看,这种村寨田并不直接向土司交纳地租,但是农民对土司有许多种类的负担。(3)"私田"。被傣族称为"纳很"或"纳哈滚",意思是自己的"家族田"或自己的田。这些地是在田边地角开荒出来的,按例,三年内不交租,满三年须向村寨交租,满五年即收归公有。(4)宗教土地。有的地方还有不少的宗教土地,收入作为宗教活动的费用。

---

① 江应樑:《百夷传校注》,云南人民出版社1980年版,第146、148页。

在德宏地区,封建领主土地制度由于历史原因已经有所变动,各个土司都是自己管辖领土范围内的最高土地所有者,农民在表面上可能占有和使用领主的土地,但不能有土地所有权,农民使用土地要向领主交纳"官租"和负担一切苛派、杂役,而且由于历史上德宏傣族地方形成了大小各不隶属的土司统治地方,其地方土地为领主直接占有的情况更突出。并且在德宏地区,由于高利贷的剥削、阶级分化的加剧等原因,社会上已经开始出现一些私有土地兼并、集中和商品化的现象,地主经济开始出现,不过领主土地所有制仍占主导。而在明清后期的元江、新平等改土归流较早,受汉文化影响较深,社会发展程度较快的傣族地方,地主经济已经占支配地位了。

(二)家庭财产制度

傣族社会家庭财产有着一套完整的分配制度,其中家庭中男女双方共同劳动,各自处分自己所有的财产制度尤为特别。在傣族社会家庭财产关系主要有:

1.继承权

在耿马勐定区"傣德"社会习俗调查中,"儿女都有继承父母财产的权利,但如果是兄妹多人,父母财产并不是平均继承,而是由父母选择其中最满意的一个儿女。继承者负责赡养父母,并为父母养老送终。兄妹关系如果比较好,继承者也可以把父母的财产分给非继承的兄妹一部分,这要根据继承者的意愿,不分给其他兄妹也视为正常,不会有意见,迁居外寨的,不能分给。分家而未继承父母财产者,作为新立户,在村庄帮助下开垦土地,建家立业。傣族老人认为,姑娘比儿子更能体贴老人,孝敬老人,不嫌老人事多,不嫌老人脏,因此往往选择姑娘做自己的继承人的比选择儿子的多。"①这里的傣德是指从南方迁来的傣族,传说,他们是在五六百年前沿怒江和勐定河从南方迁来的。其来源正好是元明清时期的傣族居住区,因而,他们的习俗具有一定程度的代表性。傣族的继承习俗说明,第一,由于傣族人民有对土司和中央王朝的负担,以及对宗教的负担,因而傣族人民不可能太富裕,一般家庭的财产也就只能是房屋、简单的日常家具和一些农具等,继承者和未继承者之间并不会因继承状况而产生大的贫富差距。同时,又由于傣族地区自然条件优越,生存条件好,因而傣族人民中着实贫困的人也很难产生,又由于有村寨的帮助,所以,傣族社会继承关系中矛盾较少。继承者必须尊重被继承者的意愿,尽管继承权同样规定,只在血缘关系中但在同样血缘的继承人中,被继承人的意愿是主张继承权的凭据。第二,由于傣族社会的人民负担较重,家庭财产不可能太多,所以作为调整傣族家庭财产继承关系的继承权制度,显然也就不可能有太多的发展,可能处在习惯法向成文法的转化阶段。第三,迁居外寨的继承人不能继承财产,维持了原始寨公有的财产处分精神,它同土地之"寨公田"有同样的性质。这进一步说明傣族继承权制度还处于较低阶段。《孟连傣族的封建习惯法》规定:

> 继承了死亡人之财产,死者生前欠下的账由继承者赔偿。由妻子儿女继续赔还。

> 男人在外服现役,欠下的钱,妻子儿女不负责赔还。

> 父母栽下房草,迁到另一地方居住后,茅草地应归其儿子

――――――――――

① 国家民委民族问题五种丛书之一,中国少数民族社会历史调查资料丛刊:云南省编辑组编:《临沧地区傣族社会历史调查》,云南人民出版社1986年版,第131、132页。

所有。

丈夫死了,财产由妻子继承;儿子死了,财产归父母;哥哥死了,财产归弟弟;弟弟死了,财产归哥哥;爷爷死了,财产归孙子;孙子死了,财产给爷爷;佛爷死了,财产归和尚;和尚死了,财产归佛爷。

如死者生前有遗嘱,就按遗嘱办,否则,如有兄弟四人,父母死后,分家产要分成十份,老大四份,老二三份,老三二份,老四一份。因为老大得养父母到老死。

又有兄弟四人,一个做和尚,一个做生意,一人种田养父母,一人到官家当副官,父母死后分家产时,应当是:当和尚的得分两份,做生意的得分一份,当官家副官的得分一份,其余归在家种田的。

父母愿多给哪个就多给,别人不得干涉,弟兄也不得因父母不平分而有意见。

姑娘因嫁出去时就陪嫁过了,父母死后不得来分家产,如父母说要分给就分给。

如果子女都出去了,父母死后,儿女们回来共同分家产。

哪个能维护家产,由哪个来当家。

老人叫哪个当家,就由哪个来当家(包括外人在内)。

……

妻子死了,其财产由妻子的亲戚继承,如无亲戚,财产分两份,一份交官,一份给妻子赎佛,给妻子做功德。

……

有一个人,死后无亲戚继承财产,一个佛爷来说:这些东西我拿去存着。佛爷就拿去保管了,这样合法。

有两个人来做和尚,两个都很聪明,会服侍大佛爷。后来死了一个;如果大佛爷死了,财产应归和尚;如果和尚先死,财产应留给佛爷。

……

有子女又去讨养一个,分财产时,应分给养子一份。如本人无子女,讨养义子,财产应由养子继承。

大老婆、小老婆在分财产时,如双方亲戚都富裕,双方平均分;如小老婆贫困,平时照顾着亲戚,分财产时,大老婆分二份,小老婆分一份;如果大老婆生活贫困,可平半分,也可分成三份,小老婆得两份。

一个妇女生了子女后,死了男人,她又去嫁了人,又生了子女,老人死后,子女分家产,各自继承自己亲生父亲留下的财产。

一个男人死了妻子,留下子女,后来他又娶了一个妻子,又生了子女,老人死后,子女各自继承自己亲生母亲遗留的财产。

一个男人娶了大老婆,有了子女;后又娶了小老婆,也生了子女。男人死后,财产分五份。大老婆所生的儿子得三份,小老婆所生的儿子得两份。如大老婆无子女,财产全归小老婆的儿子。

……

长官给副官的东西(如象、马、财、帛等),他死后,不能给长官,死者遗嘱决定给谁就给谁。

小官死后,他的财产由妻子继承,如无继承人,财产归上一级官。

夫妻同居而财产分开的,如生了一男一女,父亲的财产给儿子,母亲的财产归女儿。

……

如姑爷死了,姑爷的财物由姑爷的父母继承。

丈夫先死,财产由妻、子继承;妻先死,财产由丈夫继承;夫妻都死了,财产由子女继承。

……

有一个富翁临死时说:"我的子孙多,我死后要把财物分掉,如果不听我的话,他们就不会得到好处,分出去的人也不得好过。"

……

哪个不尊重死人说的话,他就是不懂佛,懂佛的人不会乱做,不懂佛的人就叫阿底贡马纳(有罪的人),死后要到麻那河。

人们都要尊重父母,尊重老人的遗嘱。要尊重父母的人才能继承财产,不尊重的应该少给一点。

不管什么人家,哪个尊重父母哪个来继承财产。如果亲戚中有尊重父母胜过自己的,可由亲戚来继承父母的财产。

每个人都应懂做人的道理,要会照顾病人,一直到病人病愈或病死。病人死后财产要给这样的人。①

从上述《孟连傣族的封建习惯法》规范中有关继承权的规定得知,第一,傣族继承权中首要的是注重被继承者的遗嘱。第二,凡没有遗嘱的都要考虑宗教费用。第三,20 世纪 50 年代的傣族社会家族和亲戚因素已经作为一个重要因素在继承法中被固定下

---

① 国家民委民族问题五种丛书之一,中国少数民族社会历史调查资料丛刊:云南省编辑组编:《思茅玉溪红河傣族社会历史调查》,云南人民出版社 1985 年版,第46—50 页。

来了。第四,继承权规定了养子可以继承,官员中的上下级政治关系也可以作为继承原则。第五,姑爷的财产归其父母,而不考虑其妻子,说明宗族意识已浓。

《西双版纳傣族的封建法规译文》规定:"继父母所生子女有平等的继承权,大小老婆所生子女继承权平等。"①在有关的西双版纳景洪地区傣族婚姻习俗调查资料中记述,父母死后,财产由与父母同住的子女继承。如果父母临死前有遗嘱,则按遗嘱分配,没有遗嘱,则按习惯由家庭族长主持分配。分配方法,三分之一用作死者的丧葬和赕佛,其余三分之二分为三份,两份给予父母同住的长男与长女,一份给其他儿女,包括已分家出去立户的儿女。傣族称这种分配法为"象鼻子分配"。有的傣族家庭财产继承权只分配金银财部分,房屋、大牲畜、生产工具、家庭用具等不分配。这些家产由继承负担户继承,金银财物则一分为三,一份留作丧葬和日后给死者赕佛,一份给继承户的年长者,一份给其他兄弟姊妹。此外,还得抽出半开三元,平分给母亲、父亲的家族。有的傣族财产继承又是把遗产分为三份,一份给大儿子,一份作丧葬用,一份分给其他子女。② 继承权规定中对于赕佛费用的处置,说明傣族人民生活中的宗教意识之重要,影响极深,也说明傣族人民一生中宗教费用是一份巨大的开支。另外,遗产处置中重视家庭及亲戚的因素,一是体现了在 20 世纪 50 年代调查时间的近年代内已经有了家族意识;二是说明了傣族社会在明清以后文化中的家族意识

---

① 参见刀光强、高立士译:《西双版纳傣族的封建法规译文》,云南民族研究所编,《民族学报》1981 年第 1 期。

② 参见民族问题五种丛书,中国少数民族社会历史调查资料丛刊:云南省编辑委员会编:《西双版纳傣族社会历史综合调查之(二)》,云南民族出版社 1984 年版,第 131 页。

正是随中央王朝统治的深入、汉文化的传入和影响不断加大等历史过程中发展起来的。

在耿马地区,无论水、旱傣的家庭都是个体家庭,家庭内的男性为主,家内诸事均由男人决定,女子只有提出建议的权利而无决定权。在财产继承上,唯男子有继承权,嫁出的女子不能分财产,如果无子多女户,财产也可以由女子继承。凡兄弟数人之家庭,长子、次子婚后,需要析居要视家内有无劳动力,若幼子长大,家里已有全劳动力,则可析居分出,留幼子与父母同居。财产除私房、首饰、银钱外,其他耕牛、农具等,一小部分分给分出者,大部分留给父母及幼子。分出者另向伙头要求分给土地。无子者,长女招赘,其余嫁出,子幼、女长者,也是先招赘长女,待子长大后,随其婿另行分居,财产也视情况分给一部分。① 这一地区的遗产处分中排斥女子,分家时也剥夺嫁出去的女子的财产权,家庭事务中男性具有决定权,这些都说明在这一地位继承制度中父系氏族文化影响较深。对比西双版纳地区之继承制度,可见明清以来这类地区的民族交流与同化过程在进一步深化。

在潞西傣族社会,入赘者没有财产继承权,分居后不分田产。由于傣族离婚手续极其简单,婚姻没有保障,同时妇女没有继承财产的权利,因此,傣族妇女普遍积蓄私房。② 潞西喊沙傣族寨,妇女没有继承父母财产的权利,个别父母因对女儿疼爱,而分给一小

---

① 参见国家民委民族问题五种丛书之一,中国少数民族社会历史调查资料丛刊:云南省编辑组编:《临沧地区傣族社会历史调查》,云南人民出版社1986年版,第51页。

② 参见民族问题五种丛书,中国少数民族社会历史调查资料丛刊:云南省编辑委员会编:《德宏傣族社会历史调查(一)》,云南人民出版社1984年版,第273页。

部分的也有。非亲生子女,妻子带来别夫生的,只能继承财产的十分之三。如果前夫生的孩子孝敬父母,可同其同母不同父的兄弟平分财产。分财产时,不管亲生不亲生,哪一个"闹"的,就会分三分之一,如果父母劝说不听则只分十分之二,有时则一点都不分。①

2. 离婚财产处分制度

在傣族社会中,由于男女青年性成熟较早,结婚较早,而结婚时心理和价值观都不成熟,又加上傣族婚俗中不重处子等方面的原因,傣族社会离婚率较高。思茅、玉溪、红河傣族法律规定:

> 夫妻俩勉强结合,因感情不和离婚的,离婚后只能带走自己的财物,共同劳动得的不得带走。如果共同商量离婚的,分劳动所得实物时,走的只能得一份,留的得两份。

> 女的嫁到男家,因懒惰被男人骂而跑回娘家,过一段时间,男人来领她,她不愿去,要求离婚的,共同劳动所得的东西一点不给。

> 两个青年男女感情好,自愿结合为夫妻,后来又都愿意分离的,财产平分。如果有了子女,子女可自由选择从父或从母。

> 一个男人因图女方有钱而娶了女人,后因男方懒惰,女人不要男人,男人分不得财产;结婚后劳动所得的财产分成四份,男方只能得一份。

> 一个男人娶了女人,因女的懒惰,男方不要女的,财产可

---

① 参见民族问题五种丛书,中国少数民族社会历史调查资料丛刊:云南省编辑委员会编:《德宏傣族社会历史调查(二)》,云南人民出版社1984年版,第136页。

不分给。

男的有钱,女的劳动能干,后来要离婚的,原来的财产只能自己带自己的,共同劳动得的平半分。

女的不劳动,靠男人生活,分离后财产的分配,女的得一份,男的得二份。

女的嫁男的,女的不会当家,不会操家务,不听男人的话,教育多年不改,可离婚,财产归男的,女方只能带走自己原有的部分。

一个男人想买一个妻子,但价钱给不够,女方父母不同意,男的不娶了,已付款应还男方。

两夫妻因吵架而离婚,两人劳动都一样,劳动所得平均分配。①

从这个法规中可归纳出几点。第一,离婚财产处分尊重婚姻当事方的意愿,同时照顾留下方。第二,财产处分时考虑是否有过错,过错方所得财产较少。其他地方的傣族法律也有类似规定。在《西双版纳傣族的封建法规和礼仪规程》中规定,夫妻彼此关系不好,男的不要女的,应给女的十二元,另罚款一元给头人;女方对男方不好,女的不要男的,应给男的十五元;如果男方对女方的父母不好,被女方的父母赶走,男的可以带走他原来从本家带来的东西。② 这些规定,一方面给被遗弃方一定的经济补偿,有利于维持

---

① 国家民委民族问题五种丛书之一,中国少数民族社会历史调查资料丛刊:云南省编辑组编:《思茅玉溪红河傣族社会历史调查》,云南人民出版社1985年版,第46—50页。

② 参见民族问题五种丛书,中国少数民族社会历史调查资料丛刊:云南省编辑委员会编:《傣族社会历史调查(西双版纳之三)》,云南民族出版社1983年版,第32—33页。

家庭关系稳定和平衡。另一方面,允许夫方带走原来的东西,有利于缓解傣族社会从妻居婚姻体制中的家庭矛盾。

3. 债权债务

《孟连傣族的封建习惯法》规定:

> 夫妻俩借了账互不相告,借者死亡或逃亡后,另一方不承担还账责任。
>
> ……
>
> 夫妻俩商量借的账,死了一个,要由活着的一方继续赔还。
>
> 男人出家谋生欠下的账,男人死后,由妻子儿女继续赔还。
>
> 富户请穷户去抵徭役,穷人在外借吃欠下的账,由富户赔还。
>
> 父母借下的账,父母死后,由子女赔还。儿子还不清的,由孙子继续赔还。孙子虽然尚不记事,但受祖父抚育,应该赔。若已记事,则更应该赔。
>
> 儿媳妇借了外婆家的账,即使分家居住了,仍应赔还。
>
> 女人欠下账还不清,有男人与这女人交往致使怀孕,这男人应该帮助这女人还账。
>
> 哥哥放债,哥哥死后或到远处去了,由嫂嫂、侄儿收账,嫂嫂让给弟弟去收也合法,父母去收也合法,其他亲戚不得去收。
>
> 父母去世或逃亡后,有人来索账,子女不知道,又无人证明,不予承认(因为人间各种诈骗行为都有)。
>
> 父母生前帮人管财物,父母去世时子女幼小,须由他人代管。他人用这些财物做生意、放账等,可不向遗属子女缴利

息,缴还原财产即可。如果原物主向代管者追回这笔财物,而管财物的人已死亡,能索回多少算多少,如果没有,不得再要,不得硬逼其赔还。

……

借债不按期归还,应加利息。到处差账还不清,亲友说了几次都不听的,要卖身赔账。

父母、长辈不教育孩子,孩子在外面乱借东西,赔不起,卖身赔账不合,要由父母亲友帮赔。

有个穷人欠下富人的账,未赔还就死了,可折卖穷人的房屋抵账,如果穷人一无所有,不能叫别人代赔。①

《西双版纳傣族的封建法规和礼仪规程》也有类似的规定。法规中的内容显示,傣族地区的债权制度有以下特点。第一,欠债还钱,天经地义,债务人死亡的,由债务人的近亲属(有继承关系的)偿还,无力偿还的可卖房产或卖身偿还。第二,债权人在要求第三人承担时,债权人可追索的第三人是否知情和同意债务关系是债权人主张权利的必要条件。第三,债权关系制度中没有期限规定。第四,无担保制度。第五,父母对孩子负有监护的权利和义务。之所以元明清时期的傣族社会法律文化的债权制度较为简单,笔者认为有这样一些原因。首先,傣族社会土地所有权归土司,人民只有使用权,而不能抵押、出让土地。其次,傣族社会个人财产较少,贫富差距较小,使得可出借引起债务关系的标的物也就较少。另一方面,由于贫富差距不太大,因而人们生活中产生借贷

---

①　国家民委民族问题五种丛书之一,中国少数民族社会历史调查资料丛刊:云南省编辑组编:《思茅玉溪红河傣族社会历史调查》,云南人民出版社1985年版,第46—50页。

关系的概率也就较小。最后,傣族法律文化在元明清时期还处于相对简单的阶段,债的法律关系内容当然也不可能太发达。

4. 其他家庭财产处分制度

在傣族家庭中,大牲畜、农具、粮食、房屋、家庭用具及家禽等属于全家共有,由家长——主要受母亲支配和买卖。家庭成员的日用品、衣服、被盖、个人经商的利润和个人饲养的家禽属个人所有;一些富裕的家庭的未婚子女,也私有少量的大牲畜。份地由儿子和从妻居的男子耕种的家庭,按习惯在收获前,他们可以处理收获物,但要将三分之二交给家长,耕种者本人可拥有三分之一。待谷子收仓后,处理权则属家长。①

(三)元朝以来傣族经济历史状况决定了简单商品经济法律制度

经济的往来带来的民族之间的商品、物资和文化的交流对于傣族社会商品经济法律制度及其文化的发展变化有着不可忽视的影响作用。商品经济是以交易为目的的经济运行体制,商品经济的发展对于政治体制和法律制度都会产生多方面的极为重要的影响和作用。傣族部分地方处于中国内地与缅甸及到印度的重要交通线上,所以傣族这类地方的商品交易出现应该是非常早。历史上汉代的张骞出使西域,张骞在阿富汗北部见到了蜀布和邛竹杖。② 从与当地人的交谈得知四川可以通过云南到缅甸,再到印

① 参见民族问题五种丛书,中国少数民族社会历史调查资料丛刊:云南省编辑委员会编:《西双版纳傣族社会历史综合调查之(二)》,云南民族出版社1984年版,第131页。

② ·参见(汉)司马迁:《史记》卷一二三之《大宛列传》;转引自方国瑜编:《云南史料丛刊》第1卷,云南大学出版社1998年版,第10—11页。

度。这条交通道路上沿线的傣族先民不可能不受到各地往来物流和商品交易的影响。

江应樑先生根据周去非之《岭外代答》卷五,记载邕州横山寨传易场说:"蛮马之来,他货亦至,蛮之所赍,麝香、胡羊、长鸣鸡、披毡、云南刀诸药物,吾商贾所赍,锦缯,豹皮、文书及诸奇巧之物。于是译者平价交市。"①从这里面可以看到元代以前,内地与麓川地方民间交易已非常繁荣,商品丰富。从金属器具的制作生产,商业、贸易的发展,都可看出 14 世纪前后,傣族地区经济进入了一个发展的阶段,傣族社会已进入了封建社会。再由于元朝在傣族地区建立了封建政权,更进一步加速了傣族社会的封建化。另外李京《云南志略》中记载有:"金齿百夷……交易五日一集。且则妇人为市,日中男子为市,以毡、布、茶、盐互相贸易。"②从"交易五日一集,以毡、布、茶、盐互相贸易"可以看出元代内地通往缅甸、印度的交通沿线上的傣族社会商品经济已经有一定的规模。以傣族社会"且则妇人为市,日中男子为市"来看,这些地方的傣族成员商品交易早上和下午分别为女人和男人的交易,结合傣族社会的日常生产和家务都是由妇女完成,可以认定傣族社会此时的商品交易还处于一种由习惯法调整的低级阶段。

《马可·波罗行纪》中百夷"一切工作,皆由妇女为之,辅以战争所获之俘奴而已……其货币用金,然亦用海贝……商人携多银至此易金,而获大利……其人无偶像,亦无庙宇,惟崇拜其族之元祖……彼等无字母,亦无文字……土人缔约,取一木杖,或方或圆,中分为二,各刻画二三符记于上,每方各执一片,负债人偿还债务

---

① 江应樑:《傣族史》,四川民族出版社 1983 年版,第 262、263 页。

② (明)李思聪:《百夷传》,据《函芬楼说郛》卷三六,说郛本。

后,则将债权人手中所执之半片收回"①。此处,描述的元代傣族
社会商品交易无文字契约(今天的合同),而是刻木为约,刻木是
在木杖之上"刻画二三符",说明元代傣族商品经济法律制度是习
惯法形式的。

　　明代《四夷馆·百夷馆》载:"威远州……元至元中,始置威远
州,本朝因之……交易无权量,但以小箩计多寡而量之。"②在这里
我们可以看出,傣族社会直到明代前期,还是商品交易无标准的衡
器,只是用一般的农用箩筐这类的物件衡量商品数量。这种交易
的商品价值不可能很大,而且也不可能是非常贵重而体积小的商
品,可以推测大部分是日常生活中的生产、生活用品。

　　明代朱孟震著《西南夷风土记》记载百夷地方习俗:"其余车
里、八百、老挝,总而名之,皆曰'百夷'……交易:或五日一市,十
日一市,惟孟密一日一小市,五日一大市,盖其地多宝藏,商贾辐
辏,故物价常平。贸易多妇女,无升斗秤尺,度用手,量用箩,以四
十两为一载,论两不论斤,故用等而不用秤。以铜为珠,如大豆,数
而用之,若中国之使钱也……器用:陶、瓦、铜、铁,尤善采漆画金,
其工匠皆广人,与中国侔。漆器贮鲜肉,数日不作臭;铜器贮水,竟
日不冷。江海舳舻,与中国同。摆古江中,莽应理僭用金叶龙舟五
十艘,中设金花宝座,目把所乘,皆木刻成象头船,鱼头、马头、鸭
头、鸡头等,船亦饰以金,同围罨画甚华丽。部夷船亦如之,但不以
金饰也。海水日潮者二,乘船载米谷货物者随之进退。自古江船
不可数,高者四五尺,长至二十丈,大楗巨缆,周围走廊常载铜铁瓷

---

　　① 〔意〕马可·波罗:《马可·波罗行纪》,冯承钧译,商务印书馆1935年版,
第119章《金齿州》。

　　② (明)王宗载:《四夷馆·百夷馆》;转引自方国瑜编:《云南史料丛刊》第6
卷,云南大学出版社2001年版,第461页。

器,往来亦闽、广海船也欤!"①

明确指明直到明代,在傣族社会的商品交换中的度量过程还是非常简单和粗糙的,还没有标准衡器,很多时候是"度用手"。"度用手"的情况说明傣族社会的商品经济生活还很原始,层次很低。由于傣族社会历史上平时主要的劳作都是由妇女承担,商品交易过程也是多由妇女完成,结合傣族历史上的家庭体制是妇女地位较低,可以判断元明时期傣族普遍社会生活中的商品交易主要还是限于家庭基本经济生活领域。

综合起来考察,从上面的元明时期多条史料可以看出两个方面的问题,一方面是在元明时期,傣族社会民间经济生活已经有了很大的发展,社会商品的种类比较丰富,出现了一些奢侈品。商品经济已经出现,商品交易已经初具规模,市场有了一定程度的繁荣。另一方面,尽管现傣族聚居区域部分地方最早从汉代开始就是内地通往国外的重要商业通道,由于傣族社会商品经济发展较晚,加之傣族传统上主要是凭借农业耕种、纺织为生的,因而直到元明时期傣族社会的商品经济发展程度还是非常有限的,处于较低级阶段。傣族商品经济法律制度还是极其简单的。正如《马可·波罗行纪》所言,百夷是"其货币用金,然亦用海贝……商人携多银至此易金,而获大利……土人缔约,取一木杖,或方或圆,中分为二,各刻画二三符记于上,每方各执一片,负债人偿还债务后,则将债权人手中所执之半片收回"。② 这种情况有力说明傣族社会的商品交易中的合同订立的过程和形式都是很简单的,不需要

---

① (明)朱孟震:《西南夷风土记》;转引自方国瑜编:《云南史料丛刊》第5卷,云南大学出版社1998年版,第492页。

② [意]马可·波罗:《马可·波罗行纪》,冯承钧译,商务印书馆1935年版,第119章《金齿州》。

（或者也没有）专门的文字合同。本来此种交易的合同方式很容易出现经济纠纷。但是，从元明清时期的傣族商品交易的史料记载情况看，元明清时期的傣族社会商品交易的情况是基本稳定的，至少没有大量的交易纠纷，商品交易的过程还可以用习惯法调整。清代史料专门说明了傣族地方的简单合同方式下，商品交易纠纷并不多的情况。《滇海虞衡志》载："僰道……僰夷一名摆夷，又称白夷，盖声近而讹也……无中国文字，小事则刻竹木为契，如期不爽；大事书缅字为檄，无文案。"①笔者以为，傣族社会尽管商品经济法律制度简单，但经济纠纷少见应该是与傣族社会的民间商品经济交换频率不高，交易的商品主要是家庭的生产、生活常用品，交易过程相对简易以及民间交易可能主要是在小范围内的熟人之间出现相关。除此之外，可能跟傣族社会民风较为朴实有关。特别是明代以后傣族社会已经出现了成文法形式的法律制度的情况下，傣族社会的商品交易合同制度的普遍形式还处于刻木为约的阶段，它在另一个侧面充分显示了傣族社会的商品经济发展还处在较低级、简单的阶段。

三、丧葬制度

《续资治通鉴》中记载了云南元代以前民族习俗："右宋纪：世祖至元十三年，是岁，行省云南赛音谔德齐，以所改郡县上闻。云南俗无礼义，男女往往自相配偶，亲死则火之，不为丧祭，无粳稻桑麻，子弟不知读书。赛音谔德齐教之拜跪之节，婚姻行媒，死者为

---

① （清）檀萃辑：《滇海虞衡志》卷一三；转引自方国瑜主编：《云南史料丛刊》第 11 卷，云南大学出版社 2001 年版，第 232—234 页。

之棺椁、奠祭,教民播种,为陂池以备水旱,创建孔子庙、明伦堂,购经史,授学田,由是文风稍兴……人习礼让,风俗稍变。"①

由此可见,在元代以前傣族社会,人死是不用专门的棺材埋葬的,其情形是,"亲死则火之,不为丧祭"。说明元代的傣族社会成员在亲人死后是把死者火化。元代云南行省官员在政治统治和管理过程中,运用汉文化的丧葬礼仪教傣族人民学会用棺材将死人的尸体埋葬,并祭奠。这样就引起了傣族丧葬制度的逐步变化。

明代钱古训、李思聪所著《百夷传》记载:"百夷即麓川平缅也……父母亡,不用僧道,祭则用妇人祝于尸前,诸亲戚邻人各持酒物于丧家,聚少年百数人,饮酒作乐,歌舞达旦,谓之娱尸;妇人群聚击碓杵为戏,数日而后葬;葬则亲者一人持火及刀前导,送至葬所,以板数片如马槽之状瘗之,其人平生所用器皿盔甲戈盾之类,坏之以悬于墓侧,而自去后绝无祭扫之礼也;又有死三日之后,命女巫刹生祭送,谓遣之远去,不便复还家也,民家无祀先奉佛者。小白夷风俗颇同。"②

《天启滇志》记载:"人死,用妇人祝于尸前,亲邻相聚,少年百数人饮酒作乐,歌舞达旦,谓之'娱尸',妇人群聚,击碓杵为戏,数日而后葬。葬则亲者一人持火及刀前导,至葬所,以板数片瘗之。其人生平所用器皿、甲胄、戈盾,皆坏之,悬于墓侧,是后绝无祭扫之礼"。③

明清时期的傣族社会丧葬仪式较为特别。直到清代早些时

---

① (清)毕沅:《续资治通鉴》卷一八二,《宋纪》一八二。
② (明)李思聪:《百夷传》,按:此用《景泰志》所载,与江南本及《湖南文征》所载不尽相同。
③ (明)刘文征:《滇志》之《羁縻志·种人》;转引自方国瑜主编:《云南史料丛刊》第7卷,云南大学出版社2001年版,第75—77页。

期,父母去世后,不像汉族社会那样,请僧道做法事,而是由妇人祝于尸前,请亲朋好友,通宵歌舞,饮酒作乐,以为"娱尸"。数日后送葬,送葬时将死者生前所用的各种器皿及甲戈盾之类坏之于墓侧,以后绝无祭扫之礼。并且通过一定的女巫施术,不让死者还家。傣族社会历史上由于没有宗族意识,因而祖先意识淡薄,不像汉族那样每年一定的时间给祖先扫墓祭祀。我们知道,在汉族社会,尽管汉族主流社会成员并非都信仰宗教,但是,在汉族社会人死后,专门请僧道为死者做一定的法事(可能各地形式并不完全一致),是一项重要的丧葬礼仪程序。由此可以看出宗教在汉族死者的丧葬礼仪制度中的影响之巨大,更何况在明代以后傣族社会是逐步全民信教。宗教在傣族地区大规模的传播和融入傣族社会,在傣族社会生根发芽,必然要渗透到傣族社会的丧葬礼仪规程中,只不过这种影响是一个长期的过程。

　　从明代傣族地方的历史资料看,直到正德、万历年间,傣族社会都还是"不用僧道"。正德《云南志》记载:"父母亡,不用僧道,祭扫则妇人祝于尸前,自后绝无祭扫之礼矣。又死三日之后命女巫剎生祭送,谓遣之远去,不使复反家也。民家无祀先奉佛者。"①万历《云南通志》也说"父母亡,不用僧道,祭则用妇人祝于尸前……自后绝无祭扫之礼矣"②。明《滇略》中也记载了相同的傣族丧葬礼仪制度状况。直到清《滇小记》中还记载有傣族"人死,用妇人祝于尸前,亲临相聚,饮酒歌舞,谓之娱尸,妇人群击椎杵为

---

① (明)《云南志》卷四一《外志八·诸夷传六》;转引自国玉主编:《云南史料丛刊》第6卷,云南大学出版社2000年版,第480页。

② (明)邹应龙修、李元阳纂《云南通志》卷一六《爂夷风俗》;转引自方国瑜主编:《云南史料丛刊》第6卷,云南大学出版社2000年版,第645页。

戏,数日而后葬,……自后绝无祭扫之礼。"①《滇小记》纂录于清康熙年间,如果已经出现了重大的变化,纂录之人应该会采取一定的方式作说明。由此可见,傣族丧葬制度的"人死,不用僧道,绝无祭祀"的状况一直延续到清康熙统治时期。

明至清代,傣族与内地的各种往来进一步加深,各种物资和文化的交流更加频繁。由于宗教传入和逐步根植于傣族社会土壤,加上汉文化在傣族地区的影响作用,在清代后期至民国时期,傣族社会的丧葬制度和礼仪又发生了一些变化,出现了一些新的特点。比如,在勐养曼景罕寨的调查资料中记载:"召庄死后,要农民抬埋,召庄自然不抬埋死的农民,农民死后更不能与召庄埋在一起。"②这条材料说明了一个新的现象,傣族社会成员已经极为看重死后埋的地点了,已经把社会等级制度移植于傣族丧葬制度中了。从这种现象可以看出,傣族社会过去之人死埋葬之后绝无祭扫的情况有所改变,不重宗族的意识可能也有所改变。我们知道,以汉文化为例,作为汉文化中的重要礼仪制度,对于人死后,后人必须隆重埋葬,埋葬的地点、时机和过程都是很严格讲究的。认真且隆重的埋葬,其中之一个目的是供后人祭扫,在坟墓的修建方面可以显现被埋葬之人的身份、地位,其家庭的经济、政治状况的。如果从这个角度来思考,可以推断傣族社会成员的丧葬意识和制度在清后期和民国时期已经发生了重要的变化,汉文化的影响作用可能是十分重要的。

---

① (清)倪蜕纂录:《滇小记》;转引自方国瑜主编:《云南史料丛刊》第11卷,云南大学出版社2001年版,第147页。

② 国家民委民族问题五种丛书之一,中国少数民族社会历史调查资料丛刊:云南编辑,组编:《傣族社会历史调查(西双版纳之八)》,云南民族出版社1985年版,第148页。

另外,随着佛教和其他民族文化的影响不断深入,清末的傣族社会丧葬制度已有其他内容的变化。根据20世纪50年代调查西双版纳时的情况,西双版纳的丧葬制度通常有几个环节,包括入殓、出殡、埋葬、拴线、赕佛超度五个程序。在入殓中已经改变过去"哭尸"习俗,而是按照一定的礼仪给死者清洁、入棺、安放。其中佛教仪式因素较浓。出殡和埋葬都有专门礼仪讲究。调查资料显示清末傣族专门有了不容侵犯和固定的墓地。从调查资料中显示的西双版纳的丧葬仪式看,在每一个环节佛教都是必须注重的因素。处于生与死离别的夫妻还要在埋葬时用平时代表离婚的递蜡条或割断蜡条来表示断绝关系。① 同时,这种丧葬仪式的特色较之《百夷传》记载的状况也有很大改变,它说明明清以来的中央王朝经营和佛教的渗入,以及其他民族文化等因素对于傣族丧葬制度的变化产生了重大影响。

---

① 参见民族问题五种丛书,中国少数民族社会历史调查资料丛刊:云南省编辑委员会编:《西双版纳傣族社会历史综合调查之(二)》,云南民族出版社1984年版,第137—142页。

第六章 元明清时期傣族纠纷 解决法律制度

诉讼制度是现代法学研究的一个重点问题,是一个国家或民族法制体系的重要组成部分和内容,反映着现代法制体系的科学性和文明程度。在现代法治社会,司法公正在一定意义上可以反映为诉讼程序的公正。元明清时期,乃至民国时期的傣族法律制度体系中,没有也不可能有现代意义上的诉讼法律制度;但是,这并不意味着傣族法律制度体系中没有诉讼程序制度。在傣族社会生活中,傣族传统法律制度有着极为重要的功能,它强有力地规范着傣族社会成员的各种行为,因而傣族法律制度不可能,也不应该没有从事司法实践和解决司法纠纷的制度成分,只是我们难以把它说成是现代意义的诉讼程序制度,而可能称之为傣族的纠纷解决制度更为合适。在元明清时期傣族的纠纷解决制度中,有必要专门讨论以下几点。

一、元明清时期傣族重要的纠纷解决制度

元明清时期的傣族地区实行土司统治,西双版纳是过去的车里宣慰司地,在车里宣慰司,宣慰使(即20世纪50年代调查材料中的召片领)由中央王朝委封,正式承认其在傣族地区的统治。德宏地区也是由中央王朝委封大小地盘各不隶属的地方土司。土司在其

境内是最高统治者,他既是最高的行政元首,也是最高的立法和司法权力的控制者。傣族纠纷解决法律制度有几个明显的问题。

(一)纠纷解决途径

元明清时期的傣族,在土司管理的境内之司法问题,全权由土司统治下之傣族法律规范解决,中央王朝不加过问,土司境内之法律问题不用上诉到境外。所以,元明清时期傣族社会的纠纷解决途径包括两个方面的内容。

首先,中央王朝对土司和土司之间的纠纷的解决制度。明代朝廷指出,远夷犯罪不足深较,可照土俗发落。史料记载:"你部里又参详明白,思伦、罕烈既能畏威效顺,俱准赎罪;多鲸罪逆尤重,但远夷不足深较,今既悔悟自新,也都免究;罕烈原备方物,许令进贡;孟养被获陶猛,准令量照土俗发落。"①另据明代史料记载:"成化二年(1466)五月丙申……云南总兵官、都督同知沐瓒等解送已诛麓川贼思任发孙思命发至京。兵部言:'命发乃叛贼遗孽,虽待以不死,然不可处京师,请如降夷例,量授头目,传送沿海登州卫安置,月给米二石。'从之。"②

史料记载明朝对土司的诉讼制度规定:"嘉靖八年(1529)二月乙亥……兵部、都察院复云南巡按御史沈教条奏便宜:'……一谓土民构讼求直,守巡官宜躬亲听断,不得转委下司,俾冤不得达;且其民不通汉语,通事率多颠倒是非,宜兼用数人,以防欺蔽。一谓土军兼当民差,一切供应咸取给焉,力困不堪;请申明律例,严行

---

① (明)严从简:《云南百夷篇》;转引自方国瑜主编:《云南史料丛刊》第4卷,云南大学出版社1998年版,第596页。

② 《明实录·宪宗实录》卷三〇。

禁革,其拔贴土官军数,亦须裁酌多寡,著为定式。……一谓近年奸人深入夷巢,构引兴颂,虚词渎奏,宜敕法司详问,严禁治之。'得旨:'俱如议行。'"①

嘉靖八年三月癸亥刑部回复御史沈教的奏折中有"'云南番夷杂处,故设土官,使以夷治夷,其干纪者,必绳之以法。顷缘安、凤二贼扇乱,诏惟罪其谋逆,余悉宥原,盖一时之权宜也,非谓自是以后,杀人及盗皆不抵罪,乞敕所司宣谕之。'上曰:'然。肆赦恩命,皆谓颁诏之前,非著令也,今后土官有犯,仍照律例科断,但宜亟为谳决,毋得留狱,以失夷情'"②。

明代以来,由于中国王朝加强了对傣族地方的政治经营,使得中央王朝在傣族地区的政治影响不断深入,伴随而来的是中央王朝对于傣族社会政治活动的控制逐渐强化,在法律制度方面表现为明代后期开始在一定范围干预土司政治、司法活动,将傣族土司区域纳入中央王朝的法制体系中。到清代这一现象更为突出,特别是改土归流的地方,中央王朝的法律更是成为调整人们之间社会关系的主要司法原则。但是,整个明清的大部分傣族地区,尤其是实施傣族土司政治的地区,傣族法律文化仍然是其社会生活中基本的行为规范。

史料还记载了明代朝廷对于土司纠纷解决的一条重要原则。有时土司可用纳银代刑罚。

> 刁派兰若知己之有罪,而求以免其罪者,孟养思伦则自认过江与孟密思真仇杀之情,而以土银牙象纳作赎罪,其于杀害缅甸,则推之猛别、莽卜信;原夺缅甸宣慰司印信金牌等项,则

---

① 《明实录·世宗实录》卷九八。
② 《明实录·世宗实录》卷九九。

云差人与莽卜信取出;原占缅甸、阿瓦、补干等处地方,则退兵弃去;见系缅甸陶猛住守诘以杀死罕忽父罕柯,则云系思真妄捏责以盟誓不致;过江则云思真不来侵我,我亦遵守不过江,若畏己之有罪,而图以掩其罪者。

……

一道戒饬孟养思伦,念乃祖思六纳贡退地,姑免其罪,令其遵守盟誓,管食迤西,禁止怕欢今后不许交结木邦,指称孟别,擅自过江与缅甸孟密仇杀,自取诛剿;一道戒谕木邦罕烈,念乃祖父世守边方,姑免其罪,令其谨守疆界,保守官职,今后不许交通孟养,争夺孟密、缅甸地方,亦不许党助多鲸争夺陇川官职,及杀害孟琏、孟定越境生事,自取灭亡。①

史料另又记载:"嘉靖三十一年(1552)十二月壬戌,……吏科都给事中何云雁条奏考察六事:'……一、饬法典以肃远人:言往年四川、云南土夷等官来朝违限,俱特旨宥免,虽一时怀远之人,但恐数事姑息,积玩生奸,将来犯法更有大于此者。自后请坐罪如律,使知创惩。'部复从之。"②

明代在特殊情况下的以赎代罚可以缓和一定程度的中央政权与地方土司政权之间的矛盾,但是也有很大弊端,正如朝中官员针锋相对的观点所言,可能会造成有律不依,姑息养奸。

元代时,朝廷实质上只是对原来已经形成的傣族土司政权给予认可。由于元朝统治时间较短,因而不可能对傣族土司政权统治之下的傣族社会有较深入的经营和影响。明朝开始强化了对于

---

① (明)严从简:《云南百夷篇》;转引自方国瑜主编:《云南史料丛刊》第4卷,云南大学出版社1998年版,第593—594页。

② 《明实录·世宗实录》卷三九二。

傣族土司的政治统治活动的介入。但终明一代，朝廷也只能是认可傣族土司对内部社会的独立统治。这是由傣族社会的经济基础和文化特点所决定的，因而朝廷专门行文认可傣族社会内部纠纷解决法律制度的独立性。到明代后期开始加强对土司辖区内纠纷解决制度的干预，但最终不得不认可土司可以以赎代罚，土司问题按土俗解决。到了清代由于傣族社会经济基础发生变化，封建领主制经济建立起来后，阶级分化进一步加剧，清朝廷趁机改土归流，使得清朝廷对于傣族社会政治活动的控制和干预能力大大加强，在雍正年间甚至行文干预傣族土司内部法律诉讼事务。如雍正二年谕："四川、陕西、湖广、广东、广西、云南、贵州督抚提镇，朕闻各处土司，鲜知法纪，所属土民，每年科派，较之有司征收正课，不啻倍蓰，甚至取其马牛，夺其子女，生杀任性，土民受其鱼肉，敢怒而不敢言。莫非朕之赤子，天下共享乐利而土民独使向隅，朕心深为不忍。然土司之敢于恣肆者，大率皆汉奸为之指使。或缘事犯法，避罪藏身；或积恶生奸，倚势横行。此辈粗知文义，为之主文办事，教之为非，无所不至，诚可痛恨。嗣后督抚提镇，宜严饬所属土官，爱惜土民，毋得视为鱼肉，毋得滥行科派。如申饬之后，不改前非，一有事犯，土司参革，从重究拟，汉奸立置重典，切毋姑容宽纵，以副朕子惠元元、遐迩一体之至意。"①

　　但是由于傣族社会土司政权的相对独立性和傣族法律文化独特的文化土壤，直到清代末，傣族社会的纠纷解决主要是按傣族的法律调整。中央王朝的法律还只是在改土归流后的一些地区有一定效力，在土司统治地区，中央王朝的法律精神只能作为一种文化被傣族法律改造、吸收后，加以利用于傣族的法律制度中产生一定

---

① 《钦定大清会典事例》卷一一九、吏部一百三，《土司等官卓异》。

的作用。

其次,土司境内傣族社会纠纷解决司法途径。元明清时期,傣族土司地区的政治统治体系也是纠纷解决体系,行政官员也是司法官员。从宣慰使(或最高土司)到一般的头目,再到村寨头人都是司法活动的权力者,他们行使着立法权和司法权,管理着不同层次的司法诉讼活动。傣族社会除了依法解决法律纠纷的司法实践外,还有少量的神判现象,它说明原始宗教因素在傣族社会法律制度中还有残留。

（二）证据制度

元明清时期傣族法律制度中的证据制度发生了重大变迁。引起证据制度变迁的因素主要是:第一,成文法的出现。元明时期是傣族法律形式从习惯法向成文法转化的历史阶段,法律形式的转化必然带来证据形式的变化,使得书面证据成为可能。第二,佛教因素的渗透。元明清时期是傣族社会从没有佛教到有佛教的历史时期,佛教进入傣族社会后,成为傣族社会重要的精神价值,它影响着傣族法律制度的价值取向,甚至成为傣族法律、法规的重要规定(佛教等级制度、土司制度等相关内容都已讲述)。第三,外来民族文化的影响。元明清时期傣族法律制度主要受到来自中央王朝的汉族文化以及缅甸、泰国等外来文化的影响。从对元明清时期主要的法律制度中的证据内容研究看,它主要有以下几方面的问题。

1. 证据分类

按照元明清时期的使用证据的性质可以分为世俗证据与宗教证据。宗教证据指按宗教中超自然力的意志来证明的证据(这里的宗教证据包括原始宗教的神示证据和佛教的因素影响的证据)。这在傣族法律制度中有很高地位和作用。傣族法律制度中规定了是否信佛是证据采信和能否作证的依据。在《西双版纳傣族的封建法规和礼仪规程》有关污辱妇女案件中关于证人条件的规定就很能说明问题。它规定忠实于佛的人,经常赕佛和施舍给穷人的人以及经常听经拜佛和学习道理的人是可以作证的。傣族法律制度中还有许多神判的规定和内容。《西双版纳傣族的封建法规和礼仪规程》规定,通过审问也不能判定嫌疑人是否犯罪,"最后就是念经、祭神,烧着火或煮着开水,把东西放在开水里面或火里面,使犯罪的人用手去取,请神来审查,就可以鉴别谁是好人,谁是坏人。这是自古以来的规矩,不这样做,会使犯罪的人成了习惯"。① 元明清时期的傣族史料中也记载有傣族纠纷解决中的神判现象。除了宗教证据以外的证据称为世俗证据。从傣族法律中使用的证据形式划分,可将傣族法律文化中的证据分为人证、物证和书证。书证主要在土司的政治活动中使用。民事法律关系中主要是采纳习惯法形式的书证(一种民间证物)和其他形式的证据。元明清时期许多史料都记载了傣族民间"小事刻木为约"的状况。人证是被普遍使用的证据,如前述《西双版纳傣族的封建法规和礼仪规程》对于污辱妇女案件,规定了八种人可以作证,十八种人不能作证;傣族人民在处理案件中大量采取人证。

2. 影响证据证明力的因素

元明清时期傣族诉讼制度中影响证据效力的因素主要有:第一,佛教因素和道德因素。元明清时期的傣族法律制度同样体现出佛教和道德原则对于证据的采信有重大的影响。在上述污辱妇

---

① 民族问题五种丛书,中国少数民族社会历史调查资料丛刊:云南省编辑委员会编:《傣族社会历史调查(西双版纳之三)》,云南民族出版社1983年版,第27页。

女的案件中可作证的八种人中有三种与佛教有关。不可作证的十八种人中有许多是按道德标准判断的,如赌博的人,调戏妇女的人,喜欢别人受苦的人。第二,生理因素。上述不能作证的人员规定中,醉酒的人,患神经病和不能说话的人以及精神错乱、丧失记忆力的人都是不能做证人的。第三,司法人员的心证。心证是在司法人员审判案件时所用的一种判断证据效力的重要方式。如上述《西双版纳傣族的封建法规和礼仪规程》中规定,考察犯罪时的三种方法之一,审问时,一面问,一面要看他的脸色。第四,社会其他因素,包括社会等级,是否犯罪,是老人、小孩还是女人。从元明清的证据使用情况及其效力影响因素看,傣族法律制度中证据制度还处于较为简单、原始的阶段,有很多不科学成分。

(三)免责制度

这里所说的免责是指广义的在傣族法律制度中民、刑事法律关系中的完全免责,不包括部分免责,例如以经济罚代替刑罚的以赎代罚的部分免责不在此列。现存的几个傣族法规都有一些免责的相关内容。《西双版纳傣族的封建法规和礼仪规程》规定:"杀人不罚的有四项,不论头人或百姓,与有夫之妇通奸被丈夫发觉杀死,不罚。凡行为恶劣者,或带枪刀去杀人,反被杀死,杀者不罚。夜静更深,乱闯进屋子,被户主杀死,户主不罚。偷东西被抓着的杀死,不罚。订婚后不按期结婚,逾婚可找对象。如果女方不喜欢,强求订婚,女人又已离家,家长把聘礼退回后,不罚。"①另外,

---

① 民族问题五种丛书,中国少数民族社会历史调查资料丛刊:云南省编辑委员会编:《傣族社会历史调查(西双版纳之三)》,云南民族出版社1983年版,第32页。

在前面论述的窝藏罪的规定中也规定了主人不知是小偷而留宿的不罚。在债权债务制度中规定"夫妻俩借了账互不相告,借者死亡或逃亡后,另一方不承担还账责任。男人在外服现役,欠下的钱,妻子儿女不负责赔还。男人在外服现役,妻子儿女不承担户税"①。从上述免责的情况看,有几点可以说明。第一,尽管元明清时期傣族的免责规定还很简单,但它已经覆盖到刑事、民事大部分法律部门规定的法律关系,可见傣族社会的免责制度已经发展到一定程度。第二,免责制度的主要精神是当事人是否有犯法的动机。这一点有利于从犯罪心理的角度来预防犯罪活动。第三,免责制度的规定不尽科学。如杀人的免责规定中的将奸夫杀死,抓着小偷杀死。这类规定明显有着不科学的地方,不利于尊重人权和控制社会秩序。

二、傣族纠纷解决制度的特点

由于傣族法律制度本身就是一个需要进一步深入研究的课题,傣族的诉讼制度更是有待于进行科学、准确的归纳,为此,笔者只能够从傣族诉讼制度的一些主要表现上总结元明清时期傣族诉讼制度的两个特点。

(一)缺乏完整性和科学性

元明清时期的傣族社会纠纷解决法律制度是由多方面影响和

---

① 国家民委民族问题五种丛书之一,中国少数民族社会历史调查资料丛刊:云南省编辑组编:《思茅玉溪红河傣族社会历史调查》,云南人民出版社1985年版,第38—69页。

作用而形成的。首先,傣族纠纷解决法律制度缺乏完整性。第一,傣族纠纷解决法律制度没有也不可能像现代法制体系一样,分门别类地按照不同类别制定不同门类的诉讼法,比如现代法学体系中的刑事诉讼法、民事诉讼法和行政诉讼法等制度规范体系,而是基本上没有专门分类的诉讼法律制度。第二,元明清时期傣族社会已有的诉讼法形式的法律制度也主要处于习惯法形式,这种诉讼法律制度有着难以统一规范,常常因为神判人员对于诉讼制度的记忆和理解、把握不准确而出现大量的随意性,不利于司法实践的统一,从而难以维护法制体系的权威。第三,傣族几个重要的法律文献中的纠纷解决制度文本也都是由傣族人民中某些特殊人物以口述的方式或自己凭记忆抄写下来的,这些文献中虽然基本精神一致,但是其中的严谨性和规范性必然要受到质疑和挑战。

　　其次,傣族纠纷解决法律制度缺乏科学性。科学性是诉讼法律制度文明、进步所必需的,是司法公正的内在要求,也是查明案件因果关系,准确打击罪犯,保护受害人权利,有力维护社会秩序的必然要求。诉讼法律制度的科学性是现代法制体系的必然特征。但是,元明清时期的傣族纠纷解决法律制度在这方面还缺乏科学性。具体表现为,第一,纠纷解决制度的具体内容不平衡,在傣族的历史法律文献中,有的诉讼制度内容较多,而且还很详细;而一些应该有的诉讼制度规范内容又十分短缺,甚至根本没有。第二,元明清时期傣族纠纷解决法律制度中适用着大量的神判制度规定,这种情况在傣族的多个重要的、经典的法律文献中都有多条规定。第三,刑事诉讼法律制度和民事诉讼法律制度不分,经常出现运用刑事诉讼程序解决民事诉讼问题,有时候又运用民事诉讼程序解决刑事诉讼问题。第四,具体制度设计没有科学性,比如,前面所述的证据制度中的证人的确定、证据力的采信都有许多不科学的成分。我们知道,一个人是否信仰宗教与他(她)能否叙述清楚他(她)所看见的案件真实情况没有直接关系,处于社会不同等级的社会成员的地位与他(她)们的证据的证明力之间更是没有直接关系,用这些没有直接关系的标准来判断证据的证明力显然是不科学的,这种证据制度显然是难以达到准确、高效地打击犯罪和保护受害人权利的,也是难以真正维护好社会健康发展的秩序的。《西双版纳傣族的封建法规和礼仪规程》规定的考察犯罪时的方法:"(1)要了解犯错误的人有多少,如果同案的犯人多,应个别的审问,不要同时一齐拿了问。并要详细问他犯罪的原委,问清后用笔记下来,由他画供单。从这些个别的供单看是否互相符合。(2)审问时一面问,一面看他的脸色。"①这其中的审问过程具有明显的经验似的特点,其审判的结果与审判人员的个人素质有着直接的关系。

为便于理解上述特点,在此又以刀国栋、刀治明等人翻译,刀国栋、张亚庆、徐加仁等笔录整理的《西双版纳傣族的封建法规和礼仪规程》为例。它包括法律、礼仪规程、宣慰使及各勐土司经商牛队的组织和旅途规程、防火的通告四大部分内容。其中第一部分(法律)和第二部分(礼仪规程)内容最多。第一部分包括处理诉讼时应持的态度和方法;地方与地方违犯公约时罚款的规定;关于罚赎和赎罪的一些规定;民刑法规;有关家奴及其子女身份的规定和逃亡案件的处理办法五大方面。第二部分(礼仪规程)包括宣慰使及其亲属,各勐土司称谓的规定;委令和节日祝文;土司对

---

① 民族问题五种丛书,中国少数民族社会历史调查资料丛刊:云南省编辑委员会编:《傣族社会历史调查(西双版纳之三)》,云南民族出版社1983年版,第27页。

百姓的训条;教训儿子处世的道理;教训妇女做媳妇的礼节和有关
丧葬的一些习俗六个部分。① 这里面我们可以看出一些日常生活
中的具体生活细节在诉讼法律制度中规定得很详细,而对于极其
重要的刑事案件,有关当事人生命、财产权利保障的诉讼程序制度
的规定又很粗糙和不够完整,以至于被李思聪、钱古训等人评价为
"刑民无律可守"。这种诉讼法律制度的科学性显然是不够的。
其他还有刀永明、刀述仁翻译,刀永明整理的《封建法规译文》,刀
永明、刀述仁翻译整理的《西双版纳傣族"哈滚"(家族)纠纷裁决
法》,②徐永安搜集的《孟连傣族的习惯法》,③刀光强、高立士译
《"西双版纳封建法规"译文》,④刀永明、刀建民翻译,薛贤整理的
《勐连宣抚司法规》,大体情况也是差不多。

(二)以道德为主,法律专业技术欠缺

傣族纠纷解决制度中许多制度都贯穿着一个主线,即以统治
阶级支持的道德为解决诉讼问题的指导原则。如前述《西双版纳
傣族的封建法规和礼仪规程》关于污辱妇女案件中,规定了八种
人可以作证,十八种人不能作证,可作证的八种人中有三种与佛教

---

① 参见民族问题五种丛书,中国少数民族社会历史调查资料丛刊:云南省
编辑组:《傣族社会历史调查(西双版纳之三)》,云南民族出版社1983年版,第
26—45页。

② 参见民族问题五种丛书,中国少数民族社会历史调查资料丛刊:云南省
编辑委员会编:《西双版纳傣族社会历史综合调查之(二)》,云南民族出版社1984
年版,第29—30页。

③ 参见国家民委民族问题五种丛书之一,中国少数民族社会历史调查资料
丛刊:云南省编辑组编:《思茅玉溪红河傣族社会历史调查》,云南人民出版社
1985年版,第38—69页。

④ 参见《民族学报》1981年第1期。

有关。佛教是明代以后傣族社会中极其重要的精神因素,在宗教等级法律制度一章我们已经专门讨论过傣族社会佛教与土司政治体系的紧密关联,佛教成为土司政治制度重点维护的精神原则和社会力量。佛教的原则也就成为傣族社会极为重要的道德标准。在刑事法律制度一章,我们也专门分析了在傣族社会侵犯宗教人士的人身、财产关系的罪是重罪,在诉讼制度中把与宗教的关系作为一项重要的原则也就很好理解了。在规定不可作证的十八种人中有许多是按道德标准判断的。如赌博的人,调戏妇女的人,喜欢别人受苦的人。《西双版纳傣族的封建法规和礼仪规程》规定考察犯罪时的三种方法:"(1)要了解犯错误的人有多少,如果同案的犯人多,应个别的审问,不要同时一齐拿了问。并要详细问他犯罪的原委,问清后用笔记下来,由他划供单。从这些个别的供单看是否互相符合。(2)审问时一面问,一面看他的脸色。(3)了解他的祖先父母和他自己是不是一个好人。"①它在处理诉讼时应该防止的五点偏袒中专门在第五点指出:"'叭呷底':要看清双方是什么人,认清他们的身份,例如,召、叭、昆、悍、医生,要分别等级,按照身份处理。"又规定"'犯上'案件,不得申诉"②。这里所说的犯上是指百姓反土司,和尚反佛爷,家奴反主人,儿子反父亲。

其实,法律制度体系除了必须围绕统治阶级的根本利益展开,必须能够有效地维护统治阶级的利益,实现统治阶级的统治目标

---

① 民族问题五种丛书,中国少数民族社会历史调查资料丛刊:云南省编辑委员会编:《傣族社会历史调查(西双版纳之三)》,云南民族出版社1983年版,第27页。

② 民族问题五种丛书,中国少数民族社会历史调查资料丛刊:云南省编辑委员会编:《傣族社会历史调查(西双版纳之三)》,云南民族出版社1983年版,第26、27页。

（这是法律的阶级本质）之外，还必须具备法律制度本身的专业特征和逻辑。这就是法律制度的建立必须运用一定的技术和专门的逻辑，必须适用专门的司法理论。这是由于法律制度体系本身是一个相对独立的体系，它有着自身的专业特征。这种专业特征是特定国家或民族法律制度文化和技术发展的文明成果的体现，是人类法治文明的体现。元明清时期的傣族社会诉讼制度在这一点上显然是欠缺的。

三、纠纷解决法律制度的社会机制

特定的法律制度是由特定的经济、政治决定的，还有特定的文化在法律制度上的反映。元明清时期的傣族纠纷解决法律制度形成过程主要有以下影响因素。

（一）社会发展的阶段性

根据历史唯物主义原理，社会生产力发展水平是社会运动的最终决定性因素，生产关系必须适应生产力的发展要求，经济基础决定上层建筑。法律制度是政治上层建筑中的重要组成部分，也是相对独立的部分。法律制度自成体系，在整个政治上层建筑体系中，与上层建筑互动。由于傣族的纠纷解决法律制度又是傣族法律制度中的因素系统，它必然要受到经济基础的决定，受到政治上层建筑的决定和影响，要受到整个法制体系的制约。因此，由于元明清时期傣族社会正处于较低层次的历史发展阶段，生产力水平较低，社会形态的阶段性特点比较突出，尽管德宏等地的傣族社会发展稍快些，西双版纳更慢些，但是，纵观元明时期的整个傣族社会，大都处于奴隶制向封建领主制转变的历史阶段。封建领主制经济基础一直持续到新中国成立前,这就使得元明清时期的傣族社会不可能有较高的侦破技术和司法理念。傣族诉讼法律制度中的封建领主制、等级制精神贯穿整个包括诉讼制度的法律制度体系,宗教精神成为诉讼法律制度的主线。由于傣族社会形态的阶段性和落后性,使得傣族诉讼制度中还有许多奴隶制社会内容,法律形式中还有许多经验似的习惯法诉讼制度。

(二)政治体制的作用结果

1. 政治上的三权合一

傣族土司政治条件下,土司是政治体系中的最高统治者,是立法、行政和司法权的绝对掌控者。这就使得立法权、司法权和行政权三权合一,又加上傣族土司政治体系的民族特点,使得傣族土司政治之下的司法权的运行更加依附于土司。由于傣族社会长期存在土司政治,使得傣族社会的立法权和司法权难以独立。立法权、司法权与行政权的长期统一,导致难以形成专门化的司法运行机构,难以形成一批专门从事立法和司法理论研究的法学专门人士,这样的情况也会制约傣族诉讼法律制度的发展。当然,有人可能会说当时的中央王朝同样是三权合一的体制,中央王朝的诉讼法律制度体系照样比傣族完善和健全。笔者认为可以从几个方面去理解这个问题:第一,傣族诉讼制度与其他国家或民族的诉讼制度一样都是受到多种因素共同作用的结果;第二,中央王朝主流社会比起傣族社会有着更为悠久的历史和长时期的发展过程;第三,中央王朝的政治体系中立法权、行政权和司法权的运行与傣族社会土司政治体系中的三权的运行也有一定的差异。正是由于元明清时期傣族法律制度没有形成专门化、独立的司法体系,加上傣族社会文字形成时间较晚,使得傣族社会难以形成一批专门从事法学理论研究的人才队伍,一批专门从事司法实践的专业化司法队伍,最终造成傣族社会包括诉讼法律制度在内的整个法律制度体系的专业性和技术性都不够,水平较低。

2. 领主政治制度的特殊机制影响

领主政治是傣族政权的主要特点和机制,领主政治制度是一种采取政治权力层层划分的政治运行机制的政治制度。这种制度的特点是政治权力层层分割。按照前面相关章节分析,元明清时期的傣族土司制度,傣族政权体系中的各级土司最高统治者都是他(她)所统治下的领土范围内的最高统治者。这样每一级土司都是本级政治统治范围内的最高统治者,那么在整个傣族土司统治范围之内就难以形成一套严密的、庞大的,政令完全(理论上)统一的,类似封建社会中央王朝的官僚管理机构体系。土司政治权力的层层分割,导致政治体系在一定程度上的不同层次的政治权力可能各自为政,难以组建一套完整、统一的司法制度体系,这是傣族法律制度发展受限的一个制约因素。

3. 土司制度政治关系的制约

由于傣族地区的土司政权是互不隶属的地方性政权。在元明清时期,尽管傣族民族文化传统中的共同因素的作用不可忽视,但是,由于傣族土司政权之间的互不隶属,并且傣族土司政权都是隶属中央政权,因此,这种傣族土司政权之间的横向政治权力关系,傣族所有土司政权与中央王朝之间的纵向政治权力关系,都使得傣族法律制度更有可能朝着分化、多样的方向发展,从而必然会制约发展过程中的一致性,造成傣族民族政权之内的法律制度的相互交流,乃至于复制的可能性和进程都会在一定程度上受阻。另外的结果是这种政治关系的发展,肯定会制约专门化的傣族司法独立体系的形成,制约傣族专业法学理论家群体的形成,进而在一个侧面制约傣族法律制度在专业化、科学化方面的进步。

(三)民族经济、文化因素的作用

元明清时期,傣族社会生产力水平较低,社会经济不够发达,可能还有气候原因,生存条件好,男人不参加生产劳动,这使傣族社会生产力发展速度受到限制,加之明代以后宗教成为傣族社会至关重要的生活内容,人们宗教负担较重,又使得社会财富积累速度也较为缓慢。这样的经济状况难以供养一支分门别类的规范的司法队伍,正如前面分析傣族社会难以供养一支规模庞大的常备军一样,可能还由于傣族人民的民风较为朴实,这些都使得傣族的诉讼法律制度发展缓慢。另外,傣族社会的文字出现较晚也是傣族诉讼法律制度发展较为落后的重要原因。没有文字,就难以制定成文法。成文法比习惯法有着多方面的优势,它更能够保证法律制度的整体性和规范性、统一性,减少人为性和随意性。傣族社会虽然从元代开始就被完全纳入中央王朝统治之下,与内地各族人民,特别是汉族人民发生着各种形式的往来,在经济、政治、物流和文化的往来中,肯定对傣族社会生活产生巨大的影响;但是,这种影响要通过长时间的作用才能使傣族诉讼法律制度产生根本性的变化。这也是傣族社会纠纷解决法律制度长期以来始终保留大量习惯法和民族特色的重要原因。

第七章　元明清时期傣族社会环境变化与法律制度的变迁

元明清时期是傣族历史上重要的发展时期。自元代开始傣族社会进入中央政府的直接有效的统治以后,中央政府在元明清三朝从不同角度加强了对傣族地区的治理,具体表现在:政治上加强了对傣族地区的经营、治理。经济上加强了对傣族地区征收贡赋的制度建设,推动了其他民族(尤其是内地汉族)人口向傣族地区的流动,促进了傣族地区与内地的经济贸易的往来,加深了内地封建地主经济所有制生产方式对傣族地区的影响。文化上,中央王朝在傣族与内地交流较多的地方兴办和加强儒学教育,同时人口的流动也带来了汉文化的影响。总之,元明清时期傣族社会在以上各个方面因素的作用下,社会环境发生了历史性变化。傣族法律在这一历史时期随着环境的变化而发生了多方面的变迁。

一、中央政府对傣族不同地区的统治状况

元明清时期,由于中央王朝不同历史时期的统治策略差异,中央王朝官僚体系对于傣族土司政权治理的差异等多方面因素的作用和影响,导致了元明清时期各傣族地区出现不同的历史状况。

（一）元明清时期统治者对傣族地区的经营指导思想

元代统治者主要是争取傣族地方的稳定，以下史料就是明证。

至元十八年，……以立智理威为嘉定路达鲁花赤。……会盗起云南，号数十万，声言欲寇成都。立智理威驰入告急，言辞恳切，继以泣涕。大臣疑其不然，帝曰："云南朕所经理，未可忽也"。乃推食以劳之。又语立智理威曰："南人生长乱离，岂不厌兵畏祸耶？御之乖方，保之不以其道，故为乱耳。其归以朕意告诸将，叛则讨之，服则舍之，毋多杀以伤生意，则人必定矣。"立智理威至蜀，宣布上旨。①

但元代对傣族的统治思想有时也不尽科学，《元史·董士选传》记述了元朝皇帝误信丞相之言，好大喜功，盲目征战八百媳妇就是一个例子。

士选字舜卿，文炳次子也。……时丞相完泽用刘深言，出师征八百媳妇国，远冒烟瘴，及至未战，士卒死者十已七八。驱民转粟饷军，溪谷之间不容舟车，必负担以达。一夫致粟八斗，率数人佐之，凡数十日乃至。由是民死者亦数十万，中外骚然。而完泽说帝："江南之地尽世祖所取，陛下不兴此役，则无功可见于后世。"帝入其言，用兵意甚坚，故无敢谏者。士选率同列言之，奏事殿中毕，同列皆起，士选乃独言："今刘深出师，以有用之民而取无用之地。就令当取，亦必遣使谕之，谕之不从，然后聚粮选兵，视时而动。岂得轻用一人妄言，而致百万生灵于死地？"帝色变，士选犹明辨不止，侍从皆为

① （明）宋濂等：《元史》卷一二〇《察罕·亦力撒合·立智理威》，中华书局标点本。

之战慄。帝曰："事已成,卿无复言。"士选曰："以言受罪,臣之所当。他日以不言罪臣,臣死何益!"帝麾之起,左右拥之以出。未数月,帝闻师败绩,慨然曰:"董二哥之言验矣,吾愧之。"因赐上尊以旌直言,始为罢兵,诛刘深等。①

可见,元代统治者并非全是本着民族团结、共同繁荣等良好愿望而占领和经营傣族地区,有时是出于好大喜功。元代赵世延建议对傣族地区宜用羁縻统治方略恰好道出了元朝统治者对傣族地方统治思想的实质。"赵世延字子敬,其先雍古族人,居云中北边。……至大四年,升中奉大夫、陕西行台侍御史。……世延言:'蛮夷事,在羁縻,而重烦天讨,致军旅亡失,诛戮省臣,藉使尽得其地,何补于国?今穷兵黩武,实伤圣治。朝廷第当选重臣知治体者,付以边寄,兵宜止,勿用'。……陛辞,帝特命仍还御史台为中丞。"②

明正统年间刘球反对朝廷征战麓川表现了明朝统治者对傣族地区经营的思想。

刘球,字求乐,安福人。……正统六年,王振欲立威边陲,用王骥征麓川,球抗疏曰:帝王之驭四裔,必宥其小而防其大,所以适缓急之宜,为天下久安计也,……今麓川残寇思任发,素本羁属,以边将失驭,致勤大兵,虽渠寇未歼,亦多戮群丑,为诛为舍,无系轻重,玺书原其罪衅,使得自新,甚盛德也。边将复议大举,欲屯十二万众于云南,以趣其降,不降则攻之,不虑王师不可轻出,蛮性不可骤驯,地险不可用众,客兵不可久淹,是皆兵法所忌也。况南方水旱相仍,军民交困,若复动众,

---

① (明)宋濂等:《元史·传》卷一五六《董士选》,中华书局标点本。
② (明)宋濂等:《元史·传》卷一八〇《赵世延》,中华书局标点本。

纷扰为忧。……伏望陛下罢大举之议，推选智谋将帅，辅以才识大臣，量调官军分屯金齿诸要害，如赵充国屯湟中故事，结木邦诸蛮以为援，乘间进攻，因便抚谕，不烦大兵，寇自可服。……宜量除田赋，抚辑流移，麓川连年用兵，死者十七八，今又遣蒋贵远征缅甸，责献思任发，果禽以归，何补国家，而缅甸将挟以为功，必求与木邦分麓川之地，不与则致怒，与之则两蛮坐大，是减一麓川，生二麓川也，宜罢贵勿征。①

在此，刘球认为，征麓川是无系轻重，劳民伤财。永乐年间，何文渊认为征战麓川应采取怀柔政策："麓川徼外弹丸地，不足讨，莫若俾云南守将屯金齿，令三司官抚谕之，远人获更生，而朝廷免调兵转饷，策善者也。帝下其议，金谓宜讨。于是西南骚动，仅乃克之。而失亡多"。② 明英宗正统十三年，谷应泰曰："麓川地接平面，虽弹丸黑子，然固皇舆以内地。洪武初，思氏失官，刀氏逐思据有平缅。至正统时，刀又衰弱，思氏复振，宾玉走死，思任坐大，且争衡于上国矣。蛮类自相攻杀，赵奢所谓：两鼠斗穴，天子不必问也。"③

显然，明朝统治集团同样也是建立在防止云南蛮夷怀有二心基础上，因而明代在云南实行卫所制度。弘治年间，兵部议"夷性变诈，父子兄弟争地相杀，乃其常态"④。洪武二十二年（1389年），十一月己卯，思伦发反，战败后，朱元璋遣诏谕思伦发曰："麓川僻属西南，远在万里，非中国所图也，且特麓为然。若云南之地，

①（清）王鸿绪：《明史稿》列传第四十二，《刘球·陈鉴》，敬慎堂刊本。
②（清）王鸿绪：《明史稿》列传第六十一，《何乔新·彭韶》，敬慎堂刊本。
③（清）张廷玉等：《明史》之《麓川之役》，中华书局标点本。
④《明实录·孝宗实录》卷一五五。

道路险远,其民仰巢颠崖,俯饮川漳,盖形夷面,俗无伦理。"可见朱元璋对傣族人民是有一定偏见的。

　　明朝中央政府主张对傣族地区采用以夷治夷的经营策略。"正统八年四月己丑,敕总督云南军务,兵部尚书、靖远伯王骥……今乃云,约会官军攻剿思机发,取孟养与之,然后解发,其情昭然可见。敕臣,不等密察,思任发果为缅甸所而固执不解,即遣人往谕木邦及附近土官头目,令各集人马,候秋进兵,务珍此贼。大抵以夷攻夷,古人长策。"①明朝征麓川官军上书言"臣等再惟欲安中国,必先治外夷,若作家室必先勤垣墉,垣墉惧其坏也,必涂茨而后固,外夷惧其乱也,必处置而后安。故以诸夷相杀,似为中国之利,然又惧其浸强,适为中国之害,将欲防微而杜渐"②。明朝中央在一段时间内处理傣族事宜的目的主要是考虑边疆无患,并非是为了推进傣族地区发展。

　　下面史料说明明朝廷对百夷地区的统治策略很大程度上是关注边境的重要性。"己丑万历十七年——正月己酉朔。戊午,云南猛密宣抚司土同知思化发兵争蛮莫。巡抚萧彦言:'蛮莫乃罕送旧土,欲扶立罕送仍归蛮莫,以安夷心。'兵部议:腾冲以三宣为护卫,三宣与蛮莫接壤,三宣安,内地得宁;蛮莫靖,外藩可固。今思化乘思顺奔窜之隙,冯陵蛮莫,势将不支,不得不兴问罪之师;如三宣摇动,后益难制,尤不得不靖震邻之难。惟兵加于播告之后,则出为有名,议定于询谋之同,则衅可永杜。上从之。"③

---

　　①　《明实录·英宋实录》卷一〇三。

　　②　(明)严从简:《云南百夷篇》;转引自方国瑜主编:《云南史料丛刊》第4卷,云南大学出版社1998年版,第595页。

　　③　(明)谈迁:《国榷》卷七五,中华书局1958年版。

　　由于中央政府统治者的统治思想和对傣族人民的认识存在偏见,使得中央政府对傣族社会的统治策略在元明清时期变化颇多,有些内容甚至根本不科学,给傣族社会带来许多负面影响。但总的来说,元明清时期中央王朝对于傣族地区的政治、法律的影响是巨大的、深远的。

　　元代设置傣族土司统治,明代强化对土司统治的管理,加强对傣族社会政治生活的介入,清代在加强规范对傣族土司管理制度的基础上,深化对傣族地区改土归流实践,让统治更加深入。元明清三朝,中央政府对于傣族社会政治的影响越来越强大,程度越来越深。在政治影响的作用下,促进了傣族法律制度的变迁。

　　(二)明清时期中央对傣族土司的统治实践

　　明代中央政府对傣族地方采用的是分治、隶属于省的方式产生了许多互不隶属的小土司,让中央政府对傣族地区的统治更加深入。史料记载:

　　　　七月丙戌朔。戊子,巡按云南御史陈文燧上制夷十事:"曰檄诸夷:谓缅甸莽茞与孟养思个相构,木邦罕拔与干崖怕文为仇,宜宣谕处分,旧追缅甸诸司印、金牌,听请承继,仍颁历,如再侵犯则剿之。曰抚三宣:谓三宣外捍六慰,内拥金、腾,近各多难,兵力衰弱,无能铃束地方,宜加意抚恤,在南甸则断刀落参之田以结其心,在陇川则扶多忠之寨以固其存,在干崖则定宣更之制以正其继。余议仿此。"兵部复谓:"先臣刘健尝论孟养事,以思禄有官犹可制,即无官,其僭自若也,不如因而官之。此真御夷上策。余如议行。"①

────────────

① (明)谈迁:《国榷》卷七〇,中华书局1958年版。

如前分析,明朝中央政府在一系列傣族地方土司之间因土地兼并而发生了大量战争和"三征麓川"后,因势利导,打破了传统土司的地域格局,承认在原傣族土司地域上经战争重新划分的统治区域,设置了新的土司区域。这一设置,削弱了原土司的势力。虽然新土司的这种区域设置,在一定程度上有可能引起傣族内部土司之间的矛盾,但它大大强化了中央王朝的权威,使得傣族地方政治权力更加向中央王朝倾斜。

清代中央政府加强了对傣族土司政治活动的干预。随着傣族社会生产力的进步,生产关系的发展和变化,傣族土司政治的变革成为不可阻挡的历史潮流。中央王朝从明代开始在少数傣族地方实施改土归流,清朝加大了在傣族地方的改土归流的力度。经过清代的改土归流,虽然一部分傣族地方仍然保持着土司制度,但在许多傣族地方都设置了流官统治,使傣族地方土司政权区域发生了更大的变化。尽管明清时期的改土归流中可能有些是统治阶级的人为因素所致,少数改土归流并不符合傣族社会生产发展的客观需要,但是,在中国特色历史进程中,少数民族与中国主流社会政治一体化的趋势已经是一种无法回避的客观事实。

清代大规模改土归流以后,确知的傣族土司有:"宣慰司一:车里刀氏;宣抚司八:南甸刀氏、干崖刀氏、陇川多氏、耿马罕氏、孟琏刀氏、整卖召氏、景线呐氏;副宣抚司二:盏达思氏、遮放多氏;安抚司三:芒市放氏、潞江线氏、猛卯衍氏;土指挥二:孟艮召氏、整欠叭氏;土指挥同知一:猛笼叭氏;土知府二:孟定罕氏、景东陶氏;土知州二:湾甸景氏、镇康刀氏;土守备二:六本召氏、景海召氏;土千总六:猛遮刀氏、普腾坝刀氏、猛夏刀氏、元江刀氏、猛孟召氏、猛撒喇氏;土把总十:猛阿召氏、猛笼刀氏、橄榄坝刀氏、六困刀氏、猛腊召氏、猛旺刀氏、整董召氏、猛乌召氏、乌得召氏、猛夏刀氏;土巡检

一:猛猛罕氏;土县丞一:南涧阿氏;土舍二:阿邦乡陶氏、曼车乡刀
氏。此外尚有土便委、土掌寨、土目等未计入。"①从历史事实看,
清代傣族土司区域的状况是由明清两代的改土归流和中缅关系变
化等历史原因造成的。但比较明代而言,清代的傣族单个土司所
辖区域在缩小,大的傣族土司已经很少见,而傣族土司总的数量在
增多。明代时傣族地区的招讨使、长官司、蛮夷长官司在清代已不
见于中央王朝对傣族土司官员的设置制度中,清代出现了许多安
抚司之下的傣族土司官员名称。这说明,首先,经过明清两朝中央
王朝的政治经营,清代的中央政府对于傣族地方政治活动的影响
力更加深入了。其次,傣族地方土司政权的权力层次更低了,统治
区域更小了,相对独立性变弱了,从而使傣族政治与中央王朝的政
治一体化进程加快了。

(三)元明清时期中央对土司经营中的不正常情况

在中央王朝对傣族土司政治管理活动中,有许多不正常状况,
影响了中央政权与傣族土司政权关系的和谐发展。明代史料记载
了沐氏家族在云南统治傣族土司实践中的不当状况。"弘治四年
(1491)八月庚戌,……罢分守金齿、腾冲右参将、署都指挥金事沐
详回云南间住……镇守总兵、黔国公沐琮劾详御下不严,酿成此
变。上令详自陈状。至是具疏服罪,故有是命。"②

历史上还有一些朝廷惩处在金齿地区贪暴官吏的史料:

正统十二年(1447)二月己亥,……云南金齿军民指挥使
司永平县土官县丞马震奏:"本县地居边境,诸种夷民刀耕火

---

① 江应樑:《傣族史》,四川民族出版社 1983 年版,第 373 页。
② 《明实录·孝宗实录》卷五四。

种,先被本司官舍、旗军倚势骚扰,逼民逃窜;近又被附近永平千户所官舍、旗军放债取利,准折子女田产;又经过官军需索赀物,稍有不从,辄遭荼毒,夷民愈贫,实为大患。乞将本县径隶布政司管辖。"上命都察院出榜通行云南土官衙门禁约,及行巡按御史并按察司廉其扰害者,擒治如律。其欲以县径隶布政司,不允。①

天顺二年(1458)十二月……壬申,……云南南甸土官宣抚刀落盖奏:"南宁伯毛胜、腾冲千户所千户蔺愈强占招捌地方寨子田亩,分作庄户,办纳银两、米谷等物,逼民逃窜。"事下,户部复奏:"请令云南都、布、按三司同巡按监察御史诣彼从公体勘,所占地方田寨照数退还,干碍毛胜、蔺愈,径奏拿问。"从之。②

正德元年(1506)二月壬戌,……分守金、腾参将卢和,性贪暴,挟索夷人金宝以万计,纳孟养思陆赂,以孟木等村夷寨畀之;民女有已聘为人妻者,百计夺为妾;吏民小忤,辄至死,殴而死者二人,毒而死者一人,畏威而缢死者五人。为分守内宫孙叙所讦,而叙亦多索夷人金宝,初以平夏寨卖于莽勒,既而勒之叔辉纳赂,又改畀之,且令人至夷地市宝石。和与之互讦,又邀截其奏。下巡按御史验问,俱拟斩,和所用千户李纶坐与夷通市,叙所用土官镇抚谢宏、赵钺坐强索财物,俱拟永远充军。都察院复奏:"和及纶、宏、钺如拟,叙减降充军。"诏是之,发叙充军。③

---

① 《明实录·英宗实录》卷一五〇。
② 《明实录·英宗实录》卷二九八。
③ 《明实录·武宗实录》卷一〇。

另外,还有朝廷官员虐待傣族地方官员的史料记载:

> 万历十三年十一月……戊午,……蛮莫思顺之逃也,事由刘綎。初,綎以将家子,有父显故时部曲,颇多健儿,綎拥以自雄。征缅之役,勒兵金沙,筑将台于王骥旧址,纠合诸夷,收功斩馘,与高国春五章之捷相亚。然性贪,御下无法,兵还至腾,皆甲而噪,以把总廖文耀、王化龙等克削军粮为词,焚城中居民一百七十余家,州官系印于肘。綎时在蛮莫行署,闻之,驰至腾,以五百人自卫,兵不敢动,亦莫肯还伍,乃出私财犒之,并与兵备傅宠谋动支饷银五千两,人与一金,始定。复至行署,而思顺逃。至是,抚按官奏:"副总兵綎受思顺金宝、牙、锦诸物,又纵把总谢世禄、夏世勋、陈其正等淫其妻妹,使其情甚不堪,仓皇出奔,宜治綎罪。"上念其功,从轻降为游击将军,革任听用,而以谢世禄等属抚按逮讯;兵备傅宠,同知陈一化,通判陈晨,降黜有差。①

明代历史上中央政府也有加重傣族地区的经济负担的记载。《明实录》记载:"天启元年(1621)九月……丁卯,……署户部事左侍郎臧尔劝题:'辽左用兵,算至三十万,计岁用新饷,非一千数百万不可,……谨辑廷议十款;一、……宜令川、湖、云、贵各土官、土妇,输助二万两以上,敕奖或给诰命有差'。"②

从史料中记载的不正常现象看,主要有朝廷官员贪污、盘剥地方土司、虐待地方土司。这些不正常管理土司的实践,影响了中央政府与地方土司政权的良性关系,败坏了中央权威,恶化了傣族土司对中央政权的认识,在一定程度上激化了中央政权和傣族地方

---

① 《明实录·神宗实录》卷一六八。
② 《明实录·熹宗实录》卷一四。

土司政权的矛盾。

二、元明清时期影响傣族法律制度
##　　变迁的因素

元明清时期对傣族法律制度变迁产生影响的因素有政治、经济、文化和社会生活多方面，下面对这些方面进行分析。

（一）中央政府在傣族地方分设不同流官统治

明代孟定已为流官治理。"孟定旧名景麻。洪武十五年，置孟定府。正统间，知府刁禄孟为麓川所侵，远徙他部，会木邦舍目罕葛以从征功，靖远伯王骥令筦食其地。嘉靖间，木邦罕烈侵孟定夺知府印，私令舍人罕应筦食之，是为耿马。万历十二年，官军克耿马，复以罕葛之后罕合为知府。十五年，始给新印，合死，子荣袭，荣死，子贵袭。崇祯末，孟定属缅甸，明亡，永明伪将李定国索永明于缅，驻兵孟定，合元江土兵攻孟艮，兼与缅战，而孟定以畏缅，不少助，定国乃徙去。"①

明清时期的史料记载了元江流官与土官的冲突。《国榷·有关云南事迹》载："正月己未朔。己卯，沅江土舍那鉴杀叔土知府那宪，夺其印。诏封之。丙戌，贵州道监察御史周冕请东宫讲学，上怒其擅议，谪云南通海典史……十一月庚寅朔。己亥，先是，沅江土舍那鉴杀土知府那宪，惧讨，密约安南武文渊谋乱，命购捕之……四月己未朔。壬申，沅江叛酋那鉴杀左布政使徐樾。时官兵进讨，鉴佯遣经历张维诣南羡乞降，樾信之，至沅江受降，兵突

_____

① （清）毛奇龄：《云南蛮司志》，乾隆十年刻，西河全集本。

出,悉死。赠光禄寺卿,禄一子。巡按赵炳然请谥,不报。"①

明朝时期,中央王朝已在一些原傣族土司统治地方设置了流官官员。到清代,通过大规模的改土归流后,许多傣族地区都有了流官统治。比起明朝,清代的大傣族土司已经极少见了,只剩下一些小的傣族土司,连车里慰司也被置于普洱府管辖之下。这些实践结果导致傣族社会政治状况发生变化,引起傣族法律制度多方面变迁,并且在不同傣族地区呈现出不同的特点。

(二)元明时期傣族地区儒学教育的开展

元代开始在云南行省下大规模推行儒学教育。但是由于傣族土司政权的相对独立性,加之元时傣族自身没有文字,因此,元代汉文化对于傣族社会的影响是极弱的。到了明代,朝廷为了加强在土司地方推行汉文化,专门在金齿、景东等傣族地区设立儒学、兴汉字,推进了汉文化在傣族地区的传播和影响,加速了汉文化与傣族文化的交流与融合,导致了傣族文化的变迁,引起傣族法律制度的变化。据史料记载:"金齿司儒学记:王直·少傅兼太子太师、吏部尚书——天之生人,既以阴阳五行之气成其行矣,亦皆赋之以同然之理焉,于是有仁义礼智之性,以施之君臣、父子、夫妇、长幼、朋友之伦。日用事物之间,不以地之远近或异也,然气禀有清浊、厚薄,是于理有不能全,此教之所以不可无也。金齿,古哀牢夷之地,汉始辟为永昌郡,后世因或革,然皆羁縻而已。至元以为永昌府,建学以教其人,后毁于兵。国朝洪武壬戌,取永昌,置军卫镇之,既而以民少罢府改卫,为金齿军民指挥使司以统之。岁甲

---

① (明)谈迁:《国榷》卷五九、卷六○,中华书局1958年版。

戌,乃命秀才余子僖往教焉,始立孔子庙于中正坊之西,军民子弟皆来学。"①

其他史料也记载了明朝在傣族地方兴汉学,如金齿设儒学。史料记载:

金齿司庙学新建梓橦祠记:郑颙——正统九年,今南京刑部尚书杨公以右侍郎参赞云南军务,居金齿者最久。时值边陲无事,乃与守备都指挥佥事、今升左参将都督佥事胡公协谋,庀工创建庙学,选军中子弟之良者,命教授余毅领之,循循善诱,士风丕变。胡公又于孔子庙西隙地构屋若干,楹内设梓橦神像,春秋朔望,奠献谒告如礼先师焉。

盖殊方绝域,振古以来所无之盛事也。景泰甲戌春,予巡边至金齿,教授余毅请于予曰:"梓橦祠建久矣,敢丐公文为记,永垂不朽。仰惟国家养士,以学校取士,以科目及其入官也。待士以爵禄,皆为世道计耳,然学校之兴废,科目之盛衰,文运之通塞,人材之成否,造化扶植之妙,必有神以尸之者。苟有神以尸之,则于崇德报功之典,容可后乎? 梓橦七曲之神化书,谓其主文昌,而司禄命者祀之于学,所以示崇报也。在泮诸生,朝夕出入,瞻礼祠下,必当致夫如在之诚,以尽事神之道。尤必思夫进德修业,乃人事之当为;阴骘默佑,则鬼神之不可知。尽吾人事之当为,而不惑于鬼神之不可知,将见学校兴而贤才出,科目盛而文运隆矣。若徒媚神,以徼福违道而干禄,又岂国家建学养士之意哉! 是为记。"

(金腾兵务道)分署永昌府,嘉靖间建,按察司副使领之。辖府一曰永昌。州一曰腾越。县二曰保山、曰永平。安抚一

---

①　(明)周季凤:《云南志》卷三三,北京图书馆藏嘉靖刻本。

曰路江。长官司二曰施甸、曰凤溪。卫二曰永昌、曰腾冲。守御所一曰永平。①

另"丙辰正统元年——二月丁酉朔。乙卯,设云南金齿军民指挥使司儒学"。②《国榷》有关云南事迹还记载:"三月戊辰朔。辛巳,前兵部尚书徐晞卒。晞,字孟□,江阴人,永乐初,由椽吏……辛酉,转饷麓川功。进尚书。乙丑,致仕,赐祭葬。甲午,召都督同知毛福寿于云南,左参将、右都督冉保协赞镇守。四月戊戌朔。戊午,遣谕麓川思机发。赐云南芒市长官司长官放革彩币,嘉其去年助讨麓川功。乙丑,设云南景东卫儒学。"③正德《云南通志》也记载了明朝在金齿地区加强儒学的情况:"金齿改建儒学诗序:王英·礼部左侍郎、翰林侍讲学士——正统十一年春,金齿改建儒学成。南诏之地,惟金齿最远,去京师万余里,国朝设兵卫,命将以重兵守之,诸夷款服,民用宁辑。乃者守臣言:'宜设学校,立师儒教之诗书礼乐。'诏从其言。建学于城之中,以新举儒士余谷为训导。"④

通过大规模推行儒学,到清代时一些傣族地方的汉化程度已经很高了。有关镇沅直隶厅的历史资料记载,"郡多僰夷,信巫鬼,轻医药,无论贫富,室无裯褥,拥护度夜;男女婚配,不问父母,彼此爱悦,遂相配合,设学后,此风亦渐革矣。"⑤

可见,在元明两朝的推行儒学下,尤其是明代大力推进和改革儒学教育的努力下,明清时期傣族社会的风俗习惯开始改变,法律

①　(明)周季凤:《云南志》卷四四之《外志》十一,北京图书馆藏嘉靖刻本。
②　(明)谈迁:《国榷》卷二三,中华书局 1958 年版。
③　(明)谈迁:《国榷》卷二六,中华书局 1958 年版。
④　(明)周季凤:《云南志》卷二八,北京图书馆藏嘉靖刻本。
⑤　《道光云南通志》之《南蛮志·种人》,道光刻本。

制度随之发生了变迁。

（三）汉族移民的迁徙

元明清时期中央政府对傣族地区政治影响逐渐深入的同时，内地与傣地的人口交流也在加快。元明清时期，内地人口流入傣族地区主要是通过以下几种渠道。一是军队征战。从元代开始，中央王朝进行多次对傣族地区的战争，元代征麓川，明代三征麓川，清代征缅甸等，对傣族地区的大量战争加快了内地人口向傣族地方的流动。明代王骥征麓川时进入傣族地方的军队就达十二万之多。战争中必然有一部分人滞留傣地。明代在一些流官统治的地方设立卫所。驻军也加快了向傣地人口的流动。二是充军。清代许多发配充军的法律文献，都把云南傣族聚居地规定为主要的发配地之一。清代的发配充军大大加快了内地人口向傣族地区的迁徙。三是商业贸易引起人口迁徙。由于被纳入统一的中央王朝统治体系中，元明清时期傣地与内地的商贸活动加快，促进了两地的人口交流。人口的流入为傣族地区带来了中原生产技术、生活方式、价值观、习俗，从多个方面促进了傣族法律制度的变迁。

明代开始有大量内地人口流入傣族地区的史料记载："洪武二十年（1387）六月己卯朔，沂州卫官军擒获土贼七十余人，械至京，命戮其首恶，余皆谪戍金齿。闰六月壬申，命削水军右卫指挥陈成，千户张用官，编戍金齿……时成等率兵捕沂州贼马四儿，纵逸不获，故有是命……丁丑，……诏西平侯沐英：'凡云南属卫将校谪戍者，悉听往金齿分守城邑营垒，但能立功，即授旧职。'于是，英按尺籍，自都督而下……共六百九十人，皆处分具实以闻。"①

---

① 《明实录·太祖实录》卷一八二。

"崇祯十六年(1646)十一月癸丑……罪辅、吴甡本当重处,姑发云南金齿卫充军终身,拘妻金解,即日起行。"①

清代《钦定大清会典》有如下法律记录了内地人口以发配充军的方式进入傣族地区。

军流——乾隆二十四年又议准:极边烟瘴充军人犯,停发四川,止发云南、贵州、广东、广西四省。二十八年议准:广东、广西、云南、贵州四省应发烟瘴人犯,不必拘泥里数,改发极边,均于隔远本籍之烟瘴省分,互相递发,交该督抚酌拨安置。四十年又奏准:各省邪教为从之犯,罪应拟军,及照名例发遣者,俱改发云、贵、两广烟瘴地方充军;其云贵、两广四省邪教从犯,发四川、福建二省安插,所有奉天、吉林及新疆等处,均停止编发。又奏准:发遣各省驻防当差人犯复行犯罪,应发云南等省者,将军等准部复后,即移交该督抚径行转发,毋庸解部。其由黑龙江改发者,路由京城,仍解部转发。

嘉庆十四年定:烟瘴充军,除例应改发极边四千里者,俱照表载省分编发外,其应指发烟瘴人犯,仍照例发往云南、贵州、广东、广西四省,俱以四千里为限。至各省地方,如有距烟瘴省分在四千里之外者,惟计至烟瘴地方要置,不拘四千里之数,其距烟瘴省分在四千里之内者,仍按计四千里核定地方,以存限制。至籍隶烟瘴四省人犯,例应于隔远之烟瘴省分调发。广东省与云南省互调;广西省与贵州省互调;其邻近烟瘴省分之湖南、福建、四川三省应发烟瘴人犯,湖南省发往云南,福建省发往贵州,四川省发往广东,均不拘四千里之数,解交各该巡抚衙门,酌拨安置。

---

① 《明实录·杂录》。

道光元年议准:凡内地回民犯罪,应发回疆,及回民在新疆地方犯至军流,例应调发回疆者,俱实发云、贵、两广极边烟瘴充军。二十年定:云南军犯拥挤,所有例内应发云、贵、两广极边烟瘴情重十八条,仍照例实发四省,其余各项应发云、贵、两广极边烟瘴人犯,无论例内载明改发、实发,均以极边足四千里为限。二十四年议准:旧时新疆改发内地各条,业经照旧发往。所有本例内应实发云、贵、两广极边烟瘴各条,改以足四千里为限者,仍实发四省,毋庸以足四千里为限。二十七年复准:嗣后遇有本例应发四省烟瘴人犯,无实发、改发字样者,均照定例以极边足四千里为限。

咸丰二年奏准:嗣后应将例内实发烟瘴各犯,均以极边足四千里为限,面刺"烟瘴改发"四字,如有脱逃,仍照实发四省人犯脱逃本例,改发新疆种地当差,俟后军务告竣,仍照旧例办理。四年奏准:各省道路梗阻,所有应发极边四千里充军之犯,酌量变通,改发陕、甘安置,俟道路疏通,再行照旧编发。

同治元年奏准:现审案内,问拟遣军人犯,监禁过多,所有烟瘴改发极边足四千里,并例内本应发极边足四千里充军,及发遣新疆各犯,均暂行改发黑龙江,酌量安插。四年奏准:各省道路疏通,所有由烟瘴改发极边足四千里,并例内本应发极边足四千里充军各犯,仍照本例发往各省安置,以符旧制,毋庸改发黑龙江安插。

光绪二年奏准:定例回民结伙抢夺及持械凶殴者,俱实发四省烟瘴,不得编发甘肃等省回民聚集之地。惟四省烟瘴,云、贵甫经平定,云南尤属汉、回杂处之区,未便遽行安置。嗣后此等回犯,酌发两广地方安插。其非重情回犯,仍按表办理,不得概行发往。

外遣乾隆三十三年谕:"前因各省积匪猾贼,情罪较重,定例改发新疆。嗣以此等匪犯在新疆聚集太多,不无怙恶滋事,降旨停止,乃发云、贵、两广极边烟瘴充军。第思阅时既久,各处遣犯,又将日积日众。此等原系生事不法之人,虽经投畀远方,岂能尽知惩创? 况居处相近,引类呼朋,尤易复萌故智,甚至酿成事端,皆势所必至。何如先事立法稽查,严行管束,使奸徒不致轻罹法网,尤为缉匪安良正道。著传谕各督抚、将军、都统等,各就本管地方,所有发遣积匪猾贼,以及定地问拟流、徒各犯,俱责成该管官实力体察防范,毋令其彼此群集勾结生事……"三十六年复准:应发新疆人犯,除奉旨发往,及例应发遣为奴种地者,照旧发往外,其例发当差情罪稍轻者,改发云、贵、两广极边烟瘴充军;情罪稍重者,发黑龙江等处充当苦差。

嘉庆十七年遵旨议定:嗣后强盗免死减等等项共十八条,改发新疆,分别为奴当差安插;未伤人之盗首,闻拿投首等项共六条,改发云、贵、两广极边烟瘴充军。

道光元年又议准:内地回民犯罪,应发回疆者,实发云、贵、两广极边烟瘴充军。①

(四)商业贸易

由于经济社会的发展,社会分工及内地人口流入傣族地区,傣族地区的商业贸易更加发展起来。明代时期傣族地区的商业贸易已经发展到了一定的规模,商业贸易的发展更进一步促进内地与傣地之间的人员、物资和文化的交流,加快了傣族社会的汉化进

---

① 《钦定大清会典事例》卷七二一、兵部一八〇。

程,傣族法律也随之发生了变迁。据明代史料《西南夷风土记》称,明之百夷,"交易:或五日一市,十日一市,惟孟密一日一小市,五日一大市,盖其地多宝藏,商贾辐辏,故物价常平。贸易多妇女,无升斗秤尺,度用手,量用箩,以四十两为一载,论两不论斤,故用等而不用秤。以铜为珠,如大豆,数而用之,若中国之使钱也。"① 它说明明代傣族地区商业贸易有较大发展。在明代,中央王朝不得不对边境官军的商贸活动中泄露军情加以约束。它更加说明在明朝时期,傣族边疆地区的商业贸易发展已达到较大的规模了。

《明实录》记载了边境有官军做买卖泄露军情。如下:

正统九年(1444)六月……癸未,……云南总督军务、兵部尚书、靖远伯王骥言:"云南东南接壤交趾,西南控制诸夷,其在内地亦多蛮种,性习不侔,变诈不一。曩者麓川之叛,多因近边牟利之徒私载军器诸物,潜入木邦、缅甸、车里、八百诸处结交土官人等,以有易无,亦有教之治兵器,贪女色,留家不归者,漏我边情,莫此为甚。以故边患数生,致数年干戈不息,军民困弊。请严出入之防,复有犯者,必治以死,家属发烟瘴地面充军。按察司分巡官时时巡察,如此,则边防周密,境土无虞。"从之。②

正统十一年(1446)正月癸巳,……云南按察司佥事李璟言三事:"一、比因麓贼犯边,设腾冲卫指挥使司,调官军一万修筑城垣。然连年兵戈未息,旱涝相仍,且工程浩大,仓廪空虚,乞暂停止,以苏罢困。……一、金齿、腾冲、景东、临安等处,与交趾、车里、木、缅诸夷接境,多有官军人等入番买卖,泄

---

① (明)佚名:《西南夷风土记》,附载于明朱孟震宦游余谈中,学海汇编本。
② 《明实录·英宗实录》卷一一七。

漏事情,宜如巡关及防倭事例,委云南三司官一员往来提督巡视。"①

商业贸易的加快与改变对傣族法律制度产生多方面的影响。第一,商业贸易的交流、发展要求变更原有的交易游戏规则,这些都是傣族社会民事法律关系的重要内容。第二,商业贸易的发展引起人们生活方式的商品化、城市化发展,导致法律规范中有关日常生活的法律规范内容得以变化。第三,商业贸易发展还会带来商品种类增加与变化,引发傣族社会的债权债务关系及其他物权法律关系的变更。第四,商业贸易带来的文化交流,推动傣族法律文化的变迁。

三、元明清时期傣族土司制度受汉族法律文化影响

(一)承袭中受汉族宗法制度的影响加深

元明清时期傣族土司官位的承袭开始出现嫡长子继承为主的宗法制度,但同时具有兄终弟继、孙袭祖职和女性亲属继承制度等。《泐史》记载的西双版纳召片领的承袭情况大部分是嫡长子继承。明清两代的史料中也有其他的承袭方式。

1. 孙袭祖职的情况。《明实录》记载:"嘉靖三十九年(1560)九月……甲戌,……准云南景东府土官陶炳孙金、指挥纪纲子连道、杨炯子世臣,各袭祖职。先是,嘉靖十八年,炳坐杀子降级,事连纲、炯,亦坐降级调卫。至是,炳、纲俱死,炯年老而贫,炳孙金当承袭,为炳讼冤,且称与纪氏、杨氏解仇。云南抚、按官游居敬、王大任以闻,因言:'陶氏内乱,患不及地方,而纲、炯世居景东,今使

---

① 《明实录·英宗实录》卷一三七。

其子孙离坟墓,捐亲戚,亦非人情。请一切赦之,追复祖职,与之更始。'从之。"①

2. 土司近亲属承袭的情况。《钦定大清会典》规定的土官承袭制度:

> 顺治初年定:土知府、同知、通判、知州、州同、州判、吏目、知县、县丞、主簿、典史、经历、知事、巡检、驿丞等文职承袭,由部给牒,书其职衔、世系及承袭年月于上,名曰号纸。其应袭职者,由督抚察实,先令视事,令司、府、州、县邻封土司具结,及本族宗图、原领号纸,咨部具题请袭。又定:凡承袭之土官,嫡庶不得越序。无子许弟承袭。族无可袭者,或妻或婿,为夷众信服者,亦许承袭。子或年幼,由督抚题明注册,选本族土舍护理,俟其年至十五岁时请袭。又定:土官年老有疾,请以子代者听。又定:土官亲生之子,未满十五岁者,该督抚题明注册,将土司事务,委族人护理,俟其子长成,具题承袭。如土官受贿隐匿凶犯逃人者,革职提问,不准亲子承袭,择本支伯叔兄弟、兄弟之子继之。若有大罪被戮,即立夷众素所推服者,以继其职。②

有关元江、新平县史事中记载:"永丰里土把总方定柱,其先方从化,本鲁魁山夷目,山在新平县东南九十里,……正传子永祥,永祥无子,以侄保柱降等承袭,为土把总。传子印,印无子,道光七年,即从叔定柱袭。"③此处史料说明土司的近亲属承袭是被认

---

①　《明实录·世宗实录》卷四八八。

②　《钦定大清会典事例》卷一四五、吏部一二九。

③　(清)浪穹王崧:《道光云南志钞》之志钞七·土司志上,转引自方国瑜主编:《云南史料丛刊》第11卷,云南大学出版社2001年版,第600页。

可的。

　　从傣族的历史情况看,傣族土官承袭状况在明朝之前较为混乱。史料记载:

　　成化六年(1470)九月丁亥,……总兵官黔国公沐琮奏:"近奉诏书;土官袭替,止令御史、三司保勘。缘臣父、祖以来镇守云南,熟谙夷情,凡其世系部落,悉知其详;今御史、三司多有不谙夷情,或听请嘱,以致土官争袭,甚至连年仇杀不已。乞仍旧例,令臣区处,庶事体归一。"兵部议:"袭职非军机重务,取旨裁决。"上曰:"琮先世为云南边夷信服久矣,今土官袭替,琮不与闻,人将致疑,其尊正统年间事例行。"①

　　成化十四年(1478)秋七月戊寅,……云南总兵官黔国公沐琮奏:"所属土官,不能分别嫡庶,以致身死之后,或同族异姓,与其应袭之子互相争立,三司等保勘之官又各依违不决,恐生他虞,乞下所司移文镇守、巡按等官急为剖决,仍行布政司转行土流官吏人等,公核在职土官宗派嫡庶始末,详其谱图,岁造册籍,遇有土官事故,籍此定之,则事有定规,争端可息。"事下兵部议:"其言甚切,请行琮等督三司巡守官,凡土官争袭未定者,亟从公剖决,毋得仍前避事。兼行六品以下如例入粟听用,免其至京;或三司等官避事不决,听巡按御史察举,虽巡守满岁勿代。即以此著为定例,凡贵州、广西、湖广、四川皆遵行之。其册籍,旧有者准造,否则减省为便。"从之。②

　　上述史料表明,直到明代前期,傣族土司的承袭状况非常混乱,有嫡长子继承,孙袭祖职,嫡庶子争袭,还有下级篡权的各种状

---

① 《明实录·宪宗实录》卷八三。
② 《明实录·宪宗实录》卷一八〇。

况。明朝后期中央政府加强了对土司承袭的因势利导,健全了土司承袭制度。把血缘关系亲疏这一中央王朝的权力交接传统在傣族土司承袭中固定下来,在一定程度上保持了傣族社会土司政治的制度化和社会秩序的稳定。

从明清傣族土司承袭的状况及中央王朝对傣族土司承袭的管理制度看,明清时期是傣族土司承袭制度从逐渐稳定到改变发展的历史阶段。在明代前期傣族土司的承袭状况还比较混乱。明朝中央政府加强对这一制度的完善后,以嫡长子继承为特征的傣族土司承袭制度稳定了下来。到了清代随着中央王朝的统治深入,中央王朝的文化对于傣族土司承袭制度不断加强影响和渗透,引起了这一制度的多方面改革。改变了过去只有嫡系子女才能继承的状况,增加了庶子、旁系血亲、女性亲属以及其他非亲属的本民族的人都可以继承的规定。这一制度的变革,一方面说明中央王朝对傣族政治的控制大大加强;另一方面也说明中央王朝的强势文化已经诱导傣族法律文化发生了变迁,进而引起傣族法律制度变迁。

(二)傣族社会生活中的汉文化特点

1. 民间风俗汉化加快。明代以来的历史资料记载:"金齿军民指挥司……风俗衣冠礼仪,悉效中土;兵不离身,以采猎为务"[1]。又"金齿军民指挥司……风俗金齿绣面,冠衣礼义,悉效中土,兵不离身,采猎为务"[2]。《南中杂说》记录这样的情况:"十

---

① (明)彭时等纂修:《寰宇通志·云南等处承宣布政使司》,转引自方国瑜主编:《云南史料丛刊》第11卷,云南大学出版社2001年版,第168页。

② (明)李贤等:《明一统志·云南布政司》,转引自方国瑜主编:《云南史料丛刊》第11卷,云南大学出版社2001年版,第211页。

八郡县，土司杂处其中，其酋之掌印者曰太爷，其下曰招把，曰把目，曰火头，皆属官也。……三百年来，渐染华风，土司之居城郭者，亦与汉人无异。"①在中央王朝的统治经营下，内地汉文化与傣族文化之间的交流与融合不断深入，傣族民俗因此发生了改变。

2. 土司礼仪中汉化突出。明初李思聪、钱古训等人出使傣族地区时，《百夷传》记录的傣族社会民间习俗和土司礼仪都保留着独特的傣民族特色。

> 官民皆用笋谷为帽，以金玉等宝为高顶，如宝塔状，上悬小金铃，遍插翠花翎毛之类，后垂红缨，贵者衣用丝绫锦，以金花金钿饰之。出入或象或马，从者塞途，俗以坐象为贵，以银镜十数为络，银铃银钉为缘，鞍三面以铁为栏，漆以丹，籍以重裀，悬以铜铃，鞍后奴一人，铜帽花裳，执长钩为疾徐之节，招摇于道，自以为贵。其相见有合掌之拜，屈膝之跪，而无端肃拱揖之礼，长于己者则跪之，有所言则叩头受之，虽贵为把事叩孟，见宣慰莫敢仰视，凡有问对，则膝行以前，三步一拜，退亦如之，贱见贵、少见长皆然；侍贵人之侧，或过其前，必躬身而趋。筵宴则贵人上坐，僚属厮役列坐于下，有客十人，则令十人举杯，人行一客之酒；酒初行乐作，一人大呼一声，众人和之，如此者三；既就座，初进饭，次具醪馔有差；食不用筋；每客一卒跪座侧，侍水瓶，食毕则盥悦。凡物必祭而后食之。乐有三，曰百夷乐、缅乐、车里乐：百夷乐者学汉人所作筝、笛、胡琴、响盏之类，而歌中国之曲；缅乐者，缅人所作排箫、琵琶之类，作则众皆拍手而舞；车里乐者，车里人所作，以羊皮为三五

---

① （清）刘崑：《南中杂说》，转引自方国瑜主编：《云南史料丛刊》第11卷，云南大学出版社2001年版，第355页。

长鼓,以手拍之,间以铜铙铜鼓拍板,与中国僧道之乐无异;其
乡村饮宴,则击大鼓,吹芦笙,舞牌为乐。①

傣族土司出行、待客、公务等多方面都有自己的民族特色。随
着中央王朝统治的深入影响,汉文化与傣族文化的不断交流,傣族
社会生活的汉化程度已经很高了,到清朝时期,已如《南中杂说》
记录的傣族风俗情形。傣族土司"三百年来,渐染华风,土司之居
城郭者,亦与汉人无异"。这其中连傣族土司礼仪都已经很大程
度上汉化了。

(三)土司政权机构中的汉族官员

明代后期,为了专门处理好有关缅甸、傣族地方事务,中央王
朝专门设立了四夷馆。清代对傣族应袭土司子弟在任职前专门进
行朝廷要求的有关礼仪、文化培训。清代傣族土司官员系统中还
专门设置了汉书文案,作为处理汉文化事务的官员,平时还兼接待
汉族官员。清代,朝廷与傣族土司政权之间的官方往来文书以汉
文书写,这些都有力促进了土司政治文化的汉化,也必然强化傣族
法律文化的汉化程度。

四、元明清时期中央政府对傣族土司
管理制度的变迁特点

土司政治制度是元代以来傣族地方的根本政治制度,是中央
王朝与傣族人民之间政治生活的联系纽带。这个时期的变迁经历
了如下的阶段。

---

① 参见《百夷传》,《景泰图经志书》本所载。

(一)元代建立土司制度

在元代前,傣族人民已经建立过自己的国家政权机构,并且中央王朝在部分傣族地方已经建立起了羁縻政治。元朝统一国家后,在原唐和南诏已经形成的对部分傣族地区统治的基础上,进一步完成了在车里、八百媳妇、缅甸等傣族先民地区实施政治统治的实践。元代不是继续实施羁縻政治,而是在少数民族地区建立土司政治。元代统治傣族地区后,在承认原来的傣族地方政权的基础上,建立起了统一的傣族土司制度。元朝对傣族土司的品级,土司与上级地方军、政组织的关系以及与中央王朝的关系,土司的任命等都作了制度安排。由于元代统治时间较短,傣族地方政权民族特色文化积淀较深,以及傣族土司政治的经济基础等诸多方面的历史原因,元朝只能是初步建立了中央王朝对于傣族土司的统治、管理制度。

不过,比起历史上中央王朝曾经在部分傣族地区的政治统治实践,元代的土司政治无疑是中央王朝在傣族地区政治影响的深入,在政治管理具体化方面前进了一大步。这就使得中央王朝对于傣族地方司法活动的可能干预有了制度保障。

(二)明朝规范土司制度

政治统治和管理与人类其他历史问题一样,都有历史继承性。明王朝在元朝对傣族土司统治的基础上,深化了对土司政治统治的干预和影响。从明代中后期开始,明朝廷更加注重对傣族土司的管理,在沿袭元代对傣族土司制度的基础上,进一步改进和完善了傣族土司制度。具体表现在,明代规范了土司的承袭,使嫡长子继承制成为基本承袭制度。稳定了傣族土司集团权力的交接,从而稳定了傣族地方政治格局。明代加强规范地方官对土司的政治管理,使得中央王朝与土司政权的政治关系相对正常化。明代规范了土司辖区内的司法诉讼原则,制定了土司的朝贡、接待、回赠、任免等政治制度。到明代后期,中央王朝为了更好地处理中央王朝与傣族土司的关系,朝廷专门设立四夷馆。由此我们可以看出,明代的傣族土司制度显然较之前朝有了大的进步和发展。这种发展,一方面是中央王朝加快与傣族地方土司政权政治一体化的实践所致的结果;另一方面,这种发展对于傣族土司政治统治的有序化和政治稳定也有一定的积极意义。由于明代中央王朝的土司政治制度变革和中央王朝加强了对傣族地区的政治影响,傣族人民的司法生活与内地人民的关系也更加紧密了。

　　虽然如前分析,明代开始对一些傣族土司政治实施改土归流活动,但大部分傣族地区还是保留了傣族土司政治统治和管理。土司境内的司法活动依民族法律制度解决。这种认可一方面可以更好地稳定和规范傣族地方人民的生产生活,另一方面也在一定程度上促进了傣族地区民族法律制度的进步和完善。

(三)清代进一步改革和完善傣族土司制度

　　清代前期中央王朝沿袭明代朝廷在傣族地区的土司政治统治,在后期对傣族的土司政治政治进行了大规模的改土归流。如前所述,清代对傣族的改土归流有其合理的原因。明清以来傣族社会阶级分化开始加速,封建领主制经济基础建立,并开始变迁。一些地方地主制经济因素已经有较大的发展。加之,中央王朝对傣族地区的经营历经三代,到清代时,中央王朝政治对傣族一些地区的影响已经较为深入了。因而,从客观上说,改革土司制度一定程度上有利于傣族社会的发展。但是,清朝廷在改土归流活动中的指导思想并非都是出于客观因素的要求,有时是主观愿望的支配。因此,清朝对傣族地区的改土归流活动引起了一定程度的反抗,效果也不是很好。后来朝廷不得不保留一些傣族土司政治,如车里土司。在改土归流的同时又设置了一批小的傣族土司。

不过,通过改土归流,清王朝大大深化了对傣族地方的政治影响,特别是实施流官统治的地区,中央王朝对于傣族人民的政治统治和管理已经直接化和具体化。对于保留土司政治统治的傣族地区来说,清朝比起明朝来,中央王朝的土司管理制度显得更加规范和科学,可以说是傣族政治制度史上的一个进步。其一,清代拓宽了傣族土司承袭的人选范围。在清代,中央王朝明确规定土司亲属中的女性,土司宗族中的其他成员,甚至非土司集团中的其他傣族成员能服众者都可以承袭土司职位。这一改革有利于推动傣族社会政治的民主进程发展。其二,清代完善了对土司的处罚和奖励制度。清王朝规定,犯法土司可能会被取消土司资格,规定了许多有关土司的获奖和对土司的处罚制度,还规定了对改土归流后的土司的管理制度。这些都使得傣族土司制度更加完善。其三,清代健全了土司集团中有能力者的安置制度,缓和了土司集团内的权力纷争,有利于增加民族政治精英参与国家政治的机会,也有利于国家政治关系的发展。其四,清代完善了对于傣族土司政治统治的监控制度,清代专门规定了不仅是在外部对土司进行管理,在一定条件下,朝廷还要加强对土司政治统治具体活动的监督和管理,从而有利于国家政治活动的统一和协调。其五,清代中央王朝进一步规范了地方官在管理傣族土司的政治活动中的奖、罚制度,有利于傣族政治活动及中央政权与傣族土司政权关系的正常化和有序化,有利于整个国家政治体系的健康发展。

法律制度是政治上层建筑的重要组成部分。清代中央政府对土司制度的改革和完善,对傣族法律制度有着多方面的影响和作用:第一,促进了中央王朝对傣族地方司法活动的影响力渗透,加速了中央王朝法律制度与傣族法律制度的交融和相互影响;第二,客观上推进了傣族社会与主体民族社会法治的一体化进程;第三,引起了傣族法律制度文化的变迁。

五、经济因素是傣族法律制度变迁的重要动因

(一)元明清时期傣族社会生产方式的变化

元代,傣族生产方式还是奴隶制生产方式为主,开始有了一定的封建领主制因素。从研究傣族历史资料看,元代时期傣族土司之间战争的目的主要是为了争夺人口、财物。我们知道,人口是奴隶社会重要的生产者,是这一历史条件下的生产力的决定性因素。傣族土司之间的战争目的在于争夺人口、财物是由当时的社会生产方式和生产力发展要求所决定的。到明代以后,傣族土司之间的战争目的转变为主要是兼并对方土地。土地是封建社会的决定性的生产要素。争夺土地同样是由一定历史形态的社会生产力发展要求和生产方式所决定的。从明代以后的傣族土司之间战争目的的转变可以看出,从元代到明代,傣族社会的生产方式发生了历史性变迁。明代以后,傣族的生产方式已经逐步转变为封建领主制的生产方式了。土司是辖区内最大的土地所有者,土司统治下的人民成为种地的农民(有学者称之为农奴),农民向土司承担各种实物和劳役地租。这种生产方式在相对独立的傣族土司地区(尤其是车里)保持到清末,直至1949年以后才彻底废除。

从元代到清代,由于中央王朝加强对傣族地区政治上的经营,客观上促进了内地与傣族地区的人口、商业贸易和文化的交流,这

几方面的交流又进一步导致内地与傣族地区的生产技术的交流。内地移民为傣族地区带来内地的生产方式和生产技术，促进了傣族地区的生产方式和生产技术的改变，进而引起了傣族社会的经济因素发生变迁。

(二)经济变化导致法律变迁

从元代到清代，傣族社会的生产力水平和生产方式发生了重大变化。经济基础由奴隶制向封建领主制转变。经济基础的变化必然导致上层建筑的变化。傣族法律制度作为傣族社会上层建筑的重要组成部分也必然要随之发生变迁。从对元、明、清三代的有关傣族社会状况的历史资料对比研究看，在这三个历史阶段，傣族法律发生了重大的历史性变迁。虽然傣族法律制度的变迁与元明清三代的历史转折并不是完全机械的统一，但是，从傣族法律制度在元明清时期的变迁线索看，它与元、明、清三代的历史发展有着极为密切的关联。经济方式的变化与法律制度变迁之间有着密切的关联。首先，经济因素促进傣族法律从习惯法向成文法变迁。马克思主义认为，人类第一个最重要的实践活动就是生产劳动，也就是创造物质财富的实践活动。它是人类生存和发展的物质前提。人类意识的发展程度与物质生产方式有着重要的关联。习惯法和成文法是法律的两种表现形式，成文法是法律发展的较高阶段。作为一种高级的社会意识形式的傣族成文法也必然是在傣族社会生产方式发展、变化和要求下，并且由此而产生的复杂的社会关系的产物。社会关系越来越复杂，要求调整社会关系的法律形式也必须要上一个台阶。其次，傣族社会经济因素变化引起傣族法律制度内容变更。一定的文化是由一定的经济、政治所决定的。法律是统治阶级制定或认可的，用以调整人们之间关系的行为规范。人们之间关系中最重要的是经济关系,经济关系决定其他社会关系。元明清时期傣族社会经济关系随着生产力发展的要求和生产方式的变化而变化,它要求傣族法律内容也必须随之发生变化。这方面的变化,在元明清时期,尤其是明清两代的历史资料中有大量的体现。从对元明清三代中有关傣族法律的历史资料研究看,傣族法律制度在这三个历史时期发生了巨大的变迁。

六、元明清时期傣族法律制度史中的几个问题

傣族是中华 56 个民族中的重要一员,也是云南省 25 个少数民族中历史悠久的一个边疆民族,在长期的历史发展中,傣族人民形成了一套具有民族特色的法律体系,是中华法文化的重要宝藏之一。元明清时期是傣族社会重要的发展时期,傣族社会在与中央王朝和内地的交往过程中,社会生活各方面都发生了转型与变化,法律规范也随之发生了重大变迁。笔者认为,元明清时期傣族的法律制度变迁问题是有重要研究价值的。对这一问题笔者有如下思考。

（一）元朝至明初傣族社会中奴隶制性质占主导地位的法律制度特点

关于傣族社会何时建国,史学界有许多观点。这些观点争议的是傣族人民第一次建国的历史时间问题。我们知道法律是一个社会的人们重要的行为规范,其作用是靠社会统治机构的暴力支持。刑法起源于冲突激化是可以肯定的。人类从原始社会后期开始出现阶级分化以后,社会进入了矛盾冲突激化阶段,当社会分化为阶级矛盾不可调和的阶级时,一种表面上凌驾于社会之上的第三者权力就产生了。恩格斯指出:"国家是社会在一定发展阶段

上的产物,国家是表示:这个社会陷入了不可解决的自我矛盾,分裂为不可调和的对立面而又无力摆脱这些对立面,而为了使这些对立面,这些经济利益互相冲突的阶级,不至于在无谓的斗争中把自己和社会消灭,就需要有一种表面上凌驾于社会之上的力量,这种力量应当缓和冲突,把冲突保持在'秩序'的范围内;这种从社会中产生又自居于社会之上并且日益同社会脱离的力量,就是国家。"①可见,国家是社会秩序冲突激化的条件下产生的,其目的就是为了控制秩序。原始社会阶段,人们之间关系是用习俗调整,到了奴隶社会时期,氏族首领的威信和氏族内部人们之间的习俗规范已经难以调整人们之间的社会关系,法律成了人们调整社会关系的重要而且必要的手段。因而可以肯定,傣族社会的法律、法规必然也只能是伴随着傣族社会的奴隶制国家建立和变化过程产生和变迁的。傣族社会国家何时建立,是在东汉时,还是在 10 世纪左右,对于元明时期的傣族法律制度性质没有直接的重大影响。我们可以肯定的是,到元朝之前,傣族社会已经建立起类似奴隶制性质的政权,其法律制度必然是奴隶制社会性质的。这种性质的法律规范内容在 20 世纪 50 年代调查资料中有大量的反映。《西双版纳傣族的封建法规和礼仪规程》规定:

一、法律

(五)有关家奴及其子女身份的规定和逃亡案件的处理办法

1. 接受家奴时,凡有以下情况者就不要:

①会借别人的钱。

②会偷东西。

---

① 《马克思恩格斯选集》第 4 卷,人民出版社 1995 年版,第 166 页。

③会欺骗人。

④身体不健康,懒得劳动。

⑤本身有问题尚未解决。

⑥想站在别人头上。

2. 波郎、头人的家奴,其居住农村的父亲去世时,除临终前决定分给他的若干财产外,不能承继全部家财。否则,他的亲戚分不得财产,将会贫穷下去而变成家奴。

3. 波郎、头人的家奴到农村去结婚,生下儿女后,本人回宣慰街当奴,儿女交给妻子抚养,不当奴。他在农村的家属和一般农民同样要负担租赋和差役。家奴本人死后,波郎不得把他的妻要来当奴。

4. 甲家的男家奴与乙家的女家奴同逃跑,男奴的主人应赔偿身价一半(六百元)给女奴的主人。如男奴的主人把女奴找回来,只赔四分之一(三百元)。如把两人都找回来,就把女奴卖给男奴的主人(一千二百元),倘男奴的主人不接受,以及两个家奴都已跑脱,则男奴的主人一方应到女奴的主人家去当奴。

5. 别人的家奴跑到家里来,户主不告诉人,也不通知家奴的主人,共以偷盗论,按身价加倍处罚(二千四百元)。若已告诉奴主,而家奴病死在自己家里,由户主出钱埋葬,不再赔身价。若家奴在自己家里自杀或者偷跑,户主应按价赔偿。

留藏别家跑来的家奴,不交还原主者,罚三十三元。①

---

①　民族问题五种丛书,中国少数民族社会历史调查资料丛刊:云南省编辑委员会编:《傣族社会历史调查(西双版纳之三)》,云南民族出版社1983年版,第36页。

　　傣族社会至少从元代至明朝初期是处在奴隶制社会向封建领主制社会转变的历史阶段,这一阶段傣族社会统治者之间的战争原因已由人口掠夺逐步转变为领土争夺,土地兼并。历史上有大量这方面的记载。元朝时中央王朝与麓川思氏的战争,明朝三征麓川之役都是有力的证明。张晓辉教授也指出:"在德宏地区,10世纪前后出现了四个强大部落组成的政权集团,它们时而互争雄长,各自为政,故有勐卯、勐养、勐生色、勐生威四个小国;时而又联合组成一个大的部落联盟,称为桥赏弥国……出现了掠夺、蓄养奴隶的现象。元、明的史料中多有车里与邻境部落进行战争,不占土地,而是掠夺对方人口、财物,以及用银两赎取被掳掠人口的记载。"①明朝正统年间傣族地方还有奴隶,明朝"正统七年三月戊寅……总督云南军务,兵部尚书养大但寺卿玛骥等奏:得木邦宣慰罕益法报,遣陶孟刀垠领兵攻麓川贼板罕、贡章等寨,破之,追至孟蒙,获其女奴七人,象三十只,而思任发父子过金沙江走孟广"②。《泐史》记载,车里十一代召片领刀更孟在明永乐年间创铡锯之刑,最后更孟被傣族人民缢杀的事件。它说明在明永乐年间的奴隶制社会,残酷的刑罚在傣族社会还偶尔会出现。同时又说明此时车里社会奴隶制性质的残酷刑罚正在逐步退出历史舞台。同时,在明代初期《百夷传》中记载了土司"取差发"的状况说明,封建领主的特殊形式的"地租"已经出现,封建领主制经济开始确立。以上资料说明傣族社会在元代还是奴隶社会,到明代才转变为封建领主制性质的社会。傣族社会法律制度是傣族社会的上层

<hr>

　　①　徐中起、张锡盛、张晓辉:《少数民族习惯法研究》,云南大学出版社1998年版,第106、107页。

　　②　《明实录·英宗实录》卷九〇。

建筑,受经济基础的决定,同时又有力地反作用于经济基础。尽管社会意识形态对于社会存在有着相对的独立性,但是,社会意识形态的变化与发展最终仍然取决于社会存在。元代以来傣族社会法律直至新中国成立前还保留着浓厚的民族特点。可见,其自身的特点只能是取决于傣族社会经济、政治因素。所以,笔者认为傣族社会在元至明代初,法律制度应属于奴隶制性质法律规范,并且正处在向封建领主制转变的过程中。

(二)元明时期傣族法律规范从习惯法向成文法的转变

学术前辈们就傣族元明清时期的法律变迁的研究结论有待于进一步推敲。岩温扁提出,"直到七世纪初,才开始出现于文字记载的一些法规、礼仪等。但仍然是零散的和不完整的。最早见于奴隶制社会末期的成文法,主要是涉及主与奴,负担和债务这几方面的规定上。……然而有一点是确信无疑的,那就是:傣族奴隶制社会时期产生形成的这些零散的成文条规和习惯法,绝大部分规定都被后来的封建制领主阶级所欣赏和利用,并加以大大发挥和系统化。"①在此岩温扁暗示了傣族成文法出现的时期。岩温扁对傣族成文法形成时间的结论有待进一步探讨。笔者认为,第一,单凭20世纪50年代的调查资料是无法确定傣族法规成文法形成时间的。因为,这些封建法律、法规几经转抄、整理,记录了远古至民国整个历史长河中的傣族法规,从中分析是很难确定傣族法律文化形成成文法之时间的。第二,佛教的传入时期,对于傣族社会法律研究来说,同样是一个有待于讨论的问题,笔者更倾向于江应樑

---

① 岩温扁:《略谈西双版纳傣族封建法律》,引自王懿之、杨世光编:《贝叶文化论》,云南人民出版社1990年版,第575、576页。

先生的观点。第三,凭考古资料得出的傣族文字出现的时间结论也有待于进一步研究。有关佛教进入傣族社会问题,江应樑先生认为,"直至公元1292年兰那国芒莱王(泰族)征服南奔,小乘佛教就传到了兰那,然后从清迈传到景栋,再从景栋,传入西双版纳,其时期当在公元十四世纪下半叶到十五世纪上半叶,至于小乘佛教从缅甸传入德宏傣族地区,时期当稍晚于西双版纳地区。"①直至明朝中期才有史料专门记载傣族地方的佛教信息:"永乐四年(1406)九月壬辰,……云南金卫僧古舟等九十五人来朝,贡马方物,赐钞及僧衣。"②况且,佛教传入时间与傣族文字形成时间没有必然的直接联系,也可以说二者不可能是直接同一的。岩温扁先生认为:"据有关傣文史料所记,一直到公元六世纪前后,也就是处在傣族奴隶制社会末期,佛教才开始传入勐邰(即西双版纳),从那以后又过了若干年,直到七世纪初,才开始出现于记载的一些法规、礼仪等。"③另外,傣族法律形式从习惯法向成文法转化有多方面的必要条件。

首先,习惯法向成文法转化必须要有傣族自己的文字,这是一个极为重要的条件。没有文字,不可能有成文法。据史料记载,元朝时期,傣族并没有文字,元代李京《云南志略》曰:"金齿百夷,记识无文字,刻木为约。"④另外,《马可·波罗行纪》金齿州曰:离大理府后,西向骑行五日抵一州,名曰匝儿丹丹(Zardandan),即金齿。居

---

① 江应樑:《傣族史》,四川民族出版社1983年版,第344页。
② 《明实录·太宗实录》卷五九。
③ 岩温扁:《略谈西双版纳傣族封建法律》,引自王懿之、杨世光编:《贝叶文化论》,云南人民出版社1990年版,第575页。
④ (元)李京《云南志略》之《诸夷风俗》,转移自方国瑜主编:《云南史料丛刊》第3卷,云南大学出版社1998年版,第129页。

民是偶像教徒,而臣属大汗,都会名称永昌(Vocian)。……彼等无字母。① 此处之金齿州名正是源于历史上的人们对傣族先民的称呼。

许多文献资料都说明,傣族文字出现应在明朝洪武年间左右,不会太早。因为没有文字而出现成文法是难以想象的。明洪武二十九年钱古训、李思聪出使缅甸及百夷著有《百夷传》,而在明朝中后期,朝廷为了更好地处理缅甸及傣族等少数民族地方事务,专门设四夷馆。《百夷传》记载:"百夷即麓川平缅也,地在云南之西南,东接景东府,东南接车里,南至八百媳妇,西南至缅国,西连戛里,西北连西天古剌,北接西番,东北接永昌,……今百字或作伯、僰,皆非也。……无中国文字,小事则刻竹木为契,大事则书缅字为檄,无文案可稽。"②此处之缅字应是对傣族文字的误称。可以肯定,明初傣族社会已经有了自己民族的文字,此文字源于印度巴利文,因而与缅文类似。史料记载:"缅人多于幼时出家,入寺习学缅文,长仍还俗。缅字,或用蒲叶刻画于上,或用黑纸写粉字,通事谙缅文者少,军中每将缅文翻摆夷字,又以摆夷字翻汉文,重译而得之。"③

其次,成文法的颁布与执行要有权威的立法和执法机关。傣族社会的立法机关在土司制度下,就是傣族土司政治统治机构。在傣族历史上,直到元朝官员李京在云南地区考察两年,并于大德七年(1303 年)写出《云南志略》时,傣族地方规范人们行为的还是多方面的习惯法。从对傣族社会的历史进程有关的历史资料研究看,在元代以前,傣族社会正处于原始社会向奴隶制过渡时期,前述江应樑先生认为,傣族先民最早建立政权时间应在 10 世纪左

---

① ［意］马可·波罗:《马可·波罗行纪》,冯承钧译,商务印书馆 1935 年版。

② 江应樑:《百夷传校注》,云南人民出版社 1980 年版,第 146、148 页。

③ (清)周裕:《从征缅甸日记》,转引自方国瑜主编:《云南史料丛刊》第 8 卷,云南大学出版社 2001 年版,第 785 页。

右。张晓辉教授也认为,10世纪以后的云南傣族地区已经进入了奴隶制社会,地域性部落联盟政权已经建立。他认为:

9世纪以后,傣族社会情况发生了重大的变化。从元、明两代史籍中的记载看,傣族社会在政治制度上至少有四大变化。其一,开始出现了较大的政权组织。据傣族的史书《泐史》记载,"在南宋淳熙七年(1180年),西双版纳地区召片领一世叭真承受了其父赐与的权位并统率其武力,战胜北方各地部落,入主勐泐,建立了西双版纳地区第一个统一的部落联盟性的傣族政权'景龙国',统治区域达景龙、兰那、勐交、勐老。在德宏地区,10世纪前后出现了四个强大部落组成的政权集团,它们时而互争雄长,各自为政,故有勐卯、勐养、勐生色、勐生威四个小国;时而又联合组成一个大的部落联盟,称为桥赏弥国。"其二,出现了掠夺、蓄养奴隶的现象。元、明的史料中多有车里与邻境部落进行战争,不占土地,而是掠夺对方人口、财物,以及用银两赎取被掳掠人口的记载。《泐史》中也有反映奴隶制度的记载:叭真即位时,有嫔妃12000人。此说虽有夸大之嫌,但也说明叭真有众多的女奴隶。在德宏地区,役使奴隶的情况也很普遍,"一切工作皆由妇女为之,辅以战争所获之俘虏而已"。其三,常备军开始建立。在德宏地区,"其俗男子尽武士,除战争、游猎、养马之外,不作他事"。甚至还设立了一支称为"悉刺"的敢死队和常备军。……10世纪以后的云南傣族地区已经进入奴隶制社会,地域性的部落联盟政权已经建立。①

---

① 参见徐中起、张锡盛、张晓辉:《少数民族习惯法研究》,云南大学出版社1998年版,第106、107页。

江应樑先生认为,10世纪前后,傣族先民建立了"桥赏弥国",如前所述,其他很多学者认为傣族先民建国时间更早。由此可以肯定,到元朝时,傣族社会制定和执行成文法的暴力机关已经建立起来了。

最后,傣族成文法出现时间的确定。近代以来,有许多学者专门研究了傣族的成文法,就目前所见之傣族成文法主要是由傣族古籍文献整理而来的三本——《芒莱法典》、《干塔莱》、《坦麻善阿瓦汉绍哈》。其中《芒莱法典》最为引人关注,它是泰国和我国傣族地区均有发现的傣族法律文献,是傣族研究领域迄今为止所发现的最早的专门法律文献。张晓辉教授研究认为,《芒莱法典》应是芒莱在统治兰那王国时期,约在1259—1317年之间颁布的法律文献。① 方慧教授研究认为,"虽然由于史料的缺乏,难以对元代傣族法律进行全面的考察,但管中窥豹,从上举的史料中还是可以看出元代傣族地区法律的大致轮廓:当时傣族地区处于尚未统一的奴隶社会,也没有自己的文字,还不具备制定法律的条件,因此没有成文法,也没有统一的法律,用于调整对立阶级之间,统治阶级内部关系及民间民事纠纷的是由原始社会习惯发展而来的习惯法,但与原始社会的习惯不同,已具有了鲜明的阶级性,保护的是傣族奴隶主阶级的利益。"综观明代傣族法律的变化,除以上所说的刑名、刑罚规范化,条文化;法律的内容增多,明显体现出其维护封建领主制度外,笔者认为,最显著的变化,是傣族的法律已实现了由习惯法向成文法的转化。仔细对比明初钱古训、李思聪关于傣族文字的记载,则与元代李京和马可·波罗的记载有明显的区

---

① 参见徐中起、张锡盛、张晓辉:《少数民族习惯法研究》,云南大学出版社1998年版,第110页。

别。李京和马可·波罗皆肯定元代傣族"记识无文字","彼等无
字母,亦无文字",看来当时傣族没有自己的文字是事实,既然没
有文字,当然也不可能有成文法。而明代钱古训、李思聪则是说当
时傣族"无中国文字",也即没有汉文,但"大事作缅书,皆旁行为
记","大事则书缅字为檄",可见当时傣族已使用某种文字,据有
关专家考证,这里的所谓"缅书",即是傣文。有了自己的文字,便
为成文法的出现创造了条件。明中叶的云南地方史志则载:"百
夷不通汉书,惟用缅字。凡与其同类交易借贷等项,则以缅字书其
期约,而刻其多寡之数于上以为信。其行移官府,则译之而后通其
意。"从中可看出,当时傣族在民事法律活动中已使用傣文书写有
关的交易借贷收据,借据中的部分内容已有书面文件送交官府。
虽然同时还保存着"刻木为契"的一些痕迹,但从中已可明显看出
傣族由习惯法向成文法过渡的变化过程。传统法学根据法律的创
制和表达形式不同,将法分为成文法和习惯法两类。成文法是指
由特定的国家机关制定和公布,以成文形式出现的法律;习惯法则
是指由国家认可其具有法律效力的法律,就傣族地区的情况看来,
元代实行的是傣族最高统治集团认可的习惯法,而明清以降,情况
有所变化,明洪武十七年在今西双版纳地区置车里军民府,十九年
改宣慰使司。历明至清,延续到解放,中央王朝对宣慰使的继承、
任命有严格的规定,对当地的政权设置和对外活动均进行具体管
理,但对傣族内部的政治结构、经济结构则保持不变,因此,沿袭至
解放,西双版纳傣族地区皆有自己的法律,中原政权通行全国的法
律并不在傣族地区实施。明清以来在西双版纳地区建立的车里宣
慰使司是西双版纳最高政治机构,召片领是全西双版纳土地之主,
也是西双版纳政治、经济、军事、法律上的最高统治者,下面有一个
严密的统治集团。四大臣中就有专门掌管司法户籍的官——怀朗

曼轰,八大头目和各类头目中有专管监督审讯罪犯的官召弄西养,管处极刑的官召弄纳影,管刑罚的官召弄那郢,此外,在召片领之下还设有议事庭,是西双版纳最高立法及行政机关。由此看来,西双版纳宣慰使司已具有较为完善的立法司法机关,已具备创制法律的条件。笔者认为,上举明清时期的傣族法律,已是统治阶级制定的成文法。

　　从历史事实分析看,笔者觉得,由于元代的傣族社会没有文字,因而也就不可能出现成文法,那么茫莱王统治时期在1259—1317年间,这期间也就没有成文法,为什么人们在20世纪50年代的调查资料中收集到的傣族法律古籍文献又被称为《茫莱法典》呢? 笔者觉得如果我们在研究中再来看一下法律渊源和法律文献本身的问题,可能就会有另外的启示。我们知道,法律的渊源包括实质渊源(内容的来源)和形式意义的渊源(效力渊源)。成文法的制定不可能是在制定过程中立时产生各项法律内容,这些内容必然是人们长期社会生活中的法律文化的积累所至。那么,傣族社会成文法内容也就不可能是在文字出现的一瞬间产生的。它只能是把过去的习惯法成文化,用文字的形式来表述过去的习惯法内容。被称为《茫莱法典》的成文法,可能不是真正的茫莱王统治时期颁布施行的成文法,而是后人在颁布成文法时,茫莱王执政时期的习惯法被作为成文法内容的主要渊源而继承。因而后人把茫莱王统治时期适用的习惯法转化为成文法形式的法律、法规文献,称为《茫莱法典》。按此理解,那么,元代时期傣族社会的法律规范只能是习惯法,当傣族文字在明代时期出现以后,傣族社会才出现了成成文法。

　　综上分析,可以认定傣族成文法出现的时间应该是明朝时期,沿袭至清代。

（三）明清时期傣族封建领主制成文法的形成和变迁

关于清朝时期傣族封建领主制法律规范内容,20 世纪 50 年代,一批民族学工作者对傣族社会作了大量的调查,收集整理了傣族社会历史上长期以来适用着的法律、法规。其中有刀国栋、刀治明等人翻译、整理的《西双版纳傣族的封建法规和礼仪规程》,刀永明、刀述仁翻译整理的《"西双版纳傣族的封建法规"译文》,刀永明、刀建民翻译,薛贤整理的《勐连宣抚司法规》,徐永安搜集的《孟连傣族封建习惯法》等历史资料。这些资料中记载了傣族社会长期以来的调整人们之间的有关刑事、民事、婚姻、财产、军事及政治统治方面的法律规定。通过研究分析发现,第一,这些法律资料都是傣族历史上长时期积累所得,其中有许多关于奴隶制性质社会关系的规定和原始社会性质社会关系的一些规定看来历史时期非常早,但可以肯定直到清代时,还在一定社会范围内起作用。其他大部分内容是封建领主制社会中的法规,显然是傣族封建领主制社会的有力的行为规范,至少在明清两朝时期起着重要作用。因为至民国前西双版纳还有维护着封建领主制的土司制度。在德宏等地区,尽管国民党试图加强在傣族社会的直接深入统治,但社会生活中,土司政治统治仍占主导。既然土司政治统治在傣族地区仍占主导或是绝对控制社会生活,那么,它的封建法律、法规必然是其控制社会秩序的必要手段。因此,由此可以说明,至少在清代末期,前述几个法规文献还是傣族社会生活中的主导行为规范。第二,这些法律、法规资料都是人们长期历史上的记录,保存甚久。《孟连傣族封建习惯法》的后记中,作者写道:

　　　我没有什么做的,写这本书交给召火罕,希望你好好看。

我们要离开人间了(年老了),写这本书上贡给你。傣历五月十号那天,是星期五,"黑发"写完。天上星星有十五个,我上贡这本书,祝福你。佛,我懂文化。希望我下一代做好人,懂文化,每一代都得见法召,不要让我有病痛,让我生活得好一些,给我继续有佛,给我代代都有儿女,个个都好。继续给我生在大坝子,生在富人多处。祝召火罕有名有义,继续管好孟连,使老百姓共同幸福起来,祈祷天地。

这本书我赠给孟连召火罕,我磕头到底。我们的下一代出生在一起,都懂得共同管国家的事情,祝你召火罕在阿难火罕孟连竜(大孟连)的大官、小官得幸福,永远幸福,让召火罕的佛照亮我们,种田种地都得好收成,家畜兴旺,免除灾难。

附:南士(历史书),坦麻沙(内容多),阿侊河(好事、坏事、妇人、坏人都在)。

傣历(毕奄劳)一二八三年十一月二十五日写完(傣历一二八三年,即公元1921年)。

叭亩敢塔腊写

本书保藏在孟连宣府司署,由波月坦翻译。全书四十七页,每页四十四行,每行约三十一字,共七万四千一百零八字。①

显然,此书只能是作者把多年以来傣族社会执行的法律、法规通过整理、编撰而成。完成写作时间是1921年,所述之规定一定是长期以来傣族社会所执行的法律规范,至少在清代末还是调整

---

① 参见国家民委民族问题五种丛书之一,中国少数民族社会历史调查资料丛刊:云南省编辑组编:《思茅玉溪红河傣族社会历史调查》,云南人民出版社1985年版,第68、69页。

傣族人民行为的法律规范。由此可以推断,这些法规资料不可能
产生于民国时期。第三,一个社会的物质构成与社会意识之间的
关系表明,尽管社会存在的发展变化决定着社会意识的发展变化,
但是二者在历史上还有一定的不平衡性。社会意识不是机械地随
着社会存在变化。也就是说,辛亥革命后,尽管内地状况发生了改
变,傣族社会的法律规范并不会马上就随之变迁。况且如前所述,
在德宏等地区,直至民国时期土司制度仍占主导。由以上分析可
以得出一个结论,20世纪50年代傣族调查资料中的几个法律、法
规文献以及其他有关习惯法的文献资料正是傣族社会直至清代末
仍占主导的傣族法律规范,它体现了傣族法律文化的特征。元代
时傣族社会正在由奴隶制社会向封建领主制社会变迁。如果10
世纪时傣族统治者战争还主要是为了掠夺人口的话,那么到明朝
三征麓川时,傣族土司之间的战争目的已经转化为争夺土地了,明
代至清代是傣族社会已由奴隶制社会转化为封建领主制社会时
期。由于傣族社会性质的转变,傣族的法律制度也在傣族封建领
主制政权建立过程中随之转变为封建领主维护社会秩序及生活的
有力武器。

(四)元明清时期傣族法律制度历史变迁的特征

元明清傣族法律制度变迁体现了以下几个方面的特征:

1. 中央王朝的统治影响是其变迁的重要原因。元明清三代,
中央王朝在傣族地区设立、延续和改革土司制度,客观上对傣族地
区产生了几方面影响。第一,规范、改革了土司制度,客观上深化
了中央王朝对傣族地区的政治影响。第二,征战、商业贸易活动以
及清代的发配罪犯到傣族地区充军客观上加快和加深了傣族人民
与内地人民之间的交流,特别是一些以各种方式去的人口在傣族

地方长期居住更是加速了傣族人民与内地的交往。第三,由于人口流动等原因带来内地生产方式和生产技术,在一定程度上促进了傣族社会经济发展,同时也引起了傣族社会的生产方式变化和加快了阶级分化。第四,内地人口的流入在带来经济发展的同时,也加快了汉文化对傣族社会的影响。这方面,尤其是明清时期实施改土归流较早的地区更为明显。由于以上影响,傣族历史上的婚姻家庭模式开始变化,宗教意识在清代末期已经成为法律文化中的一个重要因素和原则。因阶级分化而带来的贫富等级制度在明清两代法律规范中得到体现。

2. 元明清时期傣族法律制度历史变迁可以分为三个阶段。

第一个阶段,在元代至明初,傣族法律状况是,无文字,还处于习惯法阶段。奴隶制性质占主导。军法中规定,战败方人口归战胜方。法律规范中没有佛教观念。社会阶级和等级分化还没有大量的规定。傣族婚姻关系中不重处女,一夫多妻较为常见。还没有宗族意识。

第二个阶段,在明初至明代后期,傣族社会的法律已经是成文法形式。明代的傣族社会,法律文化还保持着和前一阶段一样的许多特征,正如《百夷传》所记载,还没有宗族观念。《渺史》记载三宝历代的婚姻就有血缘关系非常亲近的婚姻,傣族法律文化中已经出现了大量的规定贫富分化之法律规范,社会等级制度严密。明朝王宗载《四夷馆考之百夷馆》中记载百夷男贵女贱,还保存有神判等诉讼方式。《景泰志》所记载《百夷俗》,常见一夫多妻,已有成文法,只是不像中央王朝的汉法系统、完备。仍然不重处女。但随着傣族社会的变化,明朝后期的傣族法律文化在多方面发生了变迁。封建制性质开始逐步占主导,并且出现了株连制,加强了对于侵犯财产权的严厉处罚。明末史料《滇略》中记载,傣族社会"其刑法:杀人者死,奸者死,窃者全家死,劫者一村皆死;故无奸盗,道不拾遗"。① 后来的《天启滇志》及《滇中琐记》中都有记载,傣族刑法实施株连制。说明明代后期至清代,傣族社会法律文化已出现了大的变迁,法律维护社会政治等级制度。从中可以看出傣族社会封建领主制已经在法律上得到了巩固。这一阶段傣族法律制度开始吸收佛教因素。

第三个阶段,明末到清代傣族法律制度。万历《云南通志》中明确说明傣族旧俗不重处女,今则此俗渐革矣,开始重视处女。到清代末,根据 20 世纪 50 年代调查资料,傣族法律中已经反对婚前性关系,将它视为不道德行为,一夫一妻制多见。在清代末的傣族社会财产分配制度及婚姻家庭制度中,宗族意识已经成为法律规范中的一个重要原则了。有一些改土归流较早的地方,地主制经济因素已经在法律制度中有了一定的影响。

3. 佛教教规成为明清时期法律制度的重要内容。佛教进入傣族社会后,对傣族社会生活产生了重要影响,在傣族社会中形成了一套严密的与佛教相关的法律关系制度。

有关具体内容,本书其他部分已经有所论述,第八章还要详述。在此,笔者只就佛教与傣族社会法律制度之间的紧密联系作一些粗线条分析。

由于傣族社会的分布较广,距离佛教的传入渊源地(印度)的远近不一,佛教传播的具体过程也不完全一致,加之,各傣族地区在历史上政治、经济和文化方面的细微差异,因而,佛教首次传入各傣族地区的准确时间点实难确定。不过,虽佛教进入傣族社会的准确时间点难以确定(也正是因为这样的原因,佛教进入傣族

---

① (明)谢肇淛:《滇略》,云南大学图书馆藏手抄本。

社会的时间点也就成为许多学者争议的问题），但是，佛教传入傣族地区的具体、准确时间点的确定对于研究傣族法律制度与佛教之间关系的基本面貌并不是必不可少的。因此，笔者（从傣族法律制度与佛教的关系研究之角度）认为，只有在大规模的佛教社会生活中，傣族法律制度与佛教之间才有可能建立起密切的联系。由此，笔者可以断定：自明代后，佛教大规模传入傣族社会，佛教精神渗透道傣族法律制度中，甚至形成了一套特殊的傣族宗教法律制度。正因为佛教的大规模传入，影响到傣族人民社会生活中的方方面面，使得傣族社会生活与佛教密切关联，傣族法律制度也不得不考虑佛教因素，在立法中把佛教精神作为基本的价值观之一，在法律制度规范中明确保护宗教有关的社会关系，在司法实践中也把宗教原则加以贯彻。这样，佛教的传入引起了傣族法律制度在内容和价值等多方面的变迁。

（五）现存傣族法律文献的思考

学术前辈们通过自己的工作，给后人研究傣族法律问题提供了重要的文献材料。现有的几个傣族法律文献材料主要是：①刀国栋、刀治明等人翻译，刀国栋、张亚庆、徐加仁等笔录整理的《西双版纳傣族的封建法规和礼仪规程》。它包括法律、礼仪规程、宣慰使及各勐土司经商牛队的组织和旅途规程、防火的通告四大部分内容。其中第一部分（法律）和第二部分（礼仪规程）内容最多。第一部分包括处理诉讼时应持的态度和方法；地方与地方违犯公约时罚款的规定；关于罚赎和赎罪的一些规定；民刑法规；有关家奴及其子女身份的规定和逃亡案件的处理办法五大方面。第二部分（礼仪规程）包括宣慰使及其亲属，各勐土司称谓的规定；委令和节日祝文；土司对百姓的训条；教训儿子处世的道理；教训妇女做媳妇的礼节和有关丧葬的一些习俗六个部分。① ②刀永明、刀述仁翻译,刀永明整理的《封建法规译文》。它包括《兴安竜》(大法);民事纠纷罚款条例;上诉献礼条例;杀人罪的判决;诬陷罪的判决;财产分配法;犯上的处置;争田地的处置;偷盗和破坏生产的处置;有关违犯水利的处置;牛马进菜园;无事生非扰乱地方秩序的处理十二个方面的内容,这些标题是由整理者加上的。② 另外,刀永明、刀述仁同志还翻译整理了《西双版纳傣族"哈滚"(家族)纠纷裁决法》。③ ③徐永安搜集的《孟连傣族习惯法》。该法分十三个部分,各部分内容有很大的交叉。该法以习惯法规范的形式规定着傣族人民生活中各方面的关系,是一个精通傣族法律的傣族人士书写,由徐永安搜集,张元庆进行文字加工而成。④ ④刀光强、高立士译的《"西双版纳封建法规"译文》。该法也规定了有关傣族社会生活各方面的内容,译者在整理翻译中尽量保持傣族法律的基本面貌,力求反映傣族法律的更早时期的状况。该法中的计量单位及地方区域的单位名称都至少不是清代后期的用语,内

① 参见民族问题五种丛书,中国少数民族社会历史调查资料丛刊:云南省编辑组编:《傣族社会历史调查(西双版纳之三)》,云南民族出版社1983年版,第26—45页。

② 参见民族问题五种丛书,中国少数民族社会历史调查资料丛刊:云南省编辑委员会编:《西双版纳傣族社会历史综合调查之(二)》,云南民族出版社1984年版,第23—29页。

③ 参见民族问题五种丛书,中国少数民族社会历史调查资料丛刊:云南省编辑委员会编:《西双版纳傣族社会历史综合调查之(二)》,云南民族出版社1984年版,第29—30页。

④ 参见国家民委民族问题五种丛书之一,中国少数民族社会历史调查资料丛刊:云南省编辑组编:《思茅玉溪红河傣族社会历史调查》,云南人民出版社1985年版,第38—69页。

容中的奴隶制关系规范较其他文献译文为多。①　⑤刀永明、刀建民翻译，薛贤整理的《勐连宣抚司法规》。这个法规由云南少数民族古籍整理出版规划办公室编。它包括《茫莱法典》、《干塔莱》、《坦麻善阿瓦绍哈（即二十五种难案裁决法）》、《孟连宣抚司法规》四大组成部分。《孟连宣抚司法规》又是前三者内容的汇编。⑥其他散见于20世纪50年代傣族调查资料中的一些材料所反映的习惯法规范文献，这些内容在前面各法律制度中已有叙述。

通过对上述傣族法律文献的研究，笔者有几点思考：

①法律文献的表现形式和具体内容不完全一致。体现在：第一，各个文献的称呼不尽相同。比如大多数文献经翻译整理后都用汉文表述，而孟连宣抚司的法律中又把几部分按傣文称为"干塔莱、茫莱、坦麻善阿瓦绍哈"。第二，各个法律文献内容、结构不尽相同。笔者认为，这方面的差异可以从翻译、整理中人的因素和不同时间以及文献出自不同傣族地方三个方面解释。翻译、整理的人不同，表现形式当然也就不同。不同的时间翻译、整理的文献，也可能会有一定的修改，导致差异。另外，由于不同傣族地区在历史上社会生活的一定程度的特殊性，法律规范发展中出现少量的差异也是必然的。

②通过研究笔者发现，源于不同傣族地方的，不同时期翻译、整理的上述法律文献中的法律基本精神和主要内容是一致的。由于第二章中已有很多论述，在此不再重复。这种现象说明傣族各地尽管在历史进程中会因多方面的原因而出现一定程度的差异，但其共性是主导的。

③正如前述一些学者所言，《茫莱法典》、《干塔莱》和《坦麻善

---

① 参见《民族学报》1981年第1期。

阿瓦绍哈》是在泰国和我国傣族地区都有发现的傣族法律文献，笔者认为，在不同的傣族先民居住过的地方，发现相类似的法律文献，说明各傣族地区历史法统和文化上有着密切联系，虽然不能说今天的"茫莱法典"一定是茫莱王统治兰那王国时期颁布的法律制度，但是各傣族地区从法源上把茫莱王统治时期的法律基本精神继承下来是必然的。也正是如此，各地发现的文献才呈现出具体内容不完全一致。从不同地方都发现这些文献的事实更加能说明今天傣族法律制度与泰国历史上的法律文化有着密切的关联是一个无可争辩的事实。

第八章 元明清时期傣族
法律制度的特点

从元朝开始傣族社会被纳入中央王朝的统治范围内,形式上自元至清三代中央王朝已经取得了对傣族社会生活的支配和控制权;而实际上,元明清时期,中央王朝对于傣族社会的统治只能是通过对傣族土司的控制和管理实现的。傣族社会内部并不适用中央王朝的法律体系,调整傣族内部社会关系的法律规范只是傣族自己的法律制度。因此,中央王朝的经营和管理,傣族社会环境的变迁,使得元明清时期的傣族法律制度具有两方面的表现:一方面,傣族法律制度中吸收了许多元代时没有的内容,因而发生了多方面的变迁;另一方面,由于长期傣族社会生活相对独立,元明清时期傣族法律制度自成体系,保持了许多自己民族的法律特点。归纳起来,元明清时期傣族法律制度有以下几个方面的特点。

一、习惯法与成文法并行

从元代至明代是傣族社会法律文化变迁的一个重要阶段,在这个阶段,傣族社会法律形式从习惯法向成文法转化。从明代开始,傣族社会进入了主要由成文法调整人们社会关系的时期。20世纪50年代许多学者整理、翻译了傣族社会长期以来适用着的几部重要成文法,有《茫莱法典》、《干塔莱》、《坦麻善阿瓦绍哈》,其中《茫莱法典》最为引人关注。它是泰国和我国傣族地区都有发现的傣族法律文化文献资料。张晓辉教授认为它应该出现在茫莱王统治兰那王国时期,约在1259—1317年之间。① 这种观点有一定的道理。《茫莱法典》必然和茫莱王的统治有重大关系。但是,如果我们再细读傣族史,又会发现傣族社会在10世纪前后出现了"庸那迦国"和"乔赏弥国"两大较为强大的部落联盟,至于1180年叭真建立的"景龙金殿国",也就是"泐国"。② 按《泐史》记载,1180年叭真在西双版纳建立了"景龙国",统一了境内各部落,并与邻境的兰那、崆峒、猛老、猛交建立了联盟关系。1192年(南宋光宗绍熙三年)叭真卒,幼子陶钪冷(桑官冷)继位,归顺朝廷,宋王朝封他为九讧王。1211年(宋宁宗嘉定四年)陶钪冷卒,长子陶伻(道兵)继位,曾发生一次争夺王位的内讧,1240年,陶伻卒,其子陶陇建仔(道陇继仔)继位。陶陇建仔一女名孃钪瑞(朗钪海)者,嫁与兰那叭老为妻,生子名莽莱(道芒乃),后继其父为景莱酋长,他战胜兰那境内各部,合并了景迈、景海、者乃等地,建立了兰那王国,这就是人们所熟知的八百媳妇国。③ 张晓辉教授所指明的1259—1317年这段时间正好是元代进攻傣族地区,在傣族地区建立地方民族政权的时间,兰那茫莱王(《泐史》中称莽莱)是景龙国王陶陇建仔的外孙,泐国与兰那王国(八百媳妇国)是亲戚关系。它们之间社会生活的往来可想而知,双方之间的法律文化的

---

① 参见徐中起、张锡盛、张晓辉主编:《少数民族习惯法研究》,云南大学出版社1998年版,第106、107页。

② 参见江应樑:《傣族史》,四川民族出版社1983年版,第171页。

③ 参见江应樑:《傣族史》,四川民族出版社1983年版,第192—193页。

交流与融合也就是必然的了。

　　从历史事实分析看,笔者觉得,由于元代的傣族社会历史没有文字,因而也就不可能出现成文法,那么茫莱王统治时期在1259—1317年间,这期间也就没有成文法。为什么人们在20世纪50年代的调查资料中收集到的傣族法律古籍文献又被称为《茫莱法典》呢? 前面已经分析过,被称为《茫莱法典》的成文法,可能不是真正的茫莱王统治时期颁布施行的成文法,而是后人在颁布成文法时,茫莱王执政时期的习惯法被作为成文法内容的主要渊源而继承。因而后人把茫莱王统治时期适用的习惯法转化为成文法形式的法律、法规文献,称为《茫莱法典》。按此理解,那么,元代时期傣族社会的法律规范只能是习惯法,当傣族文字在明代出现以后,傣族社会才出现了成文法。

　　自明代以后,傣族法律到了成文法阶段。历明至清,傣族社会调整人们行为的法律规范中,成文法已经占主导地位了。但习惯法并没有完全退出历史舞台,它在人们的纠纷解决实践的价值观中,以及作为日常生活的规范,特别是基层人民社会生活中,有着不可替代的作用。通过研究20世纪50年代的傣族社会历史调查资料可以发现,傣族社会长期以来适用的前述几个法律文献内容不尽完全相同,并且有很多生活中的行为规范是原始社会和奴隶制社会时期的人们行为规范的残留。更值得注意的是,傣族社会的很多社会关系在法律、法规中并没被纳入调整范围。在社会生活中人们根据习惯加以调整。例如,刀永明、刀述仁两位学者翻译、整理的《西双版纳傣族"哈滚"(家族)纠纷裁决法》,就是一个民间关于傣族社会兄弟财产权、继承权分割习惯法的传说。在傣族社会生活中,按照不同的等级,有不同的礼仪习惯,在一些节日中,下级土司见召片领(或上级土司)都要有一定的礼品,上级土司也按习俗要回赠下级土司(官员)一些礼品。百姓对佛爷有一定的礼仪。宗教活动中,傣族人民还要按习俗有一定的宗教负担。傣族人民的婚姻制度中也有许多诸如抢婚之类的由习惯法调整的规范。尤其是刀国栋、刀治明、刀学兴等人翻译整理的《西双版纳傣族的封建法规和礼仪规程》的礼仪规程中规定了有关各级政治官员的称谓,亲属的称呼,有关官员的委令和节日祝文,相关的态度、祝词,以及各勐迎接宣慰使差官的礼仪等。还规定了土司对百姓的训条,父母教训儿子处世的道理,有关妇女做媳妇的礼节,有关傣族的人民丧葬的一些礼俗。甚至该法规资料中还提供了宣慰使及各勐土司经商牛队的组织和旅途规矩等。① 在民国时期的孟拉傣族社会甚至"尚未形成自己的成文法,维护土司制度和私有制度完全靠习惯法"②。

二、诸法合体,刑民兼容

傣族法律制度不像同时期的中央王朝法律那样系统、完备,更不像现代法律体系那样分门别类。元明清时期的傣族法律制度体现出诸法合体、刑民兼容的特征。

元代李京《云南志略》曰:"金齿百夷,记识无文字,刻木为约。酋长死,非其子孙而自立者,众共击之。……杂糅无统略。有仇

---

① 参见民族问题五种丛书,中国少数民族社会历史调查资料丛刊:云南省编辑委员会编:《傣族社会历史调查(西双版纳之三)》,云南民族出版社1983年版,第26—45页。

② 参见国家民委民族问题五种丛书之一,中国少数民族社会历史调查资料丛刊:云南省编辑组编:《思茅玉溪红河傣族社会历史调查》,云南人民出版社1985年版,第114页。

隙,互相戕贼。遇破敌斩首,置于楼下,军校毕集,结束甚武,髻插雉尾,手执兵戈,绕俘馘而舞,仍杀鸡祭之,使巫祝之曰:尔酋长人民,速来归我;祭毕论功名,明赏罚,饮酒作乐而罢。攻城破栅,不杀其主,全家逐去,不然囚之至死。嫁娶不分宗族,不重处女。……交易五日一集。旦则妇人为市,日中男子为市,以毡、布、茶、盐互相贸易。"①

明代《百夷传》中说:

> 百夷即麓川平缅也,地在云南之西南,东接景东府,东南接车里,南至八百媳妇,西南至缅国,西连戛里,西北连西天古剌,北接西番,东北接永昌,今百字或作伯、僰,皆非也。……上下僭奢,虽微名薄职,辄系鈒花金银宝带。……贵者衣用纻丝绫锦,以金花金钿饰之。出入或象或马,从者塞途,俗以坐象为贵,……虽贵为把事、叨孟,见宣慰莫敢仰视,凡有问对,则膝行以前,三步一拜,退亦如之,贱见贵、少见长皆然;侍贵人之侧,或过其前,必躬身而趋。筵宴则贵人上坐,僚属厮役则坐于下,……无中国文字,小事则刻竹木为契,大事则书缅字为檄,无文案可稽。……刑名无律可守,不施鞭朴,犯轻者罚,重者杀之,或缚而置之水中,非重刑不系累。……其俗,男贵女贱,虽小民视其妻如奴仆,耕织贸易差徭之类皆系之;头目有妻百数,婢亦数百人,少者不下数十,虽庶民亦有十数妻者;无妻妾之分,无嫉妒之嫌。……有夫而奸盗则杀之,不重处女,其通媒匹配者甚罕,年未笄,听与弱冠男子通,而相得约为夫妇,未婚辄引至男家,姑亲为之濯足,数日送至父母家,方用媒妁以羊酒财帛之类为礼而娶之。……凡子弟有职名,则

---

① (明)李思聪:《百夷传》,据《函芬楼本说郛》卷三六,说郛本。

父兄跪拜，受之自若。父母亡，不用僧道，祭则用妇人祝于尸前，……谓之娱尸；而自去后绝无祭扫之礼也；又有死三日之后，命女巫刹生祭送，谓遣之远去，不便复还家也，民家无祀先奉佛者。小白夷风俗颇同。①

李思聪明确指出傣族社会"刑名无律可守，不施鞭扑，犯轻者罚，重者杀之，或缚而置之水中，非重刑不系累"。"无中国文字，小事刻竹木为契，大事则书缅字为檄，无文案可稽"。上述资料告诉我们，直到明代李思聪出使金齿时，百夷地方傣族人民法律并没有按照中原汉法体系那样将法律分为若干门类，刑事法律制度中还没有详细地规定罪名、刑罚以及刑事诉讼程序。而是犯轻者罚，重者杀之。也没有像中央王朝法律中的鞭、笞、徒、流之刑。小事刻竹木为契，通过习惯法调整。

到清代末，傣族法律制度中更是把各种法律关系内容汇成一体。在《西双版纳傣族的封建法律和礼仪规程》中，作者将法律部分划分为：①处理诉讼时应持的态度和方法；②地方与地方间违犯公约时处罚的规定；③关于罚款和赎罚的规定；④民刑法规；⑤有关家奴及其子女身份的规定和逃亡案件的处理方法。② 刀永明等在其《封建法规译文》中分类为：①《兴安竜》（大法）；②民事纠纷罚款条例；③上诉献礼条例；④杀人罪的判决；⑤诬陷罪的判决；⑥财产分配法；⑦犯上的处置；⑧争田地的处置；⑨偷盗和破坏生产的处置；⑩有关违反水利的处置；⑪牛马进菜园；⑫无事生非扰乱地方秩

①　江应樑：《百夷传校注》，云南人民出版社1980年版，第146—148页。
②　参见民族问题五种丛书，中国少数民族社会历史调查资料丛刊：云南省编辑委员会编：《傣族社会历史调查（西双版纳之三）》，云南民族出版社1983年版，第26—38页。

序的处理。① 徐永安在《孟连傣族的封建习惯法》中将傣族习惯法分为十三个方面。② 刀光强、高立士《西双版纳傣族的封建法规》译文,译本时代更早,更难以分类编述,译者尽可能地忠实原文对译。③ 以上作者或译者的整理、分类并未完全改变傣族法律文化的诸法合体特点。尤其是刀光强、高立士二位学者的译文比1955年3月译本时间更早,更能说明明清两代傣族法律制度的诸法合体之特点。元明清时期由于傣族社会生活中封建社会阶级分化状况较晚,土地在封建领主制下归领主所有,使用者不能买卖土地,加之人民生活相对简单,民间纠纷不太复杂,因而傣族社会的法律制度也就是刑民兼容。许多刑事性质问题可以用民事法律手段解决,而一些民事法律关系,比如通奸等又可以用刑事法律手段调整。同时,傣族社会法律制度中刑事法律也相对简单。如前所述,没有中央王朝的鞭、笞、徒、流等刑,只有罚和死。在傣族法律制度中有大量的财产罚之规定,许多"刑事犯罪"都可以财产罚赎罚,只有重罪致死。

三、佛教因素成为明代以来傣族法律制度的重要内容之一

自从佛教进入傣族社会后,傣族人民除一部分如花腰傣支系

① 参见民族问题五种丛书,中国少数民族社会历史调查资料丛刊:云南省编辑委员会编:《西双版纳傣族社会历史综合调查之(二)》,云南民族出版社1984年版,第23—28页。

② 参见国家民委民族问题五种丛书之一,中国少数民族社会历史调查资料丛刊:云南省编辑组编:《思茅玉溪红河傣族社会历史调查》,云南人民出版社1985年版,第38—69页。

③ 参见刀光强、高立士:《西双版纳傣族的封建法规》译文,云南民族研究所编《民族学报》1981年第1期。

不信佛教,元江、新平等旱傣只信仰原始教以外,其他地方的傣族人民普遍信仰小乘佛教。绝大部分傣族人民都信仰佛教,佛教成为傣族人民生活的一部分。佛教在傣族社会中,对于每个人的生活都起着支配作用。傣族社会中,小孩子一出生下地便注定是信佛教徒,名字是佛爷给取的,结婚、丧葬、生病、盖房子都要请佛爷来诵经。傣族社会各地都有受人崇拜的佛塔,甚至每个家庭还有佛坛。傣族有专门隆重的佛教节日。傣族文化、教育也与佛教密切关联。可以说,佛教支配着傣族人民社会生活的方方面面,并且在傣族社会中是一股巨大的力量。因而,佛教因素也就成为傣族法律制度的一个重要内容,在诸多法律、法规中都得到体现。

(一)宗教寓于政治

傣族社会政治和佛教有着直接的重要联系。元明清时期傣族实行土司统治,明代中叶佛教进入傣族社会生活后,傣族法律制度中也有了许多有关佛教的内容。从政治方面看,傣族土司委任各级政治官员的时间以及议事庭开会办理全境内的重大政治事件,通常是在佛教节日。从关门节到开门节期间,傣族人民虔心向佛,政府衙门政令无人过问,直至开门节,土司衙门贴出一张傣文告示在佛寺门口,告诫全境人民,要虔心向佛,供养和尚。至此,人民才结束短期的佛寺生活,恢复世俗生活,政府政令才有人料理。在德宏地区的花腰傣因为不信佛教,所以政治经济地位极低,不能担任稍高级别头人。各级和尚的干爹也有着明确的规定,高级别的大佛爷的干爹只有土司能当,大佛爷可以和土司对等谈话。如前述状况,在西双版纳,只有佛寺高级僧侣才能与土司平等对话,召片领被称为"至尊佛主"。各大寨的佛爷与头人关系密切。一般情况,头人多是和尚、佛爷的义父,和尚升大佛爷或佛爷还俗都要由寨子头人批准,佛爷离开佛寺到外地,超过一个月者,要向头人告假,升佛爷高一级的"枯巴",只有召片领才能当"波约"(枯巴之义父),还俗也同样需召片领批准,若犯了错误,只有召片领能予处罚。[1] 在有的傣族地方,土司衙门中有一套佛教的官员等级制度,僧侣直接就是土司制度中的官员。景谷傣族称土司为"珐竜"、"召法"或连称"召法竜",意思是"最大的"或"至高的"。也有的称土司为"荫袭老爷"。土司是世袭的,长子继承。土司之下有:

贺汗竜(大统帅),以及贺汗囡(副帅),管军事,他们下面是汗(兵勇)。

谢那竜(丞相数人),分管教育、司法、财政、土地、外交、民事等方面事务,还设谢那囡数人,一人管辖一个村寨,谢那囡之下是召干竜(大火头,管大寨),召干囡(小火头,管小寨)。

阿那他木(宗教官名)之下是数列(数木列),再下是虎娃,次之为散召,次之为散米,再次之为散弟,然后是二佛爷,最后是和尚。[2] 景谷傣族土司地方的管理制度中从阿那他木(宗教官名)到和尚就是佛教政治官员制度。

(二)宗教等级制度

在明清时期的傣族社会,有部分社会成员在一段时间或毕生都从事佛教事业,当和尚是男人的专利和特权。在和尚中,有的到

---

① 参见民族问题五种丛书,中国少数民族社会历史调查资料丛刊:云南省编辑委员会编:《傣族社会历史调查(西双版纳之四)》,云南民族出版社1983年版,第72页。

② 参见国家民委民族问题五种丛书之一,中国少数民族社会历史调查资料丛刊:云南省编辑组编:《思茅玉溪红河傣族社会历史调查》,云南人民出版社1985年版,第76—78页。

一定的年龄和级别后还俗;有的级别的僧侣则终身从事佛教活动,受人们的尊敬,在社会生活中有很高的地位,在司法纠纷解决中扮演着重要的角色。如前述在潞西等地,僧侣分为五等。"法基"最高,每寺一个,他们年纪最长,威望最高,不与外界来往,终日盘坐念经。第二等是"台基",每寺一个,相当于内地寺中的住持,管理整个寺内活动。第三等级是"召门",是入寺十年以上,年龄在二十以上的青年和尚,可以带徒念经。第四等是"召善",是入寺不久的小孩,去学傣文和经典。第五等是"布塚",负责寺内清洁及烧水事务等。① 在徐永安收集的《孟连傣族的封建习惯法》中,许多案例都是由僧侣主持,按佛教精神解决的。② 在其他傣族地方的调查资料中,这种宗教人士由等级制度规定的情况也是很普遍的。在临沧沧源县孟董乡傣族调查资料中,这里的傣族社会僧侣"分为三等八级"。③ 把傣族社会的宗教人士分为不同等级,应该是源于几个方面的原因:第一,由于傣族社会全民信教,宗教受到傣族人民的重视,宗教人士受到傣族人民的尊敬;第二,傣族全民信教,使得傣族社会对于宗教专业人士的数量和质量的需求都大大增加,这样就会形成一个数量庞大的宗教人士群体,这样的一个群体如果没有专门的管理制度,是难以想象傣族社会宗教生

---

① 参见民族问题五种丛书,中国少数民族社会历史调查资料丛刊:云南省编辑委员会编:《德宏傣族社会历史调查(一)》,云南人民出版社1984年版,第27、28页。

② 参见国家民委民族问题五种丛书之一,中国少数民族社会历史调查资料丛刊:云南省编辑组编:《思茅玉溪红河傣族社会历史调查》,云南人民出版社1985年版,第38—68页。

③ 参见国家民委民族问题五种丛书之一,中国少数民族社会历史调查资料丛刊:云南省编辑组编:《临沧地区傣族社会历史调查》,云南人民出版社1986年版,第114页。

活的规范化的；第三，由于傣族社会世俗政治生活与宗教生活相互密切结合，为傣族宗教法律制度的建立提供了政治条件；第四，宗教人士群体是一个专业化相对较高的社会群体，其理论化程度较高，便于形成自觉的专业化队伍，这种因素也有利于等级划分。

（三）明清时期傣族法律制度中有大量佛教相关的内容

明清时期傣族法律制度中大量法律内容与佛教有关，如关于侵犯佛教人士的人身、财产权利的，关于各种民刑事法律关系中罚蜡条作为赎罪的，关于宗教机构财产关系的。在傣族刑事法律制度中把侵犯宗教人士的人身、生命权规定为重罪；在诉讼制度中把是否信教规定为影响证据证明力的因素，甚至规定了低级别的和尚反对佛爷的犯上案件不得上诉。在傣族行政法律制度中，规定了傣族行政事项必须在不同的宗教活动期间才能开展，傣族土司政治体系中的官员在宗教生活中与不同级别的宗教人士对应；在傣族民事、经济法律制度中，法律规定了许多有关宗教人士的经济、民事权利。如《孟连傣族的习惯法》中规定了许多关于宗教人士的债务关系制度。总之，在明清时期的傣族法律制度中，佛教因素成为傣族法律制度的一条重要的内容和线索。

四、对其他少数民族宽容

元明清的傣族法律制度体现出对其他少数民族宽容，傣族的成文法律、法规中都明确规定了处理傣族和其他民族法律关系时的大量内容。由于傣族人民长期以来在一些聚居区与其他民族长期相处，从而形成了较为稳定的民族关系。这些民族关系在傣族的法规中得到了很好的体现。其中有一点非常值得关注。在傣族法律、法规的有关不同民族的法律关系规定中,体现出傣族对其他民族宽容的精神。在《西双版纳傣族的封建法规和礼仪规程》中,有关污辱妇女及通奸条款规定:"(1)侮辱妇女……(2)通奸:①哈尼族与傣族:a. 山区民族与傣族妇女通奸,罚七元半。b. 傣族与哈尼族妇女通奸,罚十七元半。②百姓与头人:a. 百姓与头人的妻子发生关系,罚十元半。b. 头人与百姓的妻子发生关系罚十七元半。……③头人与土司:a. 头人与土司的妻子发生关系,罚二十二元。b. 土司与头人的妻子发生关系,罚三十二元。……④百姓之间:百姓甲与百姓乙的妻子之间发生关系,罚十六元半。……⑤头人之间:a. 头人甲与头人乙的妻子发生关系,罚二十八元。b. 土司甲与土司乙的妻子发生关系罚三十六元。"①

又规定:"在调戏妇女时,a. 傣族抱一下哈尼族妇女,罚十元半。b. 哈尼族抱一下傣族妇女,罚七元。"②

在上面的傣族专门的法律文献资料中,对于傣族成员内部从百姓到头人、从头人到土司的犯通奸的当事人的处罚中,最少的处罚百姓十元或十元半,最多的处罚土司三十二元。同样的犯案行为,对于山区民族的处罚额连傣族的一半都不到。在调戏妇女的案件规定中,对傣族的处罚数量比对哈尼族的多出三元。可见,傣族法律制度中体现出一种对于共同居住于一个地方的其他民族的

---

① 民族问题五种丛书,中国少数民族社会历史调查资料丛刊:云南省编辑委员会编:《傣族社会历史调查(西双版纳之三)》,云南民族出版社1983年版,第33页。

② 民族问题五种丛书,中国少数民族社会历史调查资料丛刊:云南省编辑委员会编:《傣族社会历史调查(西双版纳之三)》,云南民族出版社1983年版,第33—34页。

宽容。

傣族与其他少数民族长期相处,形成在傣族土司政权统一统治之下的各民族相对稳定的聚居区,加上历史上傣族极少与其他民族通婚,因而在社会生活中,傣族与其他少数民族之间的往来活动也就较少。又由于傣族是聚居区的强势民族,聚居区各民族有自己相对独立的生产方式和经济生活,这些都导致了傣族与其他民族在共同生活中大都能相安无事。这种情况反映在傣族的法律文献中专门针对其他少数民族的法律规定内容较少。但是,民间偶然发生有关民族间的纠纷还是可能的。这种纠纷解决除了有法律专门规定的情况,一般都可以适用傣族通行的法规加以解决。不过,我们从仅有的少数专门针对其他少数民族的傣族法律规定条款的内容看,相对于傣族来说,法律对于其他少数民族的处罚较为宽松。从处罚的内容看,主要是针对有关妇女人身权利的规定。从傣族社会的历史状况看,傣族是强势的统治民族,它在政治地位、文化素质等方面都有优势。这种处罚规定在一定程度上可以理解为傣族在立法中对弱势民族的关注和对自己民族优越感的强化。

五、傣族法律体系较为简单

元明清时期的傣族法律体系,根据前引李京《云南志略》记载,元代百夷"记识无文字,刻木为约。酋长死,非其子孙而自立者,众共击之。……有仇隙,互相戕贼。遇破敌斩首,置于楼下,军校毕集,结束甚武,髻插雉尾,手执兵戈,绕俘馘而舞,仍杀鸡祭之,使巫祝之曰:尔酋长人民,速来归我;祭毕论功名,明赏罚,饮酒作乐而罢。攻城破栅,不杀其主,全家逐去,不然囚之至死。嫁娶不分宗族,不重处女"。① 明代后期及清代史料记载明清时期的傣族法律状况是"百夷……其俗称宣慰曰'昭',华言'主人'也。其官属有叨孟、昭录、昭纲,递相臣属。叨孟总统政事,兼领军民,……无中国文字,小事则刻竹木为契,如期不爽;大事书缅字为檄,无文案。无城池,因高山为寨。无仓廪租赋。……其法,杀人与奸者皆死,窃盗一家皆死,为寇盗一村皆死,道不拾遗。……头目之妻百数,婢亦数百人,少者数十,庶民亦数十妻,无妒忌之嫌。旧俗不重处女,如江汉游女之习,及笄始禁足,今则此俗渐革矣"②。20 世纪 50 年代的调查资料也显示其相对简朴的特点。综合这三个时期的傣族法律体系资料研究,笔者认为傣族法律体系的相对简朴(相对于现代法律体系而言)的特点表现在几个方面。第一,诸法合体,刑民融通。这一点前面已经专门讨论。它是元明清时期傣族法律体系的一个重要特征。第二,法律内容规定过分详细,理论抽象性不强。如在《西双版纳傣族的封建法规和礼仪规程》中详细规定了偷人、偷盖房子的木料、偷鱼、偷牛椿、偷柴、偷槟榔、偷谷等不同对象的不同处罚。在有关破坏生产的规定中更是规定了"在别人打谷时,用枪去打吃谷的小雀"的处罚方案。我们知道,法律规定越详细,越是便于操作和执行。但是,由于社会生活复杂多变,生活中的具体纠纷的情况是多种多样的,法律不可能规定完所有的社会生活情况。这就有必要通过一些抽象的原则把社会生活中各种社会关系的本质属性抽取出来,并在法律文件中加以规定,在现实司法实践中参照执行,才能保证法律体系的完整性和适

---

① (明)李思聪:《百夷传》,据《函芬楼本说郛》卷三六,说郛本。

② (明)刘文征:《滇志》之《羁縻志·种人》;转引自方国瑜主编:《云南史料丛刊》第 7 卷,云南大学出版社 2001 年版,第 75—77 页。

应性。元明清时期的傣族法律体系的特征恰好与之相反。它反映着元明清时期傣族社会生活相对简单的历史状况。第三,法律体系不健全,而且不匀称。现存的几个傣族法规文献的内容、条款、数量都不尽相同,但都有一个共同的特征,法律门类的结构不匀称、不健全。它表现在,首先,没有严密的行政法和诉讼法体系,不便于司法实践。由于元明清时期傣族社会实践中行政、司法、立法三权合一,土司政权机构既是行政机构,又是立法、司法机构。没有专门的立法和司法机构必然制约傣族法律体系的发展。其次,法律条款中对于诸如日常生活中的侵犯财产权和偷盗之类的规定较多,而其他内容又规定较少,造成法律体系中各法律门类的结构不均衡。最后,法律内容对于介于死与经济罚之间的轻罪地带的法律关系没有规定适当的刑罚措施。正如故人说出的"刑名无律可守,不施鞭笞,轻罪则罚,重罪则死"的状况。第四,元明清时期的傣族法律偏重对盗窃罪的规定。在《西双版纳傣族的封建法规和礼仪规程》中仅就盗窃的规定就达二十五条之多,其他内容的最多规定只有十五条,并且也是对侵犯财产权的处理规定。明清后期的史料也记录了傣族社会的法律是犯"奸者死,窃者全家皆死,劫者一村皆死;故无奸盗,道不拾遗"的状况。可见,明清后期由于经济发展和阶级分化带来的因财产权而引起的纠纷成为傣族法律规范调整的重点。

六、边疆民族地域文化特点突出

由于傣族居住在我国的西南边疆地区,地处亚热带,这些自然地理条件和历史上的特殊文化交流使得傣族法律制度具有如下文化上的特征。

（一）傣族法律文化受东南亚一些国家传统文化影响明显

傣族（现在云南省内傣族）历史上长期与现泰国、越南、老挝、缅甸毗邻，在元明清时期上述几个国家许多地方以及一些民族政权曾经是中国中央王朝统治下与傣族土司政权性质类似的地方土司政权。明代历史上的"十宣"、"六宣"都包括了这类地区。缅甸部分地区在元明时期很长时间都是中央政权统治的地方，加上傣族文字来源于印度巴利文，与缅文同源，地理位置上，缅甸处于我国傣族聚居地与印度的过渡地带，这些使得我国傣族法律受到东南亚某些国家法律文化的影响成为可能。

首先，受泰国法律文化的影响。江应樑先生研究指出，"八百媳妇国就是'兰娜国'，意为'百万稻田国'，是十三世纪至十八世纪存在于现今泰国北部以清迈为中心的一个王国"。① 元代统治者于八百媳妇国投诚后，在该地设立八百等处宣慰司。根据学术前辈们的研究，现今保存的傣族历史上的几个重要的法规文献，其中的《茫莱法典》是在泰国和我国傣族地区都有发现的傣族法律文献。之所以称为《茫莱法典》，看来跟茫莱王统治兰那王国时期所采用的法律规范有着必然联系。这个文献在我国傣族地区保存并应用于调整社会生活中的人们行为规范一直到新中国成立前，可以想象出它在我国傣族法律制度中的影响。

其次，受缅甸法律文化的影响。元代的木朵路军民总管府、木邦路军民总管府、蒙怜路军民总管府、蒙来路军民总管府，明代的木邦军民宣慰使司、前期的麓川平缅宣慰使司、孟养军民宣慰使司、孟密宣抚司、蛮莫安抚司、孟艮御史府等地，都是元明中国中央

---

① 江应樑：《傣族史》，四川民族出版社 1983 年版，第 197 页。

政权统治下的类似车里、干崖等傣族土司政权性质的地方土司政权。由于这些地方历史上的政治、地理及文字来源等与傣族地区多方面的共同性，导致了他们与傣族先民们之间产生交流，并产生相互影响成为必然。据《云南通志》记载的明代百夷地方民俗与当时的缅甸地方民俗状况："骠王出行，舆以金绳床，远则乘象，俗恶杀，喜佛法。崇拜巨白象，无桎梏，有罪者束五竹捶背，重者五，轻者三，杀人则死。"①而当时的傣族地方刑法是"刑名无律可守，不施鞭笞。轻罪则罚，重罪则死"。两地的法律中都没有中国中原汉法的"笞、杖、徒、流"之刑。缅甸"俗恶杀"与傣族法律制度中大多数法律关系都可以以经济处罚代替刑罚的立法精神类似。《云南通志》中还记载了缅国民事关系中"骠王嫔妃数百人，一切借贷、赊佣、通财、期约诸事，不如文字，惟似木刻为符，各执其半，如约酬偿，毫发无爽"。它正好类似明代傣族的"无中国文字，小事则竹木为契，如期不爽；头目有妻百数"的民族法律状况。从此分析可以肯定，元明清时期傣族法律制度受到一定程度的缅甸法律文化的影响是必然的。佛教传播也对这类地区法律文化之间交流与影响起到促进作用。

最后，其他国家和民族的文化影响。在傣族法律的发展过程中，除了上述泰国和缅甸的法律文化对傣族法律制度产生重大影响外，印度、老挝等国家的文化也可能对傣族法律制度产生一定程度的影响。我们知道，傣文来源于印度的巴利文。这种母体的文字在被傣族社会吸收和改造的过程中，它的一些价值观也会对傣族法律文化产生潜移默化的影响。同时，中国历史上从内地到印

---

① （明）邹应龙修，李元阳纂：《云南通志》卷一六《僰夷风俗》；转引自方国瑜主编：《云南史料丛刊》第6卷，云南大学出版社2000年版，第646页。

度之路经过云南傣族地区。可见,印度文化与傣族文化的交流是必然的了。老挝的一些地区和人民也是如此。即是明代的老挝,其地在今老挝北部。它们与我国傣族在地域上相邻的自然因素和历史上政治方面的共性必然导致法律文化方面的相互影响。

(二)地方自然环境因素突出——以傣族大象法律文化为例

元明清时期的傣族传统法律制度中有许多规范都掺入了与大象相关的内容。

首先,大象被应用于以土司制度为核心的傣族传统政治制度中。我们知道,一个国家的政治权力关系中,中央与地方关系制度是极其重要的制度内容,它既是一个国家特定历史条件下经济基础决定作用的结果,又是特定的民族文化在政治法律制度方面的反映,中央王朝与民族地区的关系制度更是如此。在元明清以来的傣族土司政权与中央王朝的政治关系中,傣族土司向中央王朝的朝贡活动中,大量使用大象作为傣族土司对中央王朝的重要贡品。据明代有关百夷事件,"洪武中……先是思陆既受约于官不过金沙江一步……而孟养兵无意战,将取道干崖徙去,思楪遂遣兵蹑之,孟养败,然思楪终以势不敌,遣土目曩方请事,愿献象二只……科喜,方自以为功。"①又据明史料:"景泰五年八月丙戌,云南总兵官槛送贼子思机发等至京师。己丑……贼子思机发伏诛"。②"景泰七年(1456)夏四月乙卯,思任发子思卜法奏:'……

---

① (清)毛奇龄:《云南蛮司制》;转引自方国瑜主编:《云南史料丛刊》第5卷,云南大学出版社1998年版,第434—437页。

② 《英宗实录》卷二四四,附《景泰》卷六二。

谨备差发银五百两、象三只、马六匹、金银壶台盏共六副、土锦四段、象牙四枝、孔雀尾四把、鳞蚺胆四枚,遣人入贡。伏惟天皇帝主怜之。'命赐其使钞、帛。"①

其次,大象在傣族刑事法律制度方面的运用。在元明清时期的傣族刑事法律制度中,有关死刑刑罚的执行规定中,就有一种执行方法是"象踏",即用象踏致罪犯死亡的刑罚。按钱古训的记载是:"无中国文字,小事刻竹木,大事作缅书,皆旁行为记。刑名无律,不知鞭挞,轻罪则罚,重罪则死。或杀,或用人杀,或用象打,或投于水,或以绳帛缢。男妇不敢为奸盗,犯则杀之。"②另据《宋史·外国传占城》载:"若故杀劫杀,令象踏之,或以鼻卷扑于地。象皆素习,将刑人,即令拳养之,以数谕之,悉能晓焉。"③

再次,傣族社会生活和社会等级制度中有诸多大象内容的法律规范。据《百夷传》:"…其下称宣慰曰昭,犹中国称主人也;其官属叨孟、昭录、昭纲之类,总率有差:……无仓廪之积,无租赋之输,每年于秋冬收成后,遣亲信往各甸,计房屋征金银,谓之取差发,每房一间输银一两或二三两,承行者象马从人动以千百计,恣其所用,而后输于公家。"④(按:此用《景泰志》所载,与江南本及《湖南文征》所载不尽相同。)明代史料记载百夷习俗:"百夷,……其下称宣慰曰'昭',犹中国称'主人'也。……其近侍名'立者',亦领人户数百。皆听其使令,食其所赋,取之无制,用之无节。上

---

① 《明实录·云南事迹纂要》,转引自方国瑜主编:《云南史料丛刊》第4卷,云南大学出版社1998年版,第420页。
② 江应樑:《百夷传校注》,云南人民出版社1980年版,第80—81页。
③ 《宋史》卷四八九之《外国·占城》。
④ 江应樑:《百夷传校注》,云南人民出版社1980年版,第69—79页。

下僭奢,……出入或象或马,从者塞途。俗以坐象为贵。"①明代《滇略》"称宣慰曰'昭',……贵者衣用伫丝绫锦,……出入乘象"。②《云南通志》记载百夷风俗:"其俗称'宣慰'曰'昭',犹中国称主人也。……凡一头目出行,则象马、兵戈及床凳、器皿、仆妾、财宝之类皆随以行,动辄数百人,随处宴乐,小民苦之。"③《天启滇志》载:"其俗称宣慰曰'昭',华言'主人'也。……贵者衣纻丝绫锦,以金花金钿饰之。以坐象为贵"。④ 清代史料记载:"僰夷,一名摆夷,又称百夷,……其俗以坐象为贵,象首十数银镜为络,银铃、银钉为缘,象鞍三面以铁为栏,藉重捆,悬铜铃,象娜一人,铜帽花裳,坐鞍后,执长钩制象,为疾徐之节。"⑤在这里,傣族人民在社会生活中专门形成了一套以象为贵的身份等级制度。

最后,傣族的军事法律制度中有大象的特别规范内容。据《百夷传》:"无军民之分,聚则为军,散则为民,遇有战斗,每三人或五人出军一名,择其壮者为正军,呼为(锡剌),锡剌持兵器御敌,余人荷以供,故军行五六万,战者不不满二万。兵行不整,先后不一,多以象为雄势,战则缚于象上。"⑥旧《云南通志》载:"一名百夷,盖声近而讹也……其俗称宣慰曰昭,华言主人也。军民无定

---

① (明)周季凤编修:《正德云南志》卷四一;转引自方国瑜主编:《云南史料丛刊》第6卷,云南大学出版社2001年版,第478—479页。

② (明)谢肇淛:《滇略·卷九——夷略》);转引自方国瑜主编:《云南史料丛刊》第6卷,云南大学出版社2000年版,第777—779页。

③ (明)邹应龙修,李元阳纂:《云南通志》卷一六《僰夷风俗》;转引自方国瑜主编:《云南史料丛刊》第6卷,云南大学出版社2000年版,第644—647页。

④ (明)刘文征:《滇志》之《羁縻志·种人》;转引自方国瑜主编:《云南史料丛刊》第7卷,云南大学出版社2001年版,第75—77页。

⑤ (清)倪蜕纂录:《滇小记》;转引自方国瑜主编:《云南史料丛刊》第11卷,云南大学出版社2001年版,第146—148页。

⑥ 江应樑:《百夷传校注》,云南人民出版社1980年版,第85页。

籍,每三五人充军一人。正军谓之昔剌,犹言壮士。昔剌持兵器,余负荷供饷。每二十万,战者不满十万。师行,军在前,夷长在中,饷馈在后,进不一而号令不紊。倚象为声势,每战,以绳自缚象上,悍而无谋。"①

① （清)阮元、伊里布等修,王崧、李诚等纂:《云南通志》,《南蛮志·种人》;转引自方国瑜主编:《云南史料丛刊》第 13 卷,云南大学出版社 2001 年版,第355—360 页。

第九章 元明清时期傣族 法律制度的作用

　　当人类进入阶级社会后,靠过去行之有效的氏族首领的威信和氏族成员长期生活中形成的习俗已经不能调整人们之间的关系了。阶级分化引发的利益冲突反映在社会生活的各个方面,要求社会产生一个强有力的解决社会冲突的,维护社会秩序的公共权力(暴力机关)。这个公共权力必然以暴力为后盾,以法律为手段控制社会生活。这时候,单靠过去的氏族首领或者民族群体内部的某一领袖的权威已经难以完成规范社会成员行为的功能了,已经无法保障社会生活的正常运行了,而必须主要依靠国家暴力机关的法制体系作为人们的行为规范体系。傣族社会进入元代以后,摧毁原始社会的阶级分化已经完成,傣族社会内部已经建立起了控制社会秩序的暴力机关。然而,一个民族的各种文化总是会在民族的社会生活中被继承,法律文化同样如此,统治阶级可以把民族法律文化中与阶级统治精神相协调和一致的传统法律文化加以吸收和利用,进而成为统治阶级的法律制度具体规范内容。所以,尽管元代以后中央王朝对傣族社会采取了土司政治制度,中央王朝在一定程度上(在后期可以说中央王朝的统治对于土司政治来说是决定性的因素)影响着土司统治状况,甚至到了清代一些统治者力图把清王朝的法律制度运用于傣族社会的司法管辖实践,但是纵观元至清代的土司统治下的傣族社会,人们的行为规范除了道德规范之外,更主要的是傣族自己民族的法律制度规范。综合分析元明清时期的傣族社会历史状况,这一时期傣族法律制度对社会生活的作用表现在以下几个方面。

一、维护傣族社会土司的特权

权利和义务是一对对立统一的矛盾,有人享受权利,就必然要有人承担义务。土司政治是元明清时期傣族社会的根本政治制度,傣族各种社会等级制度都围绕着傣族土司制度而展开和使之具体化。元明清时期的傣族社会土司和各级政治官员有着很多政治、经济和社会生活的特权,下层社会成员承担众多的政治、经济和礼仪方面的义务。在《芒莱法典》、《西双版纳傣族的封建法规和礼仪规程》、《孟连傣族的封建习惯法》以及其他有关清末、民国初的傣族社会历史调查资料都记录着许多维护土司特权的法律制度内容。它涉及土司的政治、经济、司法、文化、礼仪、宗教等各方面的特权。

在政治上,在傣族社会内部,尽管各地的称呼有所差异,但土司都是最高的统治者,掌控着包括立法、行政和司法方面的大权,接受中央王朝的封赏,集诸权于一身。土司亲族群体中按照血缘关系亲近顺序分配政治权利,从而形成包括不同等级的土司集团,不同等级的土司成员享有不同的政治特权。只有最大的土司的法定继承人,比如西双版纳的"召片领"(后来一般是召片领的长子),才能继承最大的土司这个"王位",其他的子女(非长子)只能继承孟一级的政治权力,孟的子女承袭权力的情况基本是如此。不同等级的土司享有不同的政治待遇,下级土司对上级土司有相应的政治义务和礼仪。土司的人身权不容侵犯,违者或罚或死。

在其他特权方面,按照上述划分出不同的等级的土司,百姓有着各方面的负担。同时不同等级的土司享有不同的经济待遇,下级土司对上级土司有相应的经济义务。在社会生活中,在傣族社会普遍信仰宗教以后,宗教与傣族政治权利制度交错、渗透,使得宗教礼仪和制度中出现了许多政治特权,在政治生活中又大量贯穿了宗教因素,这样的制度安排又使得傣族社会土司占据了宗教方面的特权,比如"召片领"被称为"至尊佛主",只有他才能当"波约",也即"枯巴"(傣族社会最高级别的佛爷)之父,只有高级别的佛教僧侣才能与土司对话。傣族法律制度还规定了日常生活中的礼仪、规程,下级土司或百姓见土司有一套严格的礼仪制度。《百夷传》中记录:"百夷即麓川平缅也,地在云南之西南,东接景东府,东南接车里,南至八百媳妇,西南至缅国,西连夏里,西北连西天古刺,北接西番,东北接永昌,今百字或作伯、僰,皆非也……虽贵为把事、叨孟,见宣慰莫敢仰视,凡有问对,则膝行以前,三步一拜,退亦如之,贱见贵、少见长皆然;侍贵人之侧,或过其前,必躬身而趋。"①见宣慰时尽管是贵为叨孟也不敢仰视,凡有答对,则膝行以前,三步一拜,退亦如之。何况是百姓见土司。各级土司任职都有一套严格的程序和礼仪。傣族社会不同等级社会成员有着不同的身份、礼仪、生活规定,土司在打扮、出行、礼仪等方面都有很高的特权。如前所述,元明清时期的傣族社会成员以乘象为贵,乘象出行也有一套专门的礼仪、规程。又据《百夷传》:"其下称宣慰曰昭,犹中国称主人也;其官属叨孟、昭录、昭纲之类,总率有差……无仓廪之积,无租赋之输,每年于秋冬收成后,遣亲信往各甸,计房屋征金银,谓之取差发,每房一间输银一两或二三两,承行者象马

---

① 江应樑:《百夷传校注》,云南人民出版社 1980 年版,第 146、148 页。

从人动以千百计,恣其所用,而后输于公家。"①(按:此用《景泰志》所载,与江南本及《湖南文征》所载不尽相同。)明代史料记载百夷习俗:"百夷,……其下称宣慰曰'昭',犹中国称'主人'也。……其近侍名'立者',亦领人户数百。皆听其使令,食其所赋,取之无制,用之无节。上下僭奢,……出入或象或马,从者塞途。俗以坐象为贵。"②明代《滇略》"称宣慰曰'昭',……贵者衣用伫丝绫锦,……出入乘象"。③《云南通志》记载百夷风俗:"其俗称'宣慰'曰'昭',犹中国称主人也。……凡一头目出行,则象马、兵戈及床凳、器皿、仆妾、财宝之类皆随以行,动辄数百人,随处宴乐,小民苦之。"④《天启滇志》载:"其俗称宣慰曰'昭',华言'主人'也。……贵者衣纻丝绫锦,以金花金钿饰之。以坐象为贵。"⑤清代史料记载:"僰夷,一名摆夷,又称百夷,……其俗……以坐象为贵,象首十数银镜为络,银铃、银钉为缘,象鞍三面以铁为栏,藉重捆,悬铜铃,象娜一人,铜帽花裳,坐鞍后,执长钩制象,为疾徐之节。"⑥在这里,傣族人民在社会生活中专门形成了一套以象为贵的身份等级制度。

元代开始在傣族地区设立土司制度,明代沿袭和发展了傣族

①　江应樑:《百夷传校注》,云南人民出版社 1980 年版,第 69—79 页。

②　(明)周季凤编修:《正德云南志》卷四一;转引自方国瑜主编:《云南史料丛刊》第 6 卷,云南大学出版社 2001 年版,第 478—479 页。

③　(明)谢肇淛:《滇略·卷九——夷略》);转引自方国瑜主编:《云南史料丛刊》第 6 卷,云南大学出版社 2000 年版,第 777—779 页。

④　(明)邹应龙修,李元阳纂:《云南通志》卷一六《僰夷风俗》;转引自方国瑜主编:《云南史料丛刊》第 6 卷,云南大学出版社 2000 年版,第 644—647 页。

⑤　(明)刘文征:《滇志》之《羁縻志·种人》;转引自方国瑜主编:《云南史料丛刊》第 7 卷,云南大学出版社 2001 年版,第 75—77 页。

⑥　(清)倪蜕纂录:《滇小记》;转引自方国瑜主编:《云南史料丛刊》第 11 卷,云南大学出版社 2001 年版,第 146—148 页。

地方的土司制度,清代更是在沿用明代土司制度的基础上,大大完善了土司制度,中央王朝详细规定了土司朝贡、接待、奖励、处罚等方面的内容,使傣族社会土司制度更加完善。同时,由于中央王朝土司制度的完善,从客观上更加巩固了傣族土司在傣族社会的政治、经济、文化特权。

二、维护傣族社会的政治秩序

元明清时期的傣族法律制度对规范社会政治生活的作用主要表现在五个方面。

(一)协调中央政府与土司政权之间的关系

元代在傣族地区设置土司制度,明清两代还对少数傣族土司制度进行了改土归流。明清两朝改革和完善了土司制度。明清时期中央王朝规定了土司进贡的方式、时期,土司承袭、委封,对土司召见的方式、接待的政治待遇,土司的品级,土司的奖励(主要是政治上),土司地方纳贡的情况(含免贡的制度),中央王朝对土司的处罚,与土司政权发生纠纷(特别是战争)后的处置。还规定了对于处在中央王朝与土司地方政权的中介层次的官员的管理制度。这些制度都规范了中央王朝与傣族土司政权之间的关系,确保了元明清时期的中央王朝与傣族土司政权之间较为正常的政治关系。

(二)加强土司对傣族人民的统治

元明清时期傣族法律制度中规定了土司统治体系中的等级制度,上级土司对下级土司的委封、奖惩,下级土司对上级土司的政治权利、义务,上下级土司和各级官员之间的行为规则、礼仪,各级官员之间的权利、义务关系,人民对各级官员的政治义务和礼仪,僧侣在政治生活中的地位、等级、权利、义务等。同时还规定了傣族与其他民族之间的关系。傣族法律制度通过对傣族社会政治关系中诸多方面内容的规定,规范了傣族社会在土司统治下的政治生活秩序。另外,中央王朝对于土司的委封、认可,确认了土司在中央王朝政治统治体系中的合法性,从一定程度上加强和巩固了土司对于傣族社会内部的政治统治。

(三)维护傣族社会生活秩序

元明清时期的傣族法律制度规定了傣族社会人民之间的社会关系,规定了人们之间的婚姻家庭关系制度,规范傣族人民的日常社会生活,有利于维护傣族社会政治秩序。元明清时期的傣族法律制度涉及傣族社会生活中的婚姻家庭结构,家庭中的男女地位,男女生产、生活的权利义务。傣族法律还规定家庭中的财产制度及债权、债务制度。家庭是社会有机体的基本单位。只有在家庭关系稳定、有序的状态下,社会生活才能有序。另外,傣族法律规定了人们之间的各种民事法律关系的处理,它涉及傣族人民民间生活中的各个方面,这些法律规定有利于保持傣族民间的正常社会关系、维护社会生活。

(四)维护傣族社会的等级特权

元明清时期傣族法律制度规定了傣族社会成员不同的等级特权。20世纪50年代有关傣族社会的调查资料显示,历史上的傣族社会成员分为几个等级,在车里地区,召片领的近亲属可以受封为各勐的召勐。德宏的宣慰使等土司近亲属都有相应的权力,如代办、印太、护印等职位均是正印土司的近亲属担任。他们在土司政治统治体系中处于至关重要的地位。正印土司更是境内至尊无上的主宰。滚很召这个等级包括领图、冒宰、滚乃、朗目乃(朗目乃又包括孟麻、孟奥、孟贺)。他们原来都是领主的仆从或家奴，分出建寨以后大部分由"隶农"变为"农奴"。傣勐，是已经变为农奴的傣族农村公社社员。如前所述，西双版纳封建领主将景洪坝子89寨傣民，划分为六个等级。

孟，召片领的血亲，政治地位最高。翁，召片领的家臣。"鲁郎道叭"，波郎的亲戚，因为翁级的人才能担任波郎，这一等级的人地位也较高。傣勐，又称"滚本勐"，本地傣民来得最早的人，占有较多的土地。"傣领图"，又称"滚领图"。"卡召"，又称"卡很"，召片领的奴隶，他(她)们大多是战争的俘虏或赦免死罪的"罪犯"专供召片领及孟这一等人使唤。六等人地位从高到低。三至六等都从事生产劳动，只是负担轻重和种类不同。① 当然，各地对不同等级的称呼不尽相同，但政治上的等级划分大体是一致的。各地对不同等级的社会成员的称呼不同，但等级最高的是土司及其近亲属，等级最低的通常是那些家奴。明代以来，由于阶级进一步分化，傣族社会的贫富差距加大，法律上的与之相应的贫富等级制度内容也凸现了出来。在傣族社会中，社会成员之间通常实行严格的等级婚，下级成员要与上面等级社会成员婚配，需要赔偿一定的"买等级银"。政治上的权利、义务也因等级不同而有差异，官员的设置也严格按照等级来安排，绝不能混淆。中央王朝也

---

① 参见民族问题五种丛书，中国少数民族社会历史调查资料丛刊：云南省编辑委员会编：《傣族社会历史调查(西双版纳之四)》，云南民族出版社1983年版，第76、77页。

认可傣族社会的等级特权制。中央王朝规定,傣族土司兄弟中有能力较强的,可以由中央王朝委以一定的官职,但必须低于正印土司的品级和职位,它一方面缓解了土司亲属内部因争权夺利引发的矛盾冲突,另一方面又巩固了土司的统治,强化了土司统治下的等级制度。

另外,明清时期的傣族法律制度还规定了傣族社会的宗教制度。规定了佛教与政治的关系,确立了佛教僧侣的等级制度,规范了佛教与傣族人民生活之间的关系,从而维护了傣族社会成员中的僧侣等级制度。明代以来,随着生产力发展,社会阶级分化的加剧,傣族社会生活中的贫富状况进一步分化,为此,傣族法律制度专门规范了不同经济状况的社会成员的等级特权制度。

三、维护傣族社会经济生活秩序

元明清时期的傣族法律制度对于规范傣族社会经济生活方面的作用主要表现在如下几点。

(一)规范傣族社会的土地所有制

如前所述,元至明代是傣族封建领主制社会形态的形成时期,傣族土司之间的战争目的已由原先的争夺人口转变为土地兼并。傣族社会土司政权之间就是在这一阶段通过激烈的政治运动,尤其是兼并战争建立起封建领主制的土地制度。土地是傣族封建领主制社会最重要的生产要素之一。土地所有制对于社会经济的发展以及上层建筑的构建都有着重大的决定作用。土地制度是法律的重要内容,它规定了各社会阶层的土地所有权、使用权、收益权和处分权。它是有关政府、公民的重要法律规范,因此,土地制度的变化,本身就是法律制度变迁的一个重要组成部分。另一方面,元明清时期,傣族社会土地制度的变化导致了政治上层建筑的发展变化。政治上层建筑的发展变化又在多方面引发傣族法律制度的变迁和发展。明代以后,傣族社会的封建领主制形态建立起来,法律制度中规定了土司是他(她)的管辖范围内最大的土地所有者。农民(农奴)只有土地使用权,并因为使用土地而出负担是天经地义的事情。各级政治官员有不同的土地使用权和不同的经济义务。在政治体系中,级别越高,权力越大,负担越轻;反之,则权力越小,负担越重。傣族社会的土地形式是封建领主制条件下的土地形式。如前所述,在西双版纳,土地的形式有:①领主直接占有的土地。它包括宣慰使直接管理经营的土地,由农民以无偿劳役形式代耕,或者以交"官租"的方式向召片领交租;土司田由土司直接经营所有,与召片领田经营状况差不多;波郎头人等的薪俸田,作为替召片领或召勐工作、服务的报酬,他们经营时无须出负担。②村寨公有的土地。被称为"寨公田"或"纳曼",在"傣勐"村寨中最多,寨公田以一定形式上的原始公有制存在于"傣勐"寨中,由头人或族长管理,全寨人共同使用,共同分配,一般每年要重新分配一次,有的地方甚至形成表面上的长期占有和"世袭"现象,但这种土地是不能以任何形式交易的,"世袭"也只是本户人内,而不能过户。表面看,这种村寨所有的土地所有制的田产并不直接向土司交纳地租,但是农民对土司有许多种类的负担。③"私田"。被傣族称为"纳很"或"纳哈滚",意思是自己的"家族田"或自己的田。这些地是在田边地角开荒出来的,按例,三年内不交租,满三年须向村寨交租,满五年即收归公有。④宗教土地。有的地方还有一些宗教土地,其收入作为宗教活动费用。明清时期,傣族土地制度发生了变化。在此期间,由于傣族社会多种因素作用,社会内部阶级分化进一步加快,地主土地所有制经济开始影响到傣族社会,因而清末的傣族法律制度中开始出现了极少数的关于封建地主制经济因素的内容。在德宏地区,封建领主土地所有制由于历史原因已经有所变动,各个土司都是自己境土范围内的最高土地所有者,农民在表面上可能占有和使用领主的土地,但不能有土地私有权,农民使用土地要向领主交纳"官租"和负担一切苛派、杂役,而且由于历史上德宏傣族地方形成了大小各不隶属的土司地方政权,其地方土地为领主直接占有的情况更真实突出。在德宏地区,由于高利贷的剥削、阶级分化加剧等原因,社会上已经开始出现一些私有土地兼并、集中和商品化的现象,地主经济开始出现,不过领主土地所有制仍占主导。而在明清时期的元江、新平等改土归流较早,受汉文化影响较深,社会发展程度较快的傣族地方,地主经济已经占支配地位了。这些情况,在20世纪50年代的傣族社会历史调查资料中有大量的说明。土地是封建领主制社会中最重要的生产资料。它的占有和使用状况决定着傣族人民生活的方方面面。在傣族社会,土司享有土地所有权和支配权。土司将土地分封给下级土司和各级官员管理和使用,农民使用土地因而必然有负担。这就形成了傣族社会的围绕土地的占有、支配、管理和使用而产生的一系列权利、义务关系制度。傣族法律制度通过规定傣族社会成员的经济权利和义务关系来规范傣族社会的经济生活。

(二)规范傣族人民的生产活动

在傣族社会,男女分工不同,"男贵女贱,虽小民视其妻如奴仆,耕织贸易差徭之类皆系之。"在德宏地区,"一切工作皆由妇女为之,辅以战争所获之俘虏而已","其俗男子尽武士,除战争、狩猎、养马之外,不作他事。"①傣族法律制度中明确规定了傣族男女在生产、生活中的地位和职责。日常生产中的绝大部分工作都是由妇女承担,在日常的经济活动中,基本生产、生活品的交易也是由妇女完成,傣族的交易活动早上是妇女,下午是男子,男子的交易不是为了日常的生产、生活。李京《云南志略》曰:"金齿百夷,……交易五日一集。旦则妇人为市,日中男子为市,以毡、布、茶、盐互相贸易。"②《百夷传》中介绍"其俗,男贵女贱,虽小民视其妻如奴仆,耕织贸易差徭之类皆系之;非疾病,虽老不得少息。凡生子,贵者以水浴于家,贱者则浴于河,三日后以子授其夫,耕织自若。头目有妻百数,婢亦数百人,少者不下数十,虽庶民亦有十数妻者;无妻妾之分,无嫉妒之嫌"③。可见傣族妇女地位较低,由妇女完成日常生产、生活的工作和劳务,而在明代以前男人是基本不承担家务和生产工作的。同时,傣族法律制度还规定了傣族社会基本的家庭结构模式、劳动力分配方式。这种规定在后期的傣族社会中有多方面的积极作用。明代后期由于生产力发展,生产关系发生了变革,生产的发展对于单个家庭劳动力的需求激增,单靠妇女的劳动难以适应生产力的要求,这时候傣族婚姻家庭关系的一些规定能够有效地缓解这对矛盾。例如婚姻制度中的从妻居和入赘婚等方式。通过这些规定,解决了一些只有女儿,缺少劳动力的家庭的生产需要,规范了傣族社会的生产活动。另外,傣族法律制度还规定了各等级的社会成员对于土司官僚

---

① [意]马可·波罗:《马可·波罗行纪》,冯承钧译,商务印书馆1935年版,第119章《金齿州》。

② (明)李思聪:《百夷传》,据《函芬楼说郛》卷三六,说郛本。

③ 参见《百夷传》,按:此与《景泰志》所载,与江南本及《湖南文征》所载不尽相同。

体系的相应的劳役义务、经济负担,确保了土司政治体系的正常的经济生活。

（三）规范傣族社会的财产关系

在元至明代早期,由于傣族居住地自然条件较好,生存容易,因而傣族社会在阶级分化加剧前（明代中期以前）,人们之间的贫富差距不大。这种状况一方面使得傣族普通百姓家庭都有一定的财产;另一方面,又由于傣族社会生产力发展阶段较为落后,傣族百姓家庭中的财产相对简单。在傣族生活中法律规定了傣族家庭的男女双方各自的财产权,离婚的财产处分制度,家庭财产继承制度,民事关系中的借贷制度,刑事关系中的以赎代刑罚制度,侵犯财产权的处罚制度等内容。

明代中期后,随着社会生产力的发展,阶级分化的进一步加剧;随着社会财富的进一步积累,外来文化的进一步渗透和与傣族传统文化的交流,傣族社会成员的财富意识发生了变化,社会成员分化为按照占据财富多寡不同而拥有法律规定的不同权利和地位,形成不同社会等级。这时候,对于维护统治阶级所需要的财富关系也就成为统治阶级法律制度的重点功能和作用,这一时期的傣族各种法律制度中有许多规范都是致力于维护社会财产身份等级制度和保障财产关系,特别是刑事法律制度的作用极其明显。据万历《云南通志》所载:"其刑法三条:杀人者死,犯奸者死,偷盗者全家处死,为贼者一村皆死。"①后来的《（天启）滇志》记载:"其法,杀人与奸者皆死,窃盗一家皆死,为寇盗一村皆死,

---

① 　（明）邹应龙修,李元阳纂:《云南通志》卷一六《僰夷风俗》;转引自方国瑜主编:《云南史料丛刊》第6卷,云南大学出版社2000年版,第645页。

道不拾遗。"①《滇小记》中也记载:"其法:杀人与奸者,皆死;窃盗,一家皆死;为寇,一村皆死;道不拾遗。"②可见,傣族社会在明代中期以后,统治阶级大大加强了对于侵犯财产关系的犯罪的处罚,以此来维护傣族社会的财产身份等级制度。因此,正是傣族社会的各种法律制度有力地规范着傣族社会成员之间的财产关系。

四、维护傣族社会文化生活秩序

傣族法律制度从几个方面规范着傣族人民的文化、社会生活。

(一)维护傣族社会中男性特权

1. 规定了男性生产、生活特权。前面多处引用《百夷传》载:关于傣族社会"男贵女贱"的记载已很具体,此处不再赘述。另外根据近代调查资料,在德宏地区,妇女社会地位较低,男人认为妇女是生小孩管家务的,不能掌握经济。男人集会跳舞,妇女不能参加,妇女不能打击乐器,在公共场合,男人说话,妇女(老大妈例外)不能插嘴,妇女没有继承父母财产的权利。③ 据西双版纳傣族婚姻习俗调查资料,男女社会地位不平等表现在各个方面。在生活上,吃饭时,男人先吃,女人后吃。男女衣服分开洗,分开晒,睡觉时,男人先上床,女人后上床。对已婚女子进行家教,要求她爱

---

① (明)刘文征:《滇志》之《羁縻志·种人》;转引自方国瑜主编:《云南史料丛刊》第7卷,云南大学出版社2001年版,第76页

② (清)倪蜕纂录:《滇小记》;转引自方国瑜主编:《云南史料丛刊》第11卷,云南大学出版社2001年版,第147页。

③ 参见民族问题五种丛书,中国少数民族社会历史调查资料丛刊:云南省编辑委员会编:《德宏傣族社会历史调查(二)》,云南人民出版社1984年版,第136页。

护自己的亲人,别再和小伙子接近,以免引起丈夫疑心。对待丈夫要耐心,煮饭做菜,盐巴要调匀;说话要轻声,走路丈夫先起身,妻子要在后面跟;男人先入座,妻子方下座;用餐男人先拈三筷菜,妻子才能跟着拈;同一条河沐浴,男人在上游,女人在下游,夫妻睡觉时不能同男人平头起睡;妇女的枕头、枕垫要比男人的枕垫低四寸。在勐醒(普文)城子,还保留着入睡时,妻子必须用自己的头发,扫一扫丈夫的脚底板才上床入睡的习惯,表明妻子的地位低于丈夫。① 这些历史文献资料有力地反映了傣族社会的性别等级制度,规定了男尊女卑的生产和家庭生活中的男女地位,规定了傣族社会的男女权利义务关系,从而规范了傣族社会男女关系和家庭生活,规范了社会生产过程和性别分工,突出了男性身份特权。

2. 规定了男性学习文化的特权。在元代时,傣族没有文字。到了明代,傣族社会出现了文字。尽管佛教的传入与傣族文字的出现没有必然的直接关系,但是在明清时代的傣族社会,佛教是传播傣族文化的重要途径和方式。佛教经文中有许多教人做人、做事的内容,傣族人民学习傣文也主要是在佛寺生活中完成的。根据20世纪50年代的调查资料文献,其中记载了大量傣族社会生产、生活习俗。从傣族习俗看,在傣族社会,进佛寺当和尚是男人的人生必经重要阶段,女人则无权分享,因而傣族社会中学习文化就变成了男性的特权。

---

① 参见民族问题五种丛书,中国少数民族社会历史调查资料丛刊:云南省编辑委员会编:《西双版纳傣族社会历史综合调查之(二)》,云南民族出版社1984年版,第130、131页。

（二）规范傣族社会的婚姻关系

傣族法律制度规定了傣族社会中男女恋爱、订婚、结婚、婚后生活以及离婚等方面的制度。婚姻家庭是社会有机体的细胞，只有婚姻家庭稳定，社会生活秩序才会稳定。婚姻家庭关系状况决定着社会生活的状况。傣族法律制度通过规范人们婚姻家庭关系来维护社会生活的正常运行。元明时期傣族社会一夫多妻制较为普遍，据《百夷传》载："头目有妻百数，婢亦数百人，少者不下数十，虽庶民亦有十数妻者；无妻妾之分，无嫉妒之嫌。"①《云南通志》卷一六记载百夷风俗："头目有妻百数，婢亦数百人，少者数十，虽庶民亦有十数妻者，妻妾无嫉妒之嫌。"②《滇志》记载："头目之妻百数，婢亦数百人，少者数十，庶民亦数十妻，无妒忌之嫌。旧俗不重处女，如江汉游女之习，及笄始禁足，今则此俗渐革矣。"③《滇略》载百夷："头目有妻百数，婢亦数百人，少者不下数十，虽庶民亦有十数者。无妻妾之分，无嫉妒之嫌。"④清《滇小记》载："僰夷，一名摆夷，又称百夷，夷音无正字也……头目妻以百数，婢乃数百，庶民亦数十妻，无妒忌之嫌。旧俗不重处女，今已革矣……此大百夷之风俗如此……盖习车里之俗。"⑤

---

① 按：此用《景泰志》所载《百夷传》，与江南本及《湖南文征》所载不尽相同。

② （明）邹应龙修，李元阳纂：《云南通志》卷一六《僰夷风俗》；转引自方国瑜主编：《云南史料丛刊》第 6 卷，云南大学出版社 2000 年版，第 644—645 页。

③ （明）刘文征：《滇志》之《羁縻志·种人》；转引自方国瑜主编：《云南史料丛刊》第 7 卷，云南大学出版社 2001 年版，第 75—77 页。

④ （明）谢肇淛：《滇略》卷九《夷略》；转引自方国瑜主编：《云南史料丛刊》第 6 卷，云南大学出版社 1998 年版，第 777—779 页。

⑤ （清）倪蜕纂录：《滇小记》；转引自方国瑜主编：《云南史料丛刊》第 11 卷，云南大学出版社 2001 年版，第 146—148 页。

这些历史资料记载和反映了从元末到清代早期傣族婚姻关系状况,它说明在傣族社会中直到明末清初,从富人到庶民之中一夫多妻制很普遍。清代中期以后,由于傣族与内地各民族人民的各种形式交往已经十分频繁,随着生产力的发展,生产关系的变革和社会机制的变化,随着外来婚姻制度和文化影响的深入,傣族社会的一夫多妻制婚姻制度逐步发生了变迁,特别是清末、民国时期,傣族社会的婚姻关系制度已经变为一夫一妻制为主,一夫多妻制主要是存在于达官贵人群体内部,并且多妻之间的地位和权利、义务也都不再平等,不再是"无妻妾之分,无嫉妒之嫌",而且,正妻有很高的地位和享受更多的家庭权利,次妻承担更多的家庭义务,反而没有多少权利。如在近代芒市,傣族少女"婚姻对象的寻定,是'小菩少'们精神上相当大的负担。一般群众的女儿并不愿意嫁给官家,因嫁给官家固定是做小老婆的(丈夫娶官家的姑娘即使结婚在后也是正室),而且受气遭冷遇,挨打挨骂,与丫头一样干活,听丈夫和大老婆的使唤。还不准与其同桌吃饭。连所生的小孩也低人一等,大老婆的孩子即使年纪小,也还是得尊称为哥哥姐姐。"①虽然元明清时期的傣族社会婚姻关系制度不同,一些重要的制度规范发生了重大变迁,但是纵观这个长时间的历史时期,傣族婚姻法律制度有一个共同的功能和作用,就是有力地确定了傣族社会成员的婚姻家庭权利、义务,规范了傣族社会成员的各种婚姻关系,从而维护了傣族社会生活秩序。

---

① 民族问题五种丛书,中国少数民族社会历史调查资料丛刊:云南省编辑委员会编:《德宏傣族社会历史调查(一)》,云南人民出版社 1984 年版,第 37 页。

（三）维护傣族社会风俗

特定民族日常生活中总是有着特定的民族生活细节的各种规定,这些生活起居和人际交往方面的礼仪规定在维护傣族社会成员的日常生活秩序中有着非常重要的作用。

首先,傣族法律制度规范了人们的丧葬形式。在明朝时按李思聪《百夷传》记载:"百夷即麓川平缅也,……父母亡,不用僧道,祭则用妇人祝于尸前,诸亲戚邻人各持酒物于丧家,聚少年百数人,饮酒作乐,歌舞达旦,谓之娱尸;妇人群聚击碓杵为戏,数日而后葬;葬则亲者一人持火及刀前导,送至葬所,以板数片如马槽之状瘗之,其人平生所用器皿盔甲戈盾之类,坏之以悬于墓侧,而自去后绝无祭扫之礼也;又有死三日之后,命女巫剁生祭送,谓遣之远去,不便复还家也,民家无祀先奉佛者。"①人总有生老病死的过程,人死后的如何处理是人类每一个群体都必须面对和解决好的问题,因而丧葬活动是特定社会极其重要的生活礼仪规程。从《百夷传》和明清很多历史资料的记载来看,元明乃至清代早期傣族法律制度中丧葬礼仪是很具有民族特点的。

其次,傣族法律制度规定了傣族社会生活中的各种礼仪规程。包括上下级官员之间,不同等级之间,贫富不同的社会成员之间,男女之间,佛教人士与非佛教人士之间,百姓之间,不同民族的人民之间。按李思聪《百夷传》记载:"百夷即麓川平缅也……上下僭奢,虽微名薄职,辄系鈒花金银宝带。官民皆用笋壳为帽,以金银等宝为高顶,如宝塔状,上悬小金铃,遍插翠花翎毛之类,后垂红

---

① 引自江应樑:《百夷传校注》,云南人民出版社1980年版,第146—148页。

缨。贵者衣用纻丝绫锦,以金花金钿饰之。出入或象或马,从者塞途,俗以坐象为贵,以银镜十数为络,银铃银钉为缘,鞍三面以铁为阑,漆以丹,籍以重茵,悬以铜铃,鞍后奴一人,铜帽花裳,执长钩为疾徐之节,招摇于道,自以为贵。其相见有合掌之拜,屈膝之跪,而无端肃拱揖之礼,长于己者则跪之,有所言则叩头受之,虽贵为把事、叨孟,见宣慰莫敢仰视,凡有问对,则膝行以前,三步一拜,退亦如之,贱见贵、少见长皆然;侍贵人之侧,或过其前,必躬身而趋。筵宴则贵人上坐,僚属厮役则坐于下,有客十人,则令十人举杯,人行一客之酒;……其俗,男贵女贱,虽小民视其妻如奴仆,耕织贸易差徭之类皆系之;非疾病,虽老不得少息。凡生子,贵者以水浴于家,贱者则浴于河,三日后以子授其夫,耕织自若。头目有妻百数,婢亦数百人,少者不下数十,虽庶民亦有十数妻者;无妻妾之分,无嫉妒之嫌。"①《百夷传》记载的情况涉及傣族社会生活中的会客、宴请、出行等多方面人际交往中的生活细节,傣族法律制度通过规定人们之间的生活、行为方式、仪表等方面的细节来规范傣族人民的生活。

---

① 引自江应樑:《百夷传校注》,云南人民出版社 1980 年版,第 146—148页。

第十章　元明清时期傣族法律制度变迁对当代傣族地区法治建设的启示

正如前面的分析所述,元明清时期是傣族历史上非常重要的历史阶段,在元明清时期傣族社会政治完全被纳入中央王朝统治之下,由于傣族地区与中央王朝在政治上相互关系的变化,经济上的发展,导致了文化制度方面的各种变迁。傣族传统法律制度是傣族文化的重要载体和表现,在传统傣族社会生活中有着其他要素不可替代的作用,它规范着傣族传统社会中的政治、经济、社会生活和文化行为,是维持和调节傣族传统社会的重要行为规范。文化具有历史继承性,傣族社会的传统法律制度文化延续到当代傣族社会文化结构中,通过各种渠道影响和支配着傣族现代社会的各种行为和意识。本章重点探讨傣族传统法律制度文化在当代傣族社会中对立法、政治、司法和法律制度意识的启示。

一、对当代傣族自治地方立法的启示

依法治国是当代中国国家政治生活的基本要求,是中国特色社会主义民主政治的本质体现。民族问题的法治化,民族自治地方社会生活法治化是解决民族问题的根本办法,是构建和谐民族关系、打造和谐社会的重要途径。而加大民族问题的立法是民族问题法治化的重要措施和条件。

（一）对傣族自治地方立法价值方面的启示

1. 立法必须结合地方经济、社会和文化的发展程度因素。多民族国家的法制体系是丰富多彩的。民族地方立法是我国民族法制的重要内容和立法领域。包括自治条例、单行条例、政府规章、变通办法等形式的少数民族地区的自治立法是我国法制的重要环节。少数民族地方自治立法是否科学、合理，关系到国家法制的科学性、适应性和少数民族地方能否顺利实现法治化目标。从傣族地方的传统法律制度变迁历史来看，一项民族地方的立法能否真正解决社会问题，促进社会发展，关键是看这项立法是否结合了地方经济、政治和文化的实际。元明清时期的傣族法律制度几乎自成体系，中央王朝的法律制度主要只是在对土司的管理方面发生作用，而平时傣族社会的日常社会关系的维护，社会成员行为的规范几乎完全是适用傣族法律制度。到了清代乾隆年间，中央王朝曾经试图在傣族社会内部实行国家法制，最终还是没有完全实现这一法治目标。今天的傣族地区，各种传统因素在社会生活中还有很大的影响和作用。因此，当前的傣族地方立法必须基于傣族社会的经济、社会和文化发展的现实，这样产生的立法才可能具有更大的生命力和可操作性。

2. 立法精神要坚持和则共赢、乱则民族受困。元明清时期的中央王朝与傣族社会的关系，总体来说还是好的，但也出现过波折。比如，明代中央王朝与傣族土司之间的部分战争就是由于云南行省的一些官员的不正常政治行为导致的。这导致中央王朝对于地方政权的不信任，地方社会动荡，发展受阻。从明代以来的中央王朝与傣族的政治关系中我们可以发现一个倾向,少数民族与中央王朝的关系和谐时,国家发展,民族团结,社会进步。当这种关系混乱时,往往少数民族地区经济、社会发展受阻,人民受困。行政制度立法必然促进中华民族统一价值观趋于强化。所以,当我们在处理中央政府与少数民族地方自治政权这对对立统一的矛盾关系时,一定要坚持正确的民族工作路线,实施正确的民族工作政策,依靠科学的民族法律制度,才能使民族关系和谐发展,国家民族政治稳定,实现各民族团结、共同繁荣的目标。

3. 立法必须具有前瞻性。从元明清时期的傣族法律制度的结构看,傣族商品经济法律制度显得更加简单,传统商品经济法律制度的发展阶段明显偏低,在元明时期甚至清代,傣族社会关于商品经济的法律制度规范中还有大量的习惯法内容。这些都与傣族社会的商品经济在历史上不够发达,以农耕、纺织为主的生产方式有关。元代李京《云南志略》曰:"金齿百夷,⋯⋯交易五日一集。且则妇人为市,日中男子为市,以毡、布、茶、盐互相贸易。"①从其中"且则妇人为市,日中男子为市"来看,这些地方的傣族成员商品交易早上和下午分别为女人和男人的交易,结合傣族社会的日常生产和家务都是由妇女完成,可以认定傣族社会此时的商品交易还处于一种由习惯法调整的低级阶段。

《马可·波罗行纪》中,百夷是"一切工作,皆由妇女为之,辅以战争所获之俘奴而已。⋯⋯其货币用金,然亦用海贝,⋯⋯商人携多银至此易金,而获大利。⋯⋯其人无偶像,亦无庙宇,惟崇拜其族之元祖,⋯⋯彼等无字母,亦无文字;⋯⋯土人缔约,取一木杖,或方或圆,中分为二,各刻画二三符记于上,每方各执一片,负

---

① (明)李思聪:《百夷传》,据《函芬楼说郛》卷三六,说郛本。

债人偿还债务后,则将债权人手中所执之半片收回"①。此处,描述的元代傣族社会商品交易无文字契约(今天的合同),而是刻木为约,刻木是在木杖之上"刻画二三符",这种情况有力说明傣族社会商品交易中的合同订立的过程和形式都是很简单的,不需要(或者也没有)专门的文字合同。这反映了元代傣族商品经济法律制度是习惯法形式的。

明代《四夷馆·百夷馆》载:"威远州,……元至元中,始置威远州,本朝因之,……交易无权量,但以小笋计多寡而量之。"②在这里我们可以看出,傣族社会直到明代前期,商品交易尚无标准的衡器,只是用一般的农用笋筐这类的物件衡量商品数量。这种交易的商品价值不可能很大,而且也不可能是非常贵重而体积小的商品,可以推测大部分是日常生活中的生产、生活用品。

明代朱孟震著《西南夷风土记》记载百夷地方习俗:"……皆曰'百夷'……交易:或五日一市,十日一市,惟孟密一日一小市,五日一大市,盖其地多宝藏,商贾辐辏,故物价常平。贸易多妇女,无升斗秤尺,度用手,量用笋,以四十两为一载,论两不论斤,故用等而不用秤。以铜为珠,如大豆,数而用之,若中国之使钱也……"③

这种情况明确指明傣族社会直到明代,商品交换中的度量过程是非常简单和粗糙的,还没有标准衡器,很多时候是"度用手"。

---

① 〔意〕马可·波罗:《马可·波罗行纪》,冯承钧译,商务印书馆1935年版,第119章《金齿州》。

② (明)王宗载:《四夷馆·百夷馆》;转引自方国瑜编:《云南史料丛刊》第6卷,云南大学出版社2001年版,第461页。

③ (明)朱孟震:《西南夷风土记》;转引自方国瑜编:《云南史料丛刊》第5卷,云南大学出版社1998年版,第492页。

由于傣族社会历史上平时主要的劳作都是由妇女承担,商品交易过程也是多由妇女完成,结合傣族历史上的家庭体制是妇女地位较低,可以判断傣族普遍社会生活中的商品交易主要还是限于家庭基本经济生活之目的和领域。

由此可见,尽管傣族聚居区域部分地方最早从汉代开始就是内地通往国外的重要商业通道,由于傣族社会商品经济发展较晚,加之傣族传统上主要是凭借农业耕种、纺织为生,因而直到元明时期傣族社会的商品经济发展程度还是非常有限的,处于较低级阶段。傣族商品经济法律制度还是极其简单的。直到清代,《滇海虞衡志》载:"僰道,……僰夷一名摆夷,又称白夷,盖声近而讹也。……无中国文字,小事则刻竹木为契,如期不爽;大事书缅字为檄,无文案。"①习惯法形式的合同订立法律制度还在普遍适用。

近些年来中国主流社会正在积极改革经济体制,建立和完善社会主义市场经济体制。这就使得傣族社会在向市场经济体制转化的过程中,可能还会有一定范围的社会动荡。原因是,首先,傣族地区经济、社会的发展程度较之中国主流社会,特别是沿海发达地区的经济、社会发展差距较大。现代化是一个傣族地区必须经历的过程,目前,发达地区的现代化程度较高,傣族地区还要经历比发达地区更长和更为艰巨的现代化历程。其次,傣族地区的现代工业和技术条件较落后,对于傣族地区的社会现代化和经济市场化都会产生强大的负面影响。再次,由于傣族地区的市场经济发展较为落后,起步较晚,社会成员市场经济意识不够科学、理性,加之传统文化中的商品经济法律制度本身就简单、原始,会形成一

---

① (清)檀萃辑:《滇海虞衡志》,卷一三;转引自方国瑜主编:《云南史料丛刊》第11卷,云南大学出版社2001年版,第232—234页。

种不利于市场经济发展的传统文化环境,这种传统文化环境对于市场经济的发展可能会在一些方面形成制约和阻力。很多少数民族地区在市场化的过程中,社会生活和意识出现了一定程度的动荡,这种情况会不会在傣族社会重复是值得研究的问题。因此,现阶段的立法活动必须既要尊重傣族社会客观情况,又要考虑傣族社会发展的前景和规律,把握好立法的科学性和前瞻性问题。

(二)中央立法机关的民族立法理论参考

在当代中国,由于单一制的国家结构形式,党在国家政治体制中的核心地位,中央权力与地方权力关系中以中央权力为重,这些都使得中央权力机关的权力占绝对优势,中央权力机关的立法活动成为国家法治中的决定性的立法内容。这种立法体系和权力关系是统一的多民族国家意识在政治权力和立法权力划分中的体现。但是,多民族国家的立法工作除了考虑立法的完整性和统一性外,立法的多样性和特殊适应性也是国家法制在民族地区得以有效实施的重要思路。

当前,我国以宪法中的民族法律规范为渊源,以民族区域自治法为核心,包括国家基本法制中的民族法律规范内容,国务院制定的法律和部门规章、地方性法律法规中的民族立法内容,以及民族地区制定的自治条例、单行条例和变通办法等,形成了中国特色社会主义民族法律制度的体系。这是解决民族问题,调整民族关系的法律依据。由于各民族的文化特殊性、多样性,社会发展的阶段性,以及少数民族自治立法的状况的丰富性、多样性,中央权力机关对于少数民族关系的立法活动还必须进一步加强。从傣族传统法律制度变化的历史进程来看,中央权力机关在针对少数民族的立法中必须根据民族地区社会生产力发展水平,根据生产关系的要求来制定和完善民族法律制度。在这个过程中,中央权力机关还必须尊重和结合少数民族地区的文化特点,特别是充分尊重和合理吸收少数民族传统法律制度中的积极因素、合理因素。在立法活动中必须在维护国家政治稳定、民族和谐发展的基础上,积极考虑民族立法在少数民族地区的适应性,这样才能为少数民族地区发展提供法制支持。

二、对培育傣族成员社会主义公民法律意识方面的启示

国家社会生活的法治化是一个包括立法、司法和法治意识建立的系统工程。公民法治意识的培育和改善是国家社会生活法治化的重要内容。对于少数民族地区来说,法治化的问题有其特殊性。从傣族法律制度的历史变迁线索来看,少数民族地区法治化的特殊性除了前面所述的民族地区的立法特殊性之外,在民族地区公民的现代法治意识的培育过程中,有几个方面是需要注意的。

傣族传统法律制度文化中有一些因素和价值在今天的经济、社会发展,在民族文化的保护中,在维护民族关系和谐、民族政治稳定中,是有价值的,是我们在公民法治意识培育和改善过程中应该充分运用和吸收的。

我们知道,一个民族的传统法律制度是曾经在历史上作为本民族社会成员行为规范的,调整本民族社会关系的制度。在现代社会来说,这种制度表现为一种极其重要的制度文化,在各种社会生活中会强烈地表现出来,影响着人们的行为。民族公民的法制意识就是一种文化、理念和心理,在少数民族法治意识的培育和改善过程中,这种作为文化要素的传统法律制度理念和价值甚至是

具体规范都会在一些适合的环境中有意无意地渗透和表现出来。换句话说,在少数民族地区的公民现代法治意识的培育和改善过程中,按照文化结构发展、变化的规律,文化结构具有历史继承性、相对独立性,对于社会生活有着多方面的功能。少数民族传统法律制度肯定要被民族地区的公民继承,肯定会影响着公民的法治意识的发展历程。那么,在公民的现代法治意识的培育过程中就不得不面对传统法律制度文化的影响。

(一)当代民族地区公民法治意识中的合理因素必须积极发掘。从一个具体民族来说,以傣族为例,傣族传统法律制度虽然不能与现代法律制度相比,但是,其中有一些因素是我们可以合理运用和发扬光大的。这些因素对于今天的傣族社会的经济、社会发展,维护民族地区政治稳定,民族关系和谐都有一定的价值。比如傣族的龙山不能砍,种植铁刀木用作日常生活的炭薪。这些是傣族人民在长期与自然生态环境的相互关系中形成的一套环境保护的意识。傣族历史上受佛教的影响,讲求人际关系的和谐,在社会关系中,一些刑事法律问题可以采用民事法律的方式处理,这种情况在一定程度上可以缓解社会矛盾,利用得好,有利于犯罪的人回归社会。在滇缅大道沿线的傣族人民长期参与商品交易,形成较为浓厚的商品经济意识,可以利用来在当代傣族地区推进市场机制的发展。傣族历史上不重宗族的祭祀,人死掩埋后,就不再祭扫。这种意识对于遏制今天的大兴修建坟墓之风,改善公民的依法治丧,改善丧葬制度和意识都有参考价值。

(二)公民传统法律文化消极因素的消解。事物总是辩证的,有利也就必然有弊。除了上述的方面之外,傣族传统法律制度中也有一些绝不能忽视的消极因素。这些因素在傣族传统法律制度中还并不少见。傣族几乎全民信教,宗教是人类某一群体在一定历史阶段上的文化现象,它的本质始终是不科学的,是与社会主义法治理念不一样的价值观。傣族历史上的许多法律制度规范都与宗教相关,都受到宗教的严重影响。傣族传统法律制度由于受原始宗教的影响,形成了许多神判制度内容,这些法律规范是在傣族社会生产力不发达、科学技术不发达、人类文明程度不高的情况下产生的法律现象,这些神判制度是绝对不科学的。傣族传统社会发展较晚,婚姻关系中直到明清时期一夫多妻制还很普遍。这种婚姻关系制度是现代社会一夫一妻制意识培育的不利因素。傣族明清时期的刑事法律制度中实行的对于偷、盗、寇行为的株连制,对于偷、盗、寇行为都处以死刑,而一些傣族刑事法律问题又采用民事法律处理,罚款了事,显然是不科学的。历史上虽然在与内地交往的交通要道沿线的傣族先民参与商品经济活动较早,但是由于傣族社会商品经济发展较晚,加之傣族传统上主要是凭借农业耕种、纺织为生,因而直到元明时期傣族社会的商品经济发展程度还是非常有限的,处于较低级阶段。傣族商品经济法律制度还是极其简单的。这会在今天的傣族地区市场经济的发展过程中产生一定的消极作用。傣族传统行政法律制度的土司是傣族地区的最高统治者,掌控着土司地区的立法、行政和司法大权,这种意识如果还被继承,肯定会对当代的傣族自治地方的自治机构与国家的政治关系产生不利影响。傣族传统法律制度中的诉讼制度较为简单,诉讼制度的证据规范中规定了许多能够作证和不能够作证的情形,不是以探寻法律事件的因果关系为目的制定的,很多内容是以道德和财富的状况来审定的。如《西双版纳傣族的封建法规和礼仪规程》在污辱妇女案件中,规定了八种人可以作证,十八种人不能作证。它规定忠实于佛的人,经常赎佛和施舍给穷人的人以及经常听经拜佛和学习道理的人是可以作证的。不可作证的十八种人中有许多是按道德标准和财富判断的,其中,贫苦的人、女人、会唱会跳的人都是不能作证的。还有如赌博的人,调戏妇女的人,喜欢别人受苦的人也不能作证。① 这种诉讼制度所形成的诉讼意识显然与现代的公民平等意识和科学的诉讼意识的培育是抵触的。这些都是培育少数民族公民现代法治意识可能的负面影响因素,必须采取有效的、科学的思路和办法积极应对在少数民族地区公民现代法治意识培育过程中可能出现的消极文化因素,通过制定科学的现代法律制度,培植和展现现代法律制度的优越性、科学性和民主性,利用现代科学的法治意识引导少数民族传统法律制度文化和意识的现代变迁。

三、对当代傣族自治地方司法实践的启示

元明清时期是一个历史阶段,在这一长时期的历史阶段中,中央王朝与傣族社会的关系基本是和谐的,在长时间的傣族与中央王朝的交往中,中央王朝和傣族社会都得到了不同程度的发展和进步。尽管傣族是一个民风较为朴实的少数民族,有时候由于傣族社会生产力的发展和社会形态的进步过程中的矛盾激化,或是由于中央王朝在傣族地区进行政治统治和政治管理的官员的非法行为和不正当的管理实践,使得傣族土司政治集团与中央王朝的关系几度出现重大的矛盾和冲突,甚至长时期的战争。明朝"三征麓川"事件就是很典型的例证。傣族土司政权与中央王朝的关

---

① 参见中国少数民族社会历史调查丛刊,民族问题五种丛书,云南省编辑委员会编:《傣族社会历史调查(西双版纳之三)》,云南民族出版社 1983 年版,第34—35 页。

系史,说明民族地方与中央政府之间同样是一对对立统一的矛盾关系。我们在当代处理中央政府与少数民族的政治、法律关系同样要看到这种关系的实质,承认矛盾,寻找统一,致力于创建和谐。傣族社会与中央王朝的关系历史实践的经验、教训可以为现代傣族政治合法化提供有益的借鉴。在傣族与中央王朝的关系史中,由于傣族经济发展的阶段性,土司政治的特殊性和傣民族自身的文化特点,在中央王朝实现在傣族地区的政治合法化的实践过程中,傣族社会的传统法律制度起着不可忽视的功能和作用。换句话说,中央王朝的政治统治和管理只能是通过傣族土司的政治统治和管理才能实现,傣族土司的政治统治和管理又必须通过具体的傣族传统法律制度来规范傣族社会成员的日常生活和行为,正是在利用傣族传统法律制度来规范傣族社会成员日常的各种行为和生活中,傣族土司的政治合法性才能得到认可,傣族社会政治稳定,社会生活有序,中央王朝在傣族社会的政治统治和政治管理的合法性才能得到真正的认可。所以,从傣族传统法律制度的角度来说,虽然它已经不再是今天的傣族地区人们必须遵守的法律制度体系,但是,它作为一种传统的、重要的政治文化必然要在傣族自治地方的立法、司法实践中,在公民的守法活动中发生着不可忽视的作用。因此,在推进民族自治地方的法治化进程中,必须以史为鉴,必须深入研究和尊重民族传统法律制度文化,认识到民族法律制度文化变迁的长期性和重要作用,在推进民族自治地方法治化的实践中,既要宏观规划少数民族的长远发展,引导少数民族着眼长远,融入主流社会,又要充分理解和尊重少数民族的经济、政治和历史文化实际,不能强制民族大跃进。只有这样才能真正构建多民族的和谐社会。

四、对当代傣族自治地方政治合法化的启示

政治统治和管理的合法性与公民政治文化有着密切的关系，少数民族地区的政治统治和政治管理的合法化与少数民族传统法律制度文化有着密切的关系。在当代傣族社会,政治合法化要求实现政治法治化,要求司法实践科学化和民主化,这些都受到傣族传统法律制度文化的影响。傣族传统文化与当代国家政治合法性之间的关系折射当代多民族国家的民族政治合法性的本质问题。

云南是多民族省份,有 8 个民族自治州和 29 个民族自治县。云南自治地方的稳定、发展是云南政治、经济、文化、社会生活的重要问题,也是关系到国家边疆地区稳定和发展的重要问题,是国家政治稳定和发展的重要课题。政治管理的合法性是关系到国家主权统一、领土完整、政治稳定和健康发展以及普通公民政治参与状况及效果的重要问题,也是关系到国家经济、社会科学发展的重要理论和实践问题。近两年,研究边疆民族自治地方的政治合法性问题显得迫切和重要。我国政治管理的合法性问题在民族地区具有一定的特殊性,民族自治地方的政治管理合法性受到多方面因素的影响和制约,在民族自治地方,包括传统法律制度在内的民族传统法律文化对于自治地方的政治管理的合法性都会产生不可忽视的影响。傣族是云南省一个典型的久居民族,又是一个新中国成立以来与中央政府关系比较和谐的边疆少数民族,研究傣族与中央政府的和谐历史、机制,可以为解决好其他民族问题提供一定的借鉴。云南有两个以傣族命名的自治州和多个以傣族命名的自治县。傣族自治地方的政治统治和政治管理的合法性与傣族自治地方传统法律文化之间有着特定的关系。在 20 世纪 90 年代,党

中央提出建设社会主义法治国家,实施依法治国方略。显然,这些
目标的实现都有必要推进民族问题法治化,有必要构建科学的、完
善的民族法制体系。政治参与和政治合法性有着密切关联,并且
与人们的政治文化有着密切的关系。政治合法性显然不是简单的
符合法律制度规定的问题,政治合法性的评判主体最终是社会成
员。社会成员对于政治合法性的认同和评判是离不开人们的社会
政治文化环境的,法律文化是政治文化中的至关重要的组成部
分,那么法律制度文化与政治合法性必然有着深刻的、密切的关
联。这些都使得研究傣族自治地方的政治合法性与传统法律文
化之间的密切关系显得更加重要。因此,这一问题的研究成果
有着包括民族地区政治、法律、经济、社会和文化领域的多方面
理论和实践价值。

在当代中国少数民族与中央政府的政治合法性关系中,傣族
是一个有着正面意义的较为典型的民族。新中国成立以来的几十
年中,傣族社会政治稳定,人民生活有序,民族团结。笔者以为可
能有这样几点原因是应该提及的。第一,傣族民风较为朴实,军事
法律制度简单,处于聚则如军、散则为民的军事战略、战术和管理
状态,傣族社会在新中国成立前一直没有建立一支常备军。第二,
傣族社会受到佛教精神的影响。虽然佛教的价值观并非是科学
的,但是佛教提倡社会关系和睦的精神被纳入傣族传统法律制度
中,对于消解社会冲突是有一定作用的。第三,傣族社会受到邻近
国家和民族的文化影响。这些国家大多是信仰佛教的民族,而且
傣族佛教就是通过这些国家和民族传入的。如前面《云南通志》
中就说缅国民事关系中"俗恶杀"。第四,傣族历史上没有形成过
一个完全统一的政权组织,历史上就是多个小国家,所以,元明清
时期的中央王朝对于傣族地方的统治都是把整个傣族地区划分成

多个互不隶属的土司政权区域,这种统治使得傣族土司政权难以形成能够与中央王朝相抗衡的政治力量。这个因素可能是多因素中的极为重要的因素。

结　语

　　由于诸多方面的原因，对《元明清时期的傣族法律制度及其机制》课题的研究不得不暂时画上一个句号。通过长时间的努力，笔者认为自己在《元明清时期的傣族法律制度及其机制研究》一书中有以下几个方面的创新与突破。

　　第一，首次从宏观角度整体分析和研究了元明清时期傣族社会法律制度的基本框架和内容。从元明清时期傣族的土司制度、社会等级制度、刑事法律制度、军事法律制度、财产权制度、婚姻家庭制度、丧葬制度、纠纷解决制度等八个方面，通过对傣族法律文献和大量历史资料进行整理、分析，基本理清了元明清时期傣族法律制度的面貌和变迁规律。

　　第二，运用现代法学理论对元明清时期的傣族法律制度进行分析、思考，并推进了对这一时期傣族法律制度系统的、深入的研究。运用现代法学理论和基本分类方法对元明清时期傣族法律文献进行研究，按法律门类分别阐述了傣族法律制度规范、精神和特点，使元明清时期傣族法律制度文献与现代分析研究方法和理论结合起来，从现代法学的视角首次对元明清时期的傣族法律制度作了一次现代法学意义上的研究，既深入挖掘了傣族法律文化，增添了中华法文化宝库的内容，又突出了傣族法律制度的民族特点。

　　第三，运用历史唯物主义原理分析元明清时期傣族法律制度变迁的社会机制，详细梳理了傣族法律制度，特别是分析、研究了傣族重要的具体法律制度的发展变化的阶段和过程。元明清时期是傣族社会变化和法律制度变迁的重要历史时期,法律制度变迁受多方面因素的影响。从历史唯物主义看,傣族法律制度变迁的影响因素中,经济因素是决定性因素。正是在中央王朝的统治经营下,傣族社会的经济、政治发生了改变。经济因素的变化又推动上层建筑的变化,经济因素和政治因素的变化促进了法律制度的变迁。同时,外来的汉文化和东南亚一些国家和民族的文化也对傣族法律制度的变化产生了一定影响。在元明清时期,傣族法律从习惯法形式向成文法形式转化,法律制度内容多方面发生了变化。

第四,从历史文献的分析中,较为详细地梳理清楚了元明清时期法律制度变迁的历史线索和规律。元明时期是傣族法律制度从习惯法向成文法转化的时期。从元朝至明初,傣族法律制度奴隶制性质占主导。明朝后期开始是傣族封建领主制法律内容发生变迁的时期。清代以来至民国时期,傣族的婚姻关系法律制度和丧葬制度都发生了多方面的变迁。特别值得一提的是,著作首次理清了傣族元代以来的婚姻法律制度的变迁机制和历史过程,分析了傣族经济因素、历史特点是形成傣族简单的商品经济法律制度的重要原因。

第五,深化了对元明清时期傣族法律制度与佛教关系的研究。从佛教的传入对傣族社会政治、文化生活带来的影响入手,分析了佛教因素在傣族法律制度中的作用与功能,从多方面论证了佛教与傣族法律制度的紧密关联,客观地反映了明代以后的傣族社会宗教向法律制度的渗透,以及由此引发的傣族法律制度变革的历史状况。

第六,从社会机制的角度深入分析了傣族社会自元代以来土司政治制度、社会等级法律制度、刑事法律制度、军事法律制度、婚姻关系法律制度、丧葬制度和纠纷解决法律制度的变迁过程和影响因素,梳理了傣族社会上述重要法律制度的变迁历史阶段。

　　第七,比较完整地研究了元明清时期傣族法律制度的文化,丰富了我国多民族的、丰富的民族法律制度文化宝藏的内容。

参 考 文 献

一、历史文献

1.（宋）范成大：《桂海虞衡志辑佚校注》，胡起望、覃光广校注，四川民族出版社 1986 年版。

2. 元脱脱等：《宋史》，中华书局标点本。

3.《明实录》，南京国学图书馆影印本。

4.（宋）司马光：《资治通鉴》，中华书局标点本。

5.（唐）樊绰：《蛮书》，向达校注本。

6.（宋）周去飞：《岭外代答》，知不足斋丛书本。

7.（元）李京：《云南志略》，说郛本。

8.（元）郭松年：《大理行记》，奇晋斋丛书本。

9.（元）王恽：《秋涧先生大全文集》，四部丛刊本。

10.《元混一方舆胜览》，永昌府文征转录。

11.《招捕总录》，守山阁丛书本。

12.［意］马可·波罗：《马可·波罗行纪》，冯承钧译，商务印书馆。

13.（元）程文海：《平云南碑》，原碑拓片。

14.（明）宋濂等：《元史》，中华书局标点本。

15.（明）陈文：《云南图经志书》，北京图书馆藏本。

16.（明）周季风：《云南志》，北京图书馆藏嘉靖刻本。

17.（明）李元阳：《云南通志》，灵源别墅重排本。

18. (明)刘文征:《滇志》,旧中央研究院历史语言研究所晒蓝本。

19. (明)谢肇淛:《滇略》,云南大学图书馆藏手抄本。

20. (明)张萱:《西园闻见录》,哈佛燕京学社据明钞本排印本。

21. (明)严从简:《殊域周咨录》,云南丛书本。

22. (明)王宗载:《四夷馆考》,东方学会排印本。

23.《土官底簿》,涵芬楼四库珍本。

24. (明)张洪:《南夷书》,北京图书馆藏四库全书存目原钞本。

25. (明)佚名:《西南夷风土记》,附载于明朱孟震宦游余谈中,学海汇编本。

26. (明)张志淳:《南园漫录》,云南丛书本。

27. (明)田汝成:《炎徼纪闻》,丛书集成本。

28. (明)谈迁撰:《国榷》,中华书局1958年版。

29. (明)沈德符:《万历野获编》,中华书局元明史料笔记丛刊本。

30. (明)诸葛元声:《滇史》,云南大学据上海图书馆藏明万历四十六年木刻本钞。

31. (明)傅维麟:《明书》,丛书集成本。

32. (明)徐宏祖:《徐霞客游记》,丁文江编订本。

33. (明)邝露:《赤雅》,知不足斋丛书本。

34. (明)黄信:《星槎胜览》,丛书集成本。

35. (明)朱国桢:《涌幢小品》,中华书局本。

36. (明)谢肇淛:《五杂俎》,中华书局本。

37. (明)张紞:《云南机务钞黄》,惜阴轩丛书本。

38.（清）柯绍忞：《新元史》，开明本。

39.（清）张廷玉等：《明史》，中华书局标点本。

40.（清）顾祖禹：《读史方舆纪要》，中华书局本。

41.（清）顾炎武：《天下郡国利病书》，四部丛刊本。

42.（清）邵远平：《元史类编》，扫叶山房重刻本。

43.（清）师范：《滇系》，云南丛书本。

44.（清）冯甦：《滇考》，云南备征志本。

45.（清）龙文彬：《明会要》，中华书局本。

46.（清）倪辂：《明野史》，木刻本。

47.（清）吴大勲：《滇南闻见录》，乾隆四十七年刻本。

48.（清）毛奇龄：《云南蛮司志》，乾隆十年刻西河全集本。

49.（清）王鸿绪：《明史稿》，敬慎堂刊本。

50.（清）查继佐：《罪惟录》，神州国光社本。

51.（清）倪蜕：《滇小记》，云南丛书本。

52.（清）王昶：《征缅纪略》，小方壶斋本。

53.（清）龚柴：《缅甸考略》，小方壶斋本。

54.（清）曹树翘：《滇南杂志》，小方壶斋本。

55.（清）毕沅撰：《续资治通鉴》，有与司马光本合刻为《正续资治通鉴》。

56.（清）周裕撰：《从征缅甸日记》，刊于《借月山房汇钞》。

57.《四库全书总目提要》，万有文库本。

58.《道光云南通志稿》，道光刻本。

59.《光绪云南通志》，光绪刻本。

60.《续云南通志稿》，光绪刻本。

61.《乾隆滕越州志》，道光重修，1924 年刻本。

62.《清史稿》，金梁校刻本。

二、近现代人著作

1. 李拂一译:《泐史》,云南大学 1979 年排印本。

2. 冯承钧译:《交广印度两道考》,中华书局本。

3. 陈序经:《撣泰古史初稿》,1962 年印本。

4. 江应樑:《西南边疆民族论丛》,珠海大学 1947 年版。

5. 江应樑:《摆彝的生活文化》,中华书局 1950 年版。

6. 江应樑:《摆夷的经济生活》,岭南大学 1950 年版。

7. 江应樑:《明代云南境内的土官与土司》,云南人民出版社 1958 年版。

8. 江应樑:《傣族史稿》,云南大学历史系 1962 年油印本。

9. 方国瑜主编:《元代云南行省傣族史料编年》,云南人民出版社 1958 年版。

10. WilliamClefton Dodd：The Tai Race. 1923.

11. Terrien deLacouperie：The Cradle of the Shan Race.

12. Seidenfaden Erik：The Thai People. 1958.

13. W. A. R. Wood：A History of Siam. 1933.

14. G. E. Harvey：History of Burma. 1925.

15. A. C. Haddon：The Wonderings of the People.

16. H. F. Pearson：A History of Singapore. 1956.

17. J. George Scott：Gazeteer of upper Burma and the Shan States.

18. 江应樑:《百夷传校注》,云南人民出版社 1980 年版。

19. 江应樑:《傣族史》,四川民族出版社 1983 年版。

20. 曹成章、张元庆:《傣族》,民族出版社 1984 年版。

21. 曹成章:《傣族农奴制和宗教婚姻》,中国社会科学出版社

1986 年版。

22. 云南省少数民族古籍整理出版规划办公室编:《中国傣族史料辑要》,云南省少数民族古籍译丛第 14 辑,云南民族出版社 1989 年版。

23. 王懿之、李景煜主编:《百越史论集》,中国百越民族史研究会、云南省民族事务委员会编,云南民族出版社 1989 年版。

24. 马曜、缪鸾和:《西双版纳份地制与西周井田制比较研究》,云南人民出版社 1989 年版。

25. 高立士:《西双版纳傣族的历史与文化》,云南民族出版社 1992 年版。

26. 黄惠焜:《从越人到泰人》,云南民族出版社 1992 年版。

27. 征鹏主编:《西双版纳概览》,云南民族出版社 1993 年版。

28. 朱德普:《泐史研究》,云南人民出版社 1993 年版。

29. 李继周主编:《新平彝族傣族自治县文史资料选辑》第 5 辑,云南大学出版社 1994 年版。

30. 尤中:《云南民族史》,云南大学出版社 1994 年版。

31. 赵世林、五琼华:《傣族文化志》,云南民族出版社 1997 年版。

32. 朱德普:《傣族神灵崇拜觅踪》,云南民族出版社 1996 年版。

33. 徐中起、张锡盛、张晓辉主编:《少数民族习惯法研究》,云南大学出版社 1998 年版。

34. 王文光、薛群慧、田婉婷编著:《云南的民族与民族文化》,云南教育出版社 2000 年版。

35. 华林:《傣族历史档案研究》,民族出版社 2000 年版。

36. 方国瑜主编:《云南史料丛刊》(第 1—13 卷),云南人民出版社 2001 年版。

37. 方铁主编:《西南通史》,中州古籍出版社 2003 年版。

38. 姚荷生:《水摆夷风土记》,云南人民出版社 2003 年版。

39. 方慧编著:《中国历代民族法律典籍》,民族出版社 2004 年版。

40. 王松、王思宁:《傣族佛教与傣族文化》,云南民族出版社 1998 年版。

41. 吴永章:《中国土司制度源流与发展史》,四川民族出版社 1988 年版,

42. 吴永章主编:《中国民族关系史》,民族出版社 1992 年版。

43. 方铁主编:《西南边疆民族研究(2)》,云南大学出版社 2003 年版。

44. 方铁主编:《西南边疆民族研究(1)》,云南大学出版社 2001 年版。

45. 余定邦、黄重言编:《中国古籍中有关缅甸资料汇编》上、中、下册,中华书局 2002 年版。

46. 郭振铎、张笑梅主编:《越南通史》,中国人民大学出版社 2001 年版。

47. 陈吕范主编:《傣族起源与南诏国研究文集》上、中、下册,中国书籍出版社 2005 年版。

48. 中山大学东南亚史研究新编:《泰国史》,广东人民出版社 1987 年版。

49. 田继周等:《少数民族与中华文化》,中国文化史丛书,上海人民出版社 1996 年版。

50. 王文光、龙晓燕、陈斌:《中国西南民族关系史》,中国社会科学出版社 2005 年版。

51. 王文光:《中国民族发展史》,西南边疆民族文库,西南边疆史丛书,民族出版社 2005 年版。

52. 于秀情:《元朝经略金齿百夷的研究》,中央民族大学历史系主办:《民族史研究》第 4 辑,民族出版社 2003 年版。

53. 杨绍猷、莫卿:《明代民族史》,四川民族出版社 1996 年版。

54. 胡绍华:《中国南方民族史研究》,民族出版社 2004 年版。

55. 国家民委:《民族问题五种丛书》之二《中国少数民族简史丛书》修订本,《傣族简史》,民族出版社 2009 年版。

56. 李崇智编著:《中国历代年号考》修订本,中华书局 1981 年版。

三、调查资料

1. 民族问题五种丛书,中国少数民族社会历史调查资料丛刊:云南省编辑委员会编:《德宏傣族社会历史调查(一)》,云南人民出版社 1984 年版。

2. 民族问题五种丛书,中国少数民族社会历史调查资料丛刊:云南省编辑委员会编:《德宏傣族社会历史调查(二)》,云南人民出版社 1984 年版。

3. 民族问题五种丛书之一,中国少数民族社会历史调查资料丛刊:云南省编辑组编:《德宏傣族社会历史调查(三)》,云南人民出版社 1984 年版。

4. 民族问题五种丛书,中国少数民族社会历史调查资料丛刊:云南省编辑委员会编:《傣族社会历史调查(西双版纳之一)》,云南民族出版社 1983 年版。

5. 民族问题五种丛书,中国少数民族社会历史调查资料丛刊:云南省编辑委员会编:《西双版纳傣族社会历史综合调查之（二）》,云南民族出版社1984年版。

6. 民族问题五种丛书,中国少数民族社会历史调查资料丛刊:云南省编辑委员会编:《傣族社会历史调查（西双版纳之三）》,云南民族出版社1983年版。

7. 民族问题五种丛书,中国少数民族社会历史调查资料丛刊:云南省编辑委员会编:《傣族社会历史调查（西双版纳之四）》,云南民族出版社1983年版。

8. 民族问题五种丛书,中国少数民族社会历史调查资料丛刊:云南省编辑委员会编:《傣族社会历史调查（西双版纳之五）》,云南民族出版社1983年版。

9. 民族问题五种丛书,中国少数民族社会历史调查资料丛刊:云南省编辑委员会编:《傣族社会历史调查（西双版纳之六）》,云南民族出版社1984年版。

10. 国家民委民族问题五种丛书之一,中国少数民族社会历史调查资料丛刊:云南省编辑组编:《傣族社会历史调查（西双版纳之七）》,云南民族出版社1985年版。

11. 国家民委民族问题五种丛书之一,中国少数民族社会历史调查资料丛刊:云南省编辑委员会编:《傣族社会历史调查（西双版纳之八）》,云南民族出版社1985年版。

12. 傣族调查材料之九,中国科学院民族研究所云南民族调查组、云南省民族研究所民族研究室:《云南省傣族社会历史调查材料（孟连沧源和金平傣族地区）》(1963年)。

13. 国家民委民族问题五种丛书之一,中国少数民族社会历史调查资料丛刊:云南省编辑组编:《傣族社会历史调查（西双版纳之十）》,云南民族出版社1987年版。

14. 傣族调查材料之二,全国人民代表大会民族委员会办公室编:《云南省西双版纳傣族自治州社会概况》,1956 年 11 月。

15. 傣族社会历史调查材料(七),中国科学院民族研究所云南民族调查组、云南省民族研究所:《傣族社会历史调查材料(耿马地区)》(1963 年)。

16. 国家民委民族问题五种丛书之一,中国少数民族社会历史调查资料丛刊:云南省编辑组编:《云南地方志佛教资料琐编》,云南民族出版社 1986 年版。

17. 国家民委民族问题五种丛书之一,中国少数民族社会历史调查资料丛刊:云南省编辑组编:《思茅玉溪红河傣族社会历史调查》,云南人民出版社 1985 年版。

18. 国家民委民族问题五种丛书之一,中国少数民族社会历史调查资料丛刊:云南省编辑组编:《云南少数民族社会历史调查资料汇编(一)》,云南人民出版社 1986 年版。

19. 国家民委民族问题五种丛书之一,中国少数民族社会历史调查资料丛刊:云南省编辑组编:《临沧地区傣族社会历史调查》,云南人民出版社 1986 年版。

20. 傣族社会历史调查材料(九),中国科学院民族研究所云南民族调查组、云南省民族研究所民族研究室:《云南省傣族社会历史调查材料(西双版纳地区)》(1964 年)。

21. 中国科学院研究所云南民族调查组:《傣族社会历史调查材料》(1963 年)。

四、傣文文献

1.《麓川思可法事迹》,永昌府文征本。

2.《麓川思氏宦普》,钞本。

3.《思氏普牒》,钞本。

4.云南省少数民族古籍整理出版规划办公室编:《孟连宣抚使》,云南省少数民族古籍译丛第 1 辑,云南民族出版社 1986 年版。

5.云南少数民族古籍整理出版规划办公室编:《孟连宣抚司法规》,云南省少数民族古籍译丛第 9 辑,云南民族出版社 1986 年版。

6.云南省少数民族古籍整理出版规划办公室编:《勐泐王族世系》,云南省少数民族古籍译丛第 10 辑,云南民族出版社 1987 年版。

7.云南省少数民族古籍整理出版规划办公室编:《中国傣族史料辑要》,云南省少数民族古籍译丛第 14 辑,云南民族出版社 1989 年版。

五、相关研究论文

1. 李忠华、李朝开:《傣族刑事法律初探》,《学术探索》2002 年第 4 期。

2. 张晓辉、王启梁:《民族自治地方生态环境保护——云南省西双版纳傣族自治州的个案研究》,《西南民族学院学报(哲学社会科学版)》2002 年第 7 期。

3. 方慧、田瑞华:《略论元明清时期的傣族法律》,《云南社会科学》1998 年第 6 期。

4. 章立明:《安章与披拨——人类学视野中的禁忌分析》,《中央民族大学学报(哲学社会科学版)》2002 年第 5 期。

5. 刀波:《藏族与傣族政教合一的政治制度比较研究》,《中央民族大学学报(哲学社会科学版)》2004 年第 1 期。

6. 李若青:《从孟定傣族看民族传统文化》,《云南民族学院学报(哲学社会科学版)》2001 年第 1 期。

7. 耿明:《傣族封建婚姻家庭法律制度研究》,《云南法学》1997 年第 1 期。

8. 耿明:《傣族历史上的原始宗教及其与法律的关系》,《云南社会科学》1999 年第 3 期。

9. 章立明:《傣族文化当代变迁的思考》,《中央民族大学学报(人文社会科学版)》2001 年第 4 期。

10. 艾菊红:《金平傣族女性及其原始宗教信仰》,《云南民族学院学报(哲学社会科学版)》2003 年第 3 期。

11. 胡阳全:《近十年国内傣族研究》,《云南民族学院学报(哲学社会科学版)》2002 年第 6 期。

12. 耿明:《论傣族历史上的地缘法律文化》,《云南法学》1997 年第 2 期。

13. 李忠华:《试析西双版纳傣族封建法规的特点》,《云南社会科学》2000 年增刊。

14. 王兴国:《西双版纳傣族"封建"社会伦理观论略——兼与汉族的伦理道德比较》,《玉溪师范学院学报》2004 年第 2 期。

15. 杨庆:《西双版纳傣族传统村寨的保护与开发》,《云南民族学院学报(哲学社会科学版)》2001 年第 6 期。

16. 罗阳:《西双版纳傣族传统道德的维持机制》,《云南社会科学》1999 年第 1 期。

17. 杨庆:《西双版纳傣族传统聚落的文化形态》,《云南社会科学》2000 年第 2 期。

18. 杨庆:《西双版纳傣族传统聚落规划思想的文化渊源》,《思想战线》2000 年第 4 期。

19. 李忠华:《西双版纳傣族封建法律探析》,《云南民族学院学报(哲学社会科学版)》2002 年第 4 期。

20. 赵建忠:《西双版纳傣族封建领主制长期存在原因分析》,《中央民族大学学报(哲学社会科学版)》2003 年第 3 期。

21. 李忠华:《小乘佛教对西双版纳傣族封建法律制度的影响》,《云南社会科学》2003 年第 3 期。

22. 王懿之:《云南新平傣族的历史与文化》,《云南社会科学》2001 年第 4 期。

23. 范宏贵:《壮、泰、老、傣族的渊源研究》,《广西民族学院学报(哲学社会科学版)》2002 年第 3 期。

24. 罕嫩:《孟连宣抚司署政权网络之构成》,《思茅师范高等专科学校学报》2000 年第 1 期。

25. 方铁:《清朝治理云南边疆民族地区的思想及举措》,《思想战线》2001 年第 1 期。

26. 李珍:《元代民族史观的时代特点》,《云南民族学院学报(哲学社会科学版)》2001 年第 4 期。

27. 黄木、吴克娅:《中国古代少数民族朝贡初探》,《青海民族研究(社科版)》2001 年第 4 期。

28. 张冠梓:《试论中国少数民族传统法文化的研究及其文献整理》,《贵州民族研究》2002 年第 1 期。

29. 方立军:《试论中国历代王朝民族政策的特点》,《西北第二民族学院学报》2002 年第 2 期。

30. 古永继:《元明清时期云南的外地移民》,《民族研究》2003 年第 2 期.。

31. 田莉姝:《清朝民族立法特点之研究》,《贵州民族研究》2003 年第 4 期。

32. 周少川:《元代汉儒民族思想的发展进步》,《云南民族大学学报(哲学社会科学版)》2004 年第 2 期。

33. [美]鋑尼·理查森、汉克斯:《泰国北部民族中的儒教传统》,李玉龙译,《思想战线》2002 年第 3 期。

34. 赵建忠:《西双版纳傣族封建领主制长期存在的原因分析》,《中央民族大学学报(哲学社会科学版)》2003 年第 3 期。

35. 胡兴东:《元代民事审判制度研究》,《民族研究》2003 年第 1 期。

36. 吴云:《元明清时期傣族法律文化的变迁》,《云南民族大学学报(哲学社会科学版)》2006 年 3 期。

37. 吴云、方慧:《元明清时期傣族成文法的形成与变迁》,《思想战线》2006 年第 5 期。

38. 何平:《泰傣民族起源再探》,《民族研究》2006 年第 5 期。

39. 罗美珍:《泰傣民族起源和迁徙问题补证》,《民族研究》2006 年第 5 期。

40. 何平:《傣族历史上并没有一个"达光王国"》,《民族研究》2007 年第 6 期。

41. 吴云:《元明清时期傣族刑事法律制度》,《思想战线》2008 年第 4 期。

42. 吴云:《元明清时期经济政治因素在傣族土司制度历史变迁中的重要作用》,《云南行政学院学报》2009 年第 4 期。

43. 吴云:《论古代傣族刑事法律制度的变迁》,《思想战线》2009 年第 6 期。

44. 吴云:《元明清时期傣族法律制度的特点及其机制刍议》,《云南师范大学学报(哲学社会科学版)》2010 年第 3 期。

45. 吴云:《古代傣族诉讼制度的几点思考》,《云南行政学院学报》2010 年第 3 期。

　　46. 吴云:《经济因素与傣族重要历史法律制度》,《经济问题探索》2010 年第 7 期。

　　47. 吴云:《元明清时期傣族社会等级法律制度》,《云南民族大学学报(哲学社会科学版)》2010 年第 4 期。

　　48. 吴云:《元代以来傣族传统婚姻关系法律制度的历史变迁及机制》,《思想战线》2010 年第 5 期。

后　记

　　笔者于 2000 年 7 月政治学专业研究生毕业，获得法学硕士学位，2006 年 7 月民族法学博士研究生毕业，获得法学博士学位。多民族地方政治、法律问题的研究是笔者的特长和志趣。

　　傣族是云南省 25 个少数民族之一，也是一个上百万人口的在云南省边疆地区久居的民族。傣族问题的研究得到了众多学者关注，产生了很多重要的成果，但是，从法学理论的角度，从长时期的不同历史阶段来专门研究傣族传统法律制度一直是学界的空白，这正是笔者选择这一研究课题的原因和目的。

　　本书是在笔者的博士学位论文基础上，又经过长时间深入研究才写作完成的。笔者历经了近七年的持续的研究，查阅了大量傣族历史文献、著作，阅读了大量傣族历史和法律问题的研究论文，并且通过对元代以来的傣族法律制度及其社会机制的深入研究，先后在全国中文核心期刊上发表了近 10 篇傣族法律制度方面的学术论文。本书正是在这样的基础上整理出版的。本书深入分析了元明清时期傣族重要的土司政治制度、社会等级法律制度、刑事和军事法律制度、民事法律制度和纠纷解决（诉讼）法律制度、历史变迁线索和社会机制，阐述了元明清时期傣族整体法律制度体系的面貌、特点和变迁的规律，研究了傣族多个重要的法律制度的变迁社会机制和规律。可以说，本书耗费了笔者大量的心血。

　　由于傣族法律制度体系的历史阶段和民族文化特点，很难规范地按照现代法学研究思路和逻辑进行章节安排。笔者在书中按照傣族法律制度在傣族社会生活中的政治影响和重要性来安排内容顺序，具体是从土司政治制度开始，到社会等级制度、刑事法律制度军事法律制度、民事法律制度，最后是傣族的纠纷解决法律制度。

在本书的研究和写作中，得到了学校相关部门的大力支持。王文光教授和方慧教授精心指导，辛勤工作，使我受益匪浅。林文勋教授提出了很多有益的意见和建议，使我在做研究和做事方面获益甚多。在本书出版过程中，云南大学胡兴东博士和在读博士研究生胡本海对书稿作了辛苦的校阅，提出了宝贵的意见，多位学友都给了我有益的意见和建议，在此一并深表感谢。

由于本人的学术水平和知识背景的限制，加之出版时间紧，本书难免会出现一些疏漏和不足之处，敬请学术界各位同仁海涵，并批评指正！

吴　云

2010 年 4 月 28 日于云南大学